U0060803

新世紀叢書

當代重要思潮・人文心靈・宗教・社會文化關懷

上帝一直在搬家（原書名：下一個基督王國）

【目錄】本書總頁數共384頁

5 新基督宗教的崛起

6 調和

9 回家

10 再次首度認識基督宗教

〈導讀〉

未來基督宗教的大舞台

政治大學宗教研究所教授
蔡彥仁

在已邁入新世紀第三個年頭的今天，對於許多重要的事實與議題，我們許多人仍然受制於傳統的見識，仍然拘泥於以往的觀念或偏見，未能從新的角度重新審視並做必要的反省，對於「基督宗教」的迷思，應該就是一個最好的例子了。

一談起基督宗教，一般人的理解總是：她是歐、美白人的宗教，屬於先進國家白人的宗教信仰，但在現代化與世俗化潮流的衝擊之下已經慢慢式微，失去了以前的生命力。另一方面，從中國與台灣的歷史角度而言，她是外來的洋教，是百多年前隨著帝國主義的船堅砲利強迫進入本土，因爲與中國民情不符，曾經與中國和台灣的社會發生過激烈的衝突。現在是民主時代，個人有信仰任何宗教的自由，在這一片土地上，我們可以容忍此一少數人的宗教。

沒錯，此一普遍印象有它的歷史根據，但是如果我們今天對基督宗教僅存這種認知，恐怕是太有限、太落伍了。詹金斯教授（Philip Jenkins）的大作《下一個基督王國》，即是要導正我們的偏見，以他蒐羅的豐富資訊，提供不同的、嶄新的角度，促使我們重新認識眞正的「基督宗教」。

根據詹金斯的觀察，今天的基督宗教已非昔日我們所熟悉以歐、美白人爲主體的宗教，最大的差異是，就在最近幾年以來，她席捲了各個種族、地域、文化，成爲一種全球化現象。雖然在英、德、法、西、義等老牌基督化國家中，已經很少人上教堂，年輕一輩更是以無神論自居者爲多，但是這不能表示基督宗教已漸趨死亡，或者如不少學者所主張的，未來的宗教世界，將由伊斯蘭或「新時代」（New Age）宗教掛帥。詹金斯提醒我們，今天的基督宗教，在非洲、拉丁美洲、亞洲等地區大行其道，風靡許多包括年輕一輩的信衆。就人數而論，基督宗教在今天仍佔世界上宗教人口的最大比率，如果以她成長的數字估算，到了公元二〇五〇年，她仍將是壓倒性的世界大宗教。這種轉變的大趨勢，可以看出是由北半球往南半球傾移，因此伴隨著經濟、人口、文化的急遽變動，「全球南方」（global south），也就是傳統所謂的南半球或廣義的「第三世界」，將會是未來基督宗教的大舞台。

詹金斯的《下一個基督王國》告訴我們，此一波的基督宗教確實呈現新的面貌。正當歐洲的基督宗教在歷經現代化與世俗化的洗禮而失去方向之後，新的基督宗教似乎反其道而行，以回歸「正統」基督宗教爲鵠的，並且力求經驗「眞正」基督宗教的本質。因此，在此刻流行的基督宗教風潮中，我們聽到的不是一些自由主義的懷疑論調，也不是以個人爲主軸的存在神學，反而是強調傳統價值、注重宣教與救人靈魂的福音神學。這一類的基督宗教信息奠基於「末世論」（eschatology）的信仰，以二元對立的觀點看待世界，認爲人類生存的期限將至，唯有戮力傳揚福音，召喚世人趕緊進入基督的羊圈，方是免除最後審判的不二門路。

更有甚者，「下一個基督王國」更是深染本土化（inculturation 或 indigenization）的種種特徵。基督宗教能夠快速地傳揚於「全球南方」或第三世界，在相當程度上即拜本土化之賜，也就是她能不固執於傳統的神學與教會條規，而是採用彈性變通的原則，依傳教所在地的文化或宗教特色而作出必要的調整，技巧性地將福音融入當地人的生活脈絡。職是之故，新一波的基督宗教，難免雜糅許多「異教」的色彩，歐、美基督宗教在歷經啓蒙時代之後所揚棄的超自然現象，諸如神祕經驗、預言、信心醫治、異夢、異象等，如今全部回籠，成爲塑造新基督宗教的重要元素。詹金斯深信此一新的基督宗教發展，將是沛然莫之能禦，其潮流將衝破國家與民族主義的界圍，成爲一個「第三教會」（The Third Church）的大局面。

詹金斯的「預言」乍聽之下令人愕然，但是他的論述是有事實根據的。從歷史的觀點來看，基督宗教自馬丁・路德（Martin Luther）於一五一七年改教以來，即打破了以教皇爲首的中央一統局面，掙脫了凡是以教會爲終極權威的僵化體制。自此之後，由新教（Protestantism）所衍生而出的各類教派不勝枚舉，各依自家的神學見解與行政組織，決定自己的發展方向。時至今日，各類教派更是分歧複雜，尤其是屬於「五旬節」教派或靈恩運動之下的團體，急速滋生蔓衍，其速度之快與內容之雜糅，常常超出學者的把握與歸類。就是在天主教的藩籬裡，多年來各地的發展狀況不一，神學規範鬆緊有別，而梵蒂岡爲了維持統一的龐大體制，往往允許差異性的存在，更加造成地方性小傳統的出現，本書所提到的非洲和拉丁美洲的諸多例子，即是最好的說明。

從基督宗教的《聖經》本身觀察，也可發現「下一個基督王國」之所以產生的原因。基督宗教的信仰核心在於耶穌的「話語」（the Word），而宣教的最主要工作即是把此「話語」傳揚到世界各角落，因此翻譯承載此「話語」的《聖經》，使得不同種族擁有他們的《聖經》以及讀懂他們的《聖經》，成爲「決志」基督徒的最大使命。因爲翻譯即牽涉轉換與詮釋，在不同的語言和文化脈絡下，自然產生不同的《聖經》翻譯，也就是產生多種版本的《聖經》。如果基督新教強調每一位信徒直接從《聖經》領受耶穌的「話語」的重要性，其結果必然是使用各地方言的基督徒，各依自己的理解開創出自己的基督宗教，因此教派或團體的不斷分裂、歧出、增衍等現象自然是可以預期的。

再者，宗教不是哲學理論，不能光憑「理解」即可成事，她最吸引人之處即在於她的實踐層面，尤其是能悸動人心的超自然經驗最能召聚一般的信衆。《聖經》固然是基督徒的最高權威依據，但是這本經典裡面所記載的神蹟、聖靈、屬靈「恩賜」（charismata）、預言、異夢等經驗，卻又是印證上帝同在與信仰純度的準繩。從基督宗教肇始至今，舉凡靈恩運動風潮下的各類教派，無不強調自己「靈恩」經驗的眞實性，以此證成己身「正統」的合法與合理性。由此看來，詹金斯的「下一個基督王國」裡充斥此類宗教現象，也就不足爲奇了。

因爲篇幅所限，我們在此無法提出更多的原因，解釋詹金斯所觀察到的「第三教會」大趨勢，讀者親自閱讀本書，即能領略個中原委。最後値得一提的是，我個人一開始即深深地爲其主題所吸引，而在閱讀本書的過程當中，作者流暢的筆調、豐富的資料、寬廣的視野，以及具有前瞻性的論證，增益了我對基督宗教的看法。同樣身爲基督宗教學術的工作者，我認爲他在此時出版《下一個基督王國》，確實意義重大，而立緒文化能夠及時將其翻譯成中文，對於本國的讀者而言，也是另外一種「福音」。

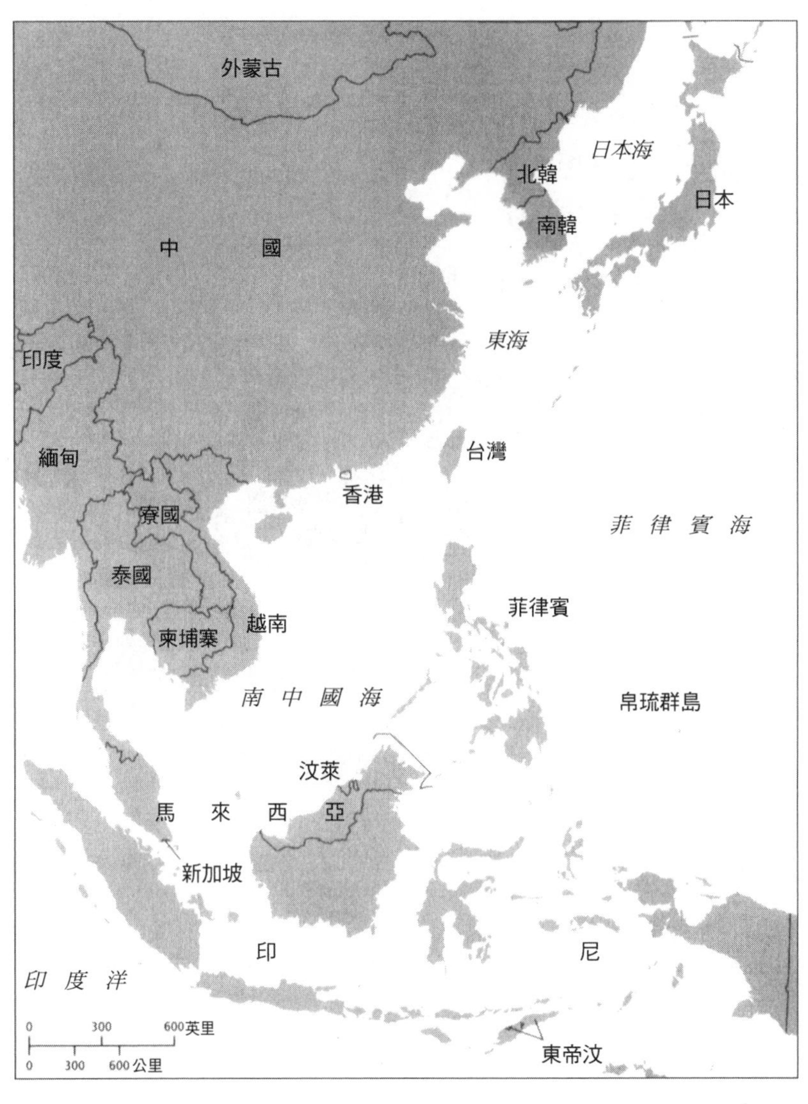

外蒙古
日本海
北韓
日本
南韓
中　國
東海
印度
台灣
緬甸
香港
寮國
菲 律 賓 海
泰國
菲律賓
越南
柬埔寨
南 中 國 海
帛琉群島
汶萊
馬　來　西　亞
新加坡
印　尼
印 度 洋
0 300 600英里
0 300 600公里
東帝汶

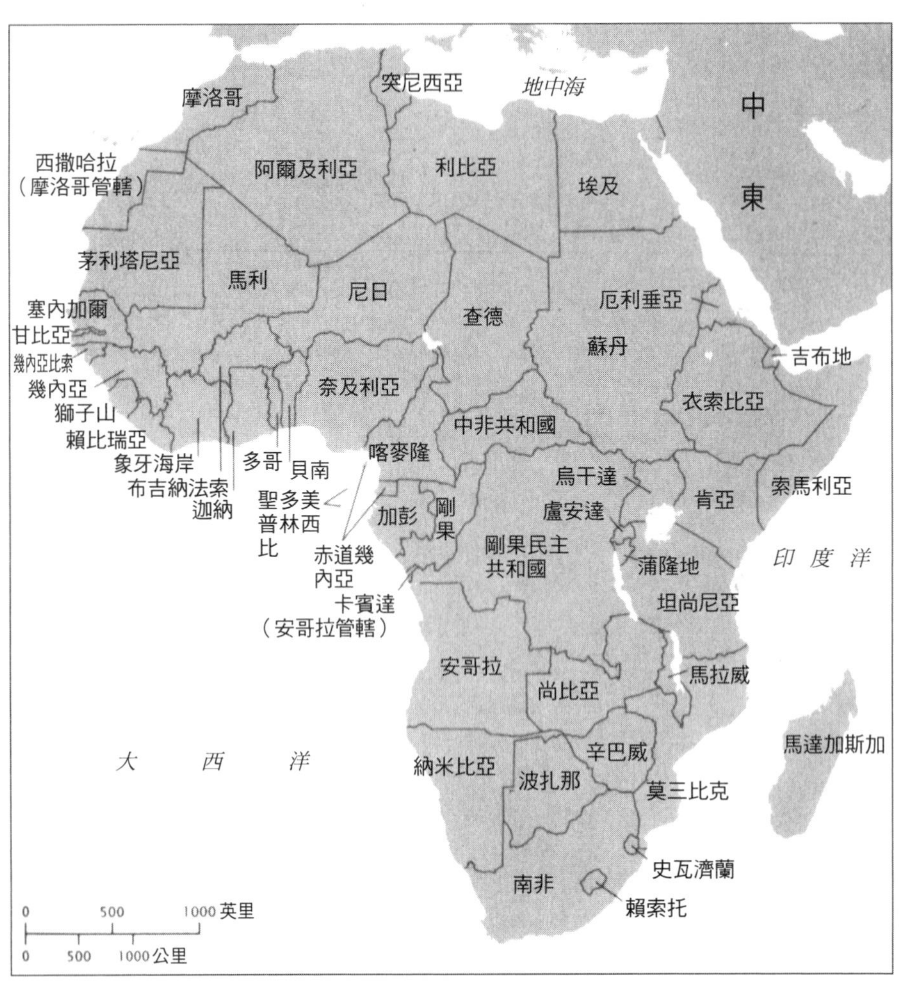

突尼西亞
地中海
摩洛哥
中東
西撒哈拉
（摩洛哥管轄）
阿爾及利亞
利比亞
埃及
茅利塔尼亞
馬利
尼日
查德
厄利垂亞
塞內加爾
甘比亞
幾內亞比索
蘇丹
吉布地
幾內亞
獅子山
賴比瑞亞
奈及利亞
衣索比亞
中非共和國
象牙海岸
多哥
貝南
喀麥隆
烏干達
索馬利亞
布吉納法索
迦納
聖多美
普林西
比
加彭
剛
果
盧安達
肯亞
剛果民主
共和國
赤道幾
內亞
蒲隆地
印度洋
卡賓達
（安哥拉管轄）
坦尚尼亞
安哥拉
尚比亞
馬拉威
馬達加斯加
大西洋
納米比亞
辛巴威
波扎那
莫三比克
史瓦濟蘭
南非
賴索托
0 500 1000 英里
0 500 1000 公里

大西洋
墨西哥
墨西哥灣
巴哈馬
多明尼加共和國
古巴
聖克里斯多福
巴布達
安提瓜
貝里斯
牙買加
海地
波多黎各
瓜得洛普
多明尼加
馬丁尼克島
瓜地馬拉
聖盧西亞
巴貝多
薩爾瓦多
加勒比海
格瑞納達
聖文森
宏都拉斯
千里達
尼加拉瓜
委內瑞拉
蓋亞那
哥斯大黎加
蘇利南
巴拿馬
法屬圭亞那
哥倫比亞
厄瓜多
祕魯
巴西
玻利維亞
巴拉圭
太平洋
智利
大西洋
阿根廷
烏拉圭
0 500 1000英里
0 500 1000公里

1 | *The Next Christendom*

基督宗教大變局

The Christian Revolution

歐洲即信仰。

——布洛克（Hilaire Belloc）

二十世紀末的一大特徵是熱中回顧過去，忙於評選一百年來最重要的人和事。雄心更大的評論家更是眼光放遠到過去一千年。然而在所有的評選結果裡，宗教方面的人和事卻備受冷落。雖然有些宗教人物榜上有名，但通常多少與政治有牽連。路德・金恩博士就是明顯的例子。人們似乎是認爲，這一百年來的宗教發展，其重要性要亞於一些世俗大趨勢——如法西斯主義或共產主義、女性主義或環保運動。但我的看法卻與此相反。我認爲，在當代世界，最重要甚至最具革命性的事件，恰好是宗教上的變遷。也許用不了多久，西方人就會發現，他們對宗教因素的忽視就如同十八世紀低估法國大革命的重要性一樣，短視得教人發噱。

我們目前正身處在全球宗教史上一個大轉變的時刻。過去五世紀以來，基督宗教都與歐洲文明和其在海外（特別是北美）派生的文明緊密相連。直到近期，絕大多數的基督徒都住在白人國家裡，一些理論家因此夸夸而談所謂的「歐洲基督宗教」文明。相反地，激進作家則把基督宗教視爲西方帝國主義的意識形態武器。我們許多人都分享了同樣的刻板印象：基督宗教是一種「西方」宗教，是一種有錢人的宗教。借用一度形容一九七〇年代日益保守化的美國選民的術語，基督宗教是非黑人的（un-Black）、非窮人的（un-poor）和非年輕人的(un-young)。如果這是事實,那西方日益世俗化的趨勢,意味的只能是基督宗教已經處於瀕死。伊斯蘭教才是宗教的明日之星。

然而,過去一世紀以來,基督宗教世界的重心卻堅定地向南轉移,移到了亞洲、非洲和拉丁美洲。世界上最大的基督徒社群也是在非洲和拉丁美洲。如果我們要挑選「典型」基督徒的話,那理應選擇住在奈及利亞農村或巴西貧民窟的婦女。誠如肯亞學者姆比蒂(John Mbiti)所觀察到的,「教會的世界中心已不再在日內瓦、羅馬、雅典、巴黎、倫敦和紐約,而是在金夏沙、布宜諾斯艾利斯、阿迪斯阿貝巴和馬尼拉。」①不管歐洲人或北美洲人怎樣想,基督宗教在全球南方(global South)的表現就是非常優異——不但存活下來,而且繼續不斷膨脹。(譯註:「全球南方」基本上是指南半球,但還不只是個地理上的概念,也是經濟、文化上的概念,是相對於世俗、富裕的「北方」而言,與「第三世界」的概念近似。)

未來,這種趨勢將會以更快步伐邁進。世界人口成長得最快速的國家之中,很多都是以基督宗教為主流,不然就是擁有可觀的基督徒人口。只要奈及利亞、肯亞、墨西哥、衣索比亞、巴西和菲律賓等國的基督徒人口比例不變,那麼很快地,世界就會多出幾百萬基督徒。尤有進者,這些新增加的人口也會讓基督徒在世界人口中佔有更大的比例。目前,傳統基督宗教國家(即歐洲國家)的生育率正處於歷史新低,表示這些國家的人口未來不是會降低就是停滯不前。如果在一九五〇年要列出人口最多的基督宗教國家,那英國、法國、西班牙和義大利都會上榜,但到了二〇五〇年,它們都要從榜上除名。

二十一世紀，基督宗教應該會相當繁榮興盛，但信徒的大多數將既非歐洲人，也非歐化的美國人。根據權威的《世界基督宗教百科全書》（*World Christian Encyclopedia*）統計，現在的基督徒人數約為二十億，佔世界總人口的三分之一，其中最大的一群（約五億六千萬）仍然住在歐洲。不過，拉丁美洲的基督徒已以四億八千萬的人數直追其後。非洲的基督徒是三億六千萬，亞洲是三億一千三百萬，北美洲則聲稱有兩億六千萬信徒。如果我們以這些數據去推測二〇五〇年的情況（假定信徒的增加速率不變），全球將會有二十六億基督徒，其中六億三千三百萬在非洲、六億四千萬在拉丁美洲、四億六千萬在亞洲，歐洲則以五億五千五百萬信徒退居第三位。②屆時，非洲和拉丁美洲將競逐最多基督徒大洲的頭銜。另一個同樣具有里程碑意義的現象也會在二〇五〇年出現，那就是非洲和拉丁美洲兩大洲的基督徒人口，將佔去世界基督徒人口的一半；三十億的基督徒中，將只有五分之一是非西班牙裔白人。③不用多久，「白人基督徒」這樣的稱呼就會像「瑞典佛教徒」一樣，讓人覺得微微刺耳。

這種全球性的觀點讓我們在議論「基督徒相信什麼」或「教會正在如何改變」等問題前會先行三思。很多時候，有關「現代基督徒接受些什麼」或「天主教徒今天相信些什麼」的發言，代表的只是日益萎縮的**西方**基督徒和天主教徒的意見。這一類的意見都是蠻橫的，而且會隨著時間的推移愈來愈遠離現實。西方基督宗教的時代已在我們有生之年逝去了，南方基督宗教的時代正值黎明。這個變遷是不容否認的：它已經發生，而且會持續下去。人們對這個劃時代的變遷如此不知不覺，以致在媒體迎接世紀末的一片喧鬧中，幾乎沒有被提及。

南望

基督宗教正在「南移」（going South）的說法並不新鮮，至少在研究宗教的學者中間是如此。④這個主題在歐洲早已耳熟能詳，而這部分是因爲歐洲一向比美國關注非洲事務。早在一九七〇年代，基督宗教人口分布的變遷已經在沃爾斯（Andrew Walls）、諾曼（Edward Norman）和柏爾曼（Walbert Buhlmann）等歐洲學者的知名作品中有所討論。初版於一九八二年的《世界基督宗教百科全書》收錄了基督宗教南移的條目，這等於給它行了祝聖之禮。「第三教會」（Third Church）一詞就是柏爾曼仿「第三世界」一詞創造的，以此強調南方已出現了一個可與歷史中「東方教會」和「西方教會」抗頡的基督宗教新傳統。沃爾斯也認爲，非洲基督宗教是一個特色鮮明的新傳統，足以與天主教、新教和東正教相提並論，又說它是「當代基督宗教的標準，是基督宗教性格的一個模式。」一九九八年，世界基督教協進會（World Council of Churches）慶祝成立五十週年，選定辛巴威爲會議地點，這等於公開肯定非洲在世界基督宗教扮演日益重要的角色。⑤

但出了學者與神職人員的圈子之外，很少有評論者對這些趨勢——我統稱爲新「基督王國」（Christendom）的興起——投以嚴肅的關注。不管這種發展趨勢是好是壞，它都有可能會在世界事務上扮演關鍵角色。翻開北美洲宗教出版社的書目，你會發現研究亞非或來自亞非的書籍刊物鳳毛麟角。這不是說出版商居心不良，蓄意不讓讀者接觸到這方面的資訊，只是他們從經驗知道，讀者普遍對第三世界的題材興趣缺缺，賣這一類的書難以有利可圖。不管出於什麼理由，南方教會在北方觀察者眼中幾乎是隱形的。暢銷雜誌《基督宗教史》（*Christian History*）在二〇〇〇年曾評選出「教會歷史上最重要的一百件大事」，但其中與非洲、亞洲或拉丁美洲有關的僅一件：英國廢除奴隸制度。絕對夠資格榮登一百大的大事——非洲教會的快速成長——卻沒有膺選（非洲的信徒從一九〇〇年的一千萬暴增到二〇〇〇年的三億六千萬）。同一刊物所選出一百年來最重要的十位基督徒裡，也沒有任何南方人（但有兩個是美國黑人：金恩博士和五旬節派〔Pentecost〕的先驅人物西摩〔William Seymour〕）。在另一個評選活動「改變二十世紀的一百本基督宗教書籍」裡，三、四本有關亞、非傳教活動的書籍上榜，卻無一語提及拉丁美洲。唯一南方作家手筆的中選書籍是《哭泣吧，親愛的祖國》（*Cry the Beloved Country*），作者佩頓（Alan Paton）是南非白人。⑥

同樣的偏頗也見於美國學術界。在研究第三世界宗教的學院著作裡，只有極少數是關於基督宗教的；另一方面，非洲和拉丁美洲本身有關基督宗教的研究，近年也因爲大學經費不足而銳減。容我再次引用姆比蒂的話：「在第二和第三世紀，舊基督王國的學者對異端宗教運動的了解是如此之多，反觀今日的基督宗教學者，對發生於新興教會土地上的基督宗教運動所知卻寥寥無幾，這眞是一件極丟臉的事。」無疑，從姆比蒂寫下這番話迄今，事情已經有所改變。現在，我們已能讀到一些很優秀的作品，特別是考克斯（Harvey Cox）的《天火》（*Fire from Heaven*），另外，也出現了一些拉丁美洲五旬節派的細緻研究。⑦儘管如此，我們上述對西方宗教研究的學者的觀察，仍然是大體適用的。沃爾斯說得好：「任何希望認眞研究今天基督宗教的人，都需要對非洲的情形有所了解。」這是個眞知灼見，但卻不反映今天學術界的普遍心態。⑧

如果說大部分學者都忽視基督宗教目前的眞實狀況，他們對未來的展望就更失準了。至少在北美一地，大部分學者對二十一世紀的評估，都是以本國的現狀作爲概推的根據。在他們的想像裡，基督宗教的未來就與美國的現狀一樣，也許唯一不同處只是西方自由主義的份量更加吃重。像是伍思洛（Robert Wuthnow）所著的《基督宗教在二十一世紀》（*Christianity in the 21st Century*），基本上對第三世界的現狀隻字未提。另一本書名讓人滿懷希望的作品《邁向二〇一五年：一部教會的奧德賽》（*Toward 2015: A Church Odyssey*）也好不到哪裡去，雖然它的作者之一是美國聖公會的主教。就連英國聖公會與美國聖公會也沒有往南張望，儘管它們的聯盟之所以日益擴大，幾乎全都是拜南方信徒的增長所賜。⑨

既然宗教界漠視這個劃時代的轉變，那世俗觀察家對它茫無所知，就不值得訝異了。⑩例如，他們沒有一個人問到這個關鍵性的問題：如果西方文明的一大特徵就在基督宗教，那當基督宗教的主流移到「西方」之外，「西方文明」一詞要如何理解呢？在這股漠視基督宗教發展趨勢的潮流中，唯一重要的例外是杭廷頓（Samuel P. Huntington）的《文明衝突與世界秩序的重建》（*The Clash of Civilizations and the Remaking of World Order*）。此書是分析全球大趨勢的著作中最廣為閱讀的一本，它也對變遷中的宗教模式作了認真的考察。不過，就連杭廷頓也低估了基督宗教的新興力量。他相信，在二十一世紀，基督徒在全球的相對人口數將會銳減，伊斯蘭教將會取而代之：「長遠來說……伊斯蘭教將會勝出。」但事實是，伊斯蘭教不但到了二〇二〇年還不會是世界最大的宗教，而且在可見的未來，基督宗教會一直保持領先。到了二〇五〇年，全世界每有兩個穆斯林，就會有三個左右的基督徒。屆時全世界約三四%的人口是基督徒，而這個比例與一九〇〇年歐洲的世界霸權處於頂點時約略相同。⑪

杭廷頓分析資料時有一個關鍵性失誤。雖然他正確指出伊斯蘭國家高生育率的事實，卻忽略了同樣高的生育率也見於一些人口本來就眾多、信仰基督宗教的國家，特別是非洲的國家。**杭廷頓固然正確預見了穆斯林將會人丁興旺，卻沒有看出基督徒也會出現人口爆炸現象**，而且往往是出現在同一個國家或毗鄰國家。如果我們望向那些生育率最高和人口最年輕的國家，就會發現，其中以基督宗教為主流的國家和以伊斯蘭教為主流的國家各佔一半。我反對杭廷頓所說的「基督宗教的成長主要來自皈信，而伊斯蘭教則是來自皈信與生育。」杭廷頓會忽視基督徒在非洲的快速成長是頗為奇怪的，因為在別的地方，他對非洲基督宗教的狀況看來相當熟稔，像他對天主教在促進非洲民主運動上扮演的角色就知之甚詳。《文明衝突與世界秩序的重建》全書在提到基督宗教的時候，一逕稱爲「西方基督宗教」，就像是基督宗教僅此一家，別無分號。類似的狹隘見解也見於近期另一本分析全球大趨勢的著作：巴伯（Benjamin Barber）的《聖戰 vs. 麥當勞世界》（*Jihad vs. McWorld*；譯註：書名中的「聖戰」借指伊斯蘭文化，「麥當勞世界」借指西方資本主義文化）。巴伯書中所談的第三世界宗教，主要是談伊斯蘭教，而他所說的基督宗教，則僅指北美的基本教義派。他看不出來，對「麥當勞世界」的最大挑戰也許不是來自聖戰，而是來自十字軍，也就是第三世界的基督徒。[12]

回到未來

基督徒人數上的成長已經夠驚人了，但這件事不只會改變基督宗教的人口分布，還會帶來數不勝數神學與宗教實踐上的後果。要說明這一點，我們可以做個歷史類比。基督宗教創立於猶太教和希臘世界的脈絡，但它卻在中世紀早期被引進西歐的日耳曼土壤裡，而這一歷史性的宗教運動也讓基督宗教產生徹頭徹尾的改變。我們現在耳熟能詳的一些宗教用語，像是「教會」與「主教」，都是來自希臘文，儘管拼法已截然不同。「教會」是衍生自 kyriakos oikos（意指「主的家」），「主教」衍生自 episkopos（意指「監督者」或「一個團體的看守者」）。不難想像，當羅馬和希臘的傳教士聽到盎格魯—撒克遜人把他們優美的宗教辭彙唸得佶屈聱牙時，內心有何感受。

不過，在這個例子中，字詞的外形雖然變了，至少其實質仍在文化的轉換中維持下來。但在其他方面，原本主要是地中海地區城市人信仰的基督宗教，傳入歐洲北方的森林後，卻很難不發生深刻的改變。不管是在繪畫還是在一般大眾的想像裡，耶穌都變成金髮碧眼的亞利安人，而且往往有著一股戰士的英氣，而基督宗教的神學也受到西方對法律和封建制度的重新形塑。⑬西歐基督徒用自己一套社會和兩性關係觀念對基督信仰重新詮釋，然後又認爲這種有獨特文化色彩的宗教合成是唯一的眞理。但事實上，這種詮釋與其源頭的差異，一點也不亞於英語的「教會」一詞在外形上與希臘文原文的差異。現在，隨著基督宗教的南移，類似的宗教變遷勢必會發生。

但這個新的基督宗教合成，最後會以什麼面貌出現呢？其中一件顯見的事實就是，在可預見的將來，南方教會的成員主要是窮人，而這是與西方教會形成強烈對比的。基於這個理由，有些西方基督徒從一九六〇年代開始就預期著他們第三世界的弟兄會變成自由主義者、政治激進主義者，甚至革命份子——一種自由派神學的理想模式。在這種觀點裡，新基督宗教的主要關心將是透過政治行動或武裝鬥爭把當權者拉下來。但是，這樣的願望卻往往落空。我們在第三世界固然會聽到一些要求自由的呼聲，但那往往只是發自在歐洲或美國受過訓練的神職人員，而他們這種呼聲對當地基督徒的吸引力甚少。南半球的基督徒不是要迴避政治，只是想用自己的方式來處理這方面的問題。⑭

就目前來說，西方舊教會與南方新教會最明顯的分野，在於後者的信仰與道德觀要遠比前者保守。以經濟先進國家的標準來說，那些在南方取得極大成功的宗派，都是非常傳統的，甚至是反動的。迄今在南方取得最驚人成功的教會，要不是羅馬天主教，就是新教中的基進派別，如福音教派或五旬節派。這種保守主義的傾向，可以部分解釋美國人和歐洲人爲什麼會如此忽視南方的基督宗教。南方新教會的意識形態基調很少是符合西方觀察家的口味的。

南方基督徒保留著非常強烈的超自然取向，而且對於個人救贖的關心遠大於對政治的改革。正如考克斯在《天火》一書裡顯示的，五旬節派在整個南半球的擴張步伐如此驚人，以至於說已經出現了一次新的宗教改革亦不爲過。另外，成長得最快速的教會又通常是那些把基督宗教融合於在地文化的非傳統宗派，往往冠以「非洲本土教會」之類的名稱。它們擁有多少教徒並不是太清楚，因爲這些教會連爲信徒受洗都幾乎來不及，更遑論去清點人數。但根據大多數猜測，五旬節派與獨立教會的人數加起來已有數千萬，而它們的會眾又正好集中在人口成長最快速的地區。幾十年之內，這些宗派的信徒人數在全球基督宗教裡會佔有一個遠比現在大的比例。這些新加入的教會宣揚的是深度的個人信仰和集體正統、神祕主義和清教徒主義，而這一切都是有《聖經》的權威爲後盾。聽在西方人的耳裡，這些教義顯得太簡化、太強調神授能力、異象和末世論。但對新教會而言，預言只是一種尋常的眞實，而信仰治病、驅邪和夢兆或異象全都是宗教的基本成分。不管是好是壞，未來的主流教會很有可能與中世紀或歐洲現代早期的教會多有共通之處。以現有的證據推斷，南方化基督宗教的未來將是保守色彩鮮明的。

大部分新興教會的神學色彩再次提醒我們，**西方人在評選過去百年來的大事時，雖然正確選擇了法西斯主義和共產主義，但卻忽略五旬節派之類教派的旺盛生命力。今天，法西斯主義者或納粹主義者已不易找到，共產主義者則像是瀕臨絕種的動物，但五旬節派教徒卻仍然在全球繁榮茁壯**。既然五旬節派教徒在一九〇〇年屈指可數，但今天人數卻有好幾千萬，那麼我們是不是有理由認定，**它說不定才是過去一百年來最成功的社會運動呢？**以現在的數據推斷，五旬節派教徒的人數應該可以在二〇五〇年前突破十億。這表示屆時五旬節派信徒的人數將大略相當於印度教徒，並兩倍於佛教徒。而五旬節派不過是興起中新基督宗教其中一支：像是天主教徒的數目就會比五旬節派還多。⑮

基督宗教之死？

隨著南方基督宗教繼續成長茁壯，發展出較今天要分殊的神學取向勢所必然，而較強烈的自由化或世俗化趨勢也說不定會出現。然而，在可預見的未來，**新基督宗教的主流將仍然是傳統主義、正統主義和超自然主義**。這對大部分西方觀察家來說都是一個諷刺。投入本書寫作的過去幾年，我曾經向不少朋友和同事說明我要處理的主題，他們大都是飽學之士且遊歷廣泛。然而，一聽到我研究的是「基督宗教的未來」時，不約而同的反應都是反問：「啊，那你認爲它還能生存多久？」要不就是問得更細：「你認爲天主教還能活多久？」這反映出，雖然是世俗化和自由派的美國人，但他們對宗教的未來都抱持一種末世論的觀點，認爲有組織性的宗教將會隨著千禧年來臨而衰微。至少，人們普遍相信：基督宗教想要存活下去，就不能不改弦更張。

有超過一世紀的時間，基督宗教將要式微或消失的想法，已經成了西方思想的一個尋常假設。有時，就連教會的領袖也一樣悲觀。每隔一段短時間，就會有一個美國或歐洲作家爲文呼籲教會拋棄一些過時的超自然教義和道德教條，以切合時代的現實。一九九八年，美國聖公會主教斯龐（John Spong）在其《爲什麼基督宗教不改革是死路一條》（*Why Christianity Must Change or Die*）一書中支持這一類懷疑主義與世俗化的新宗教改革。更近期則有坦普爾頓獎（Templeton Prize）的得獎學者皮科克（Arthur Peacocke）力陳，教會必須拋棄「不可解」和「難以取信」的超自然主義教義，以「可信」的方式呈現信仰。不久前，《紐約時報》曾刊登一篇支持這些觀念的書評，作者斯特普爾斯（Brent Staples）大聲宣稱美國基督宗教的死亡已迫在眉睫：「如果你在下個星期天隨意造訪一家教堂，會看到的大概是幾十人稀稀落落分布在一個爲容納上百人甚至上千人而建的空間裡。空蕩蕩的教堂長凳和白髮蒼蒼的會眾足以證明，傳統的宗教信仰已處於彌留狀態。」斯特普爾斯一直主張，基督宗教已經沒落，正處於傾圮狀態，而且會繼續惡化下去，除非它願意在性與性別的問題上跟自由派的看法達成妥協。⑯

站在劍橋或阿姆斯特丹一隅看事情，這些呼籲看來相當合理，但把眼光放大到全世界，你會發現眞正過時的不是基督宗教，而是這一類自由派的觀點。你休想讓肯亞首都內羅比（Nairobi）或漢城的教會相信基督宗教已經瀕死，因爲此時它們最關心的事就是怎樣建一座夠大的教堂，以容納過去幾年來吸收到的一、兩萬個新信徒。而且，這些新信徒大都是青少年，很少有白髮蒼蒼的老人。你也很難讓這些教會相信，想要網羅更多的信衆，必須與西方的世俗化教義看齊。

這種向傳統主義轉移的傾向，很容易讓人聯想到基督宗教在十八世紀的際遇。當時，啓蒙運動的世俗觀念在歐洲和美國的社會菁英中間大受青睞。很少傳統的基督宗教信條能夠逃過攻擊。不管是三位一體、基督的神性還是地獄的觀念，都被嗤之以鼻。與此同時，學者對《聖經》進行的批判性研究，也動搖了信仰的根基。當時，美國總統傑佛遜就信心滿滿地認定，理性的「一位論派」（Unitarianism；譯註：「一位論派」認爲上帝只是一位而非三位一體，耶穌只是人而不是神，又稱「自由基督教派」）勢將成爲新生美國的信仰主流；他甚至慷慨表示願意把他刪節過的《聖經》版本（刪去神蹟與超自然的部分）提供給大衆使用。另一些跡象也顯示傳統基督宗教的沒落：在歐洲王國的強大壓力下，羅馬教廷被迫解散耶穌會（耶穌會是往昔天主教野心與自信的代表）。一七八九年，甚至連教皇本人也被反宗教的法國革命份子擒獲。⑰

面對這種種有力的證據，一七九〇年代任何見多識廣之士都一定會斷言正統的基督宗教已經日暮途窮。當然，這個合理的推測已被歷史完全推翻。十九世紀初，正統教派捲土重來（教皇和耶穌會也是如此）。本來大盛於許多新教教會的理性主義，被新一波的福音振興運動（evangelical revivalism）壓倒。「一位論派」不但沒有像傑佛遜所預言的成爲美國主流，信徒人數反而每下愈況，時至今天只佔美國全人口的〇・二%。十八世紀的自由派徹底敗北，以致很多現代作者都傾向認定它的觀念只是維多利亞時代的懷疑主義者和理性主義者所發明，或說不定是從有關對達爾文的進化論的爭論中衍生出來。當時一如現在，世俗自由主義的勝利都被證明並非無可避免。

基督王國的興起

談論有一個新正統世界正在興起時，我用了「新的基督王國」這個字眼。中世紀的人早已使用「基督王國」一詞，其拉丁文爲 Res Publica Christiana，意味一個凌駕王國與帝國之上的眞正統一體，是一個人們眞正值得效忠的對象。像勃艮第（Burgundy）、韋塞克斯（Wessex）、薩克森（Saxony）這些中世紀的歐洲小王國，有可能只能存在一、兩個世紀，就會被新的王國或王朝取代，但任何理性的人都知道「基督王國」是恆久不衰的。這種認知是帶有政治意涵的。一般國家的法律都是與該國家共存亡，但「基督王國」所提供的卻是更高一級的標準與規範，是唯一可以放諸四海皆準的。雖然這種思想很少對現實政治起作用，但「基督王國」的觀念卻提供了一個文化理想。[18]

當然，面對世俗民族國家主義排山倒海的壓力，「基督王國」還是傾覆了。稍晚的基督宗教學者奮力在一個「後基督王國」的新時代生存，當時已經沒有人敢認定宗教秩序與政治秩序之間有任何關連。[19]然而，從二十一世紀開始，整個民族國家的觀念卻受到了質疑。這部分是反映出新科技帶來的改變。美國情報部門的一份報告指出，接下來的數十年，「政府將會愈來愈難控制資訊、科技、疾病、移民、武器和資金在國與國之間的流動，不管是合法還是非法的。……『歸屬於』（belonging to）某一個國家的觀念很有可能會式微。」借用安德森（Benedict Anderson）的名言來說，民族國家只是「想像的共同體」（imagined communities），是相對近期出現的產物，絕非永恆或無可避免的實體。近年來，很多這樣的共同體已經開始對自身進行再想像（reimagine），甚至進行「解想像」（unimagine），消解掉自身的存在。**在歐洲，對國家的忠誠已經被更新形式的忠誠取代：要不是忠誠於一個更大的對象（歐洲整體），就是忠誠於更小的對象（地區或族群）。民族國家的壽命會不會比印刷書本長，猶待觀察**（印刷書本是另一項文藝復興的發明，也許再過幾十年就會消失）[20]。就連一度雄視四方的大英帝國現在都面臨瓦解的威脅，這就怪不得人們會質疑一些更晚出和更人為形成的亞、非洲國家會不會也將消失，畢竟它們的國界只是帝國主義官僚所任意劃定的。正如吉福德（Paul Gifford）所觀察到的，很多非洲人都只是生活在準國家（quasi-state）之中：「〔這些準國家〕雖然是公認的法律實體，卻不是功能意義下的國家。」㉑

社會科學家研究全球化現象對國家的影響已經超過四分之一世紀，而且注意到全球化與中世紀的超國界世界多有相似。有些學者認爲，未來說不定會出現一種運動或意識形態，可以創造一個新的基督王國。那這將會是政治學家布爾（Hedley Bull）所說的，「**一個與中世紀西方基督王國等值，現代而世俗的普遍政治組織**」。這種新的意識形態力量會是來自環保運動嗎，還是來自神祕主義的「新時代」（New Age）運動？㉒然而我們觀察南半球愈久，就愈發現南方教會雖然普世與超國家的觀念相當發達，但它們一點也不世俗化。**那些國家觀念衰弱得最厲害的地方，往往也是政治忠誠亞於宗教忠誠**（不管是基督宗教還是伊斯蘭教）**的地方。南方的新基督宗教世界，說不定將會在共同的宗教信仰中找到團結點。**

毋庸置疑，很多南方社會將在文化和政治上發展出強有力的基督宗教認同，但較不確定的一點是，這種認同是否也會促成某種形式的全球性團結。在這一點上，大西洋很可能就像哥倫布以前的時代，會是一道藩籬。**不久，世界的兩大基督宗教中心就會是拉丁美洲和非洲，而這兩個地區內部都存在著某種程度的團結性**。拉丁美洲的神職人員定期舉行會議，學者會把整個拉丁美洲視爲一體（但不否認同中有異），而同一批作者所寫的作品被視爲正典受到廣泛閱讀。非洲也有類似的情形。然而，這兩大洲的教會或信徒之間卻幾乎談不上有任何認同意識。即使同屬世界基督宗教的一環，這兩大洲幾乎分屬兩個不同的星球。對很多非洲的新教信徒而言，世界基督教協進會提供了一個促進團結的重要機制，但由於羅馬天主教會不是會員，因此世界基督教協進會的大門對大多數拉丁美洲信徒是關上的。非洲和拉丁美洲的基督宗教領袖固然有碰面的時候，但場合以在歐洲或美國舉行的聚會居多，所以他們能對談的常限於西方人設定的議題。

拉丁美洲與非洲教會會有這種觀念和興趣的隔離現象是很奇怪的，因爲兩者實際上有著很多共通的成長經驗。它們不但經歷過類似的成長階段，而且各自獨立發展出相似的社會與神學世界觀。他們面對的挑戰也相似，包括種族的問題、本土化（inculturation）的問題，以及怎樣處理殖民者留下的遺產問題。這些問題西方教會都不用面對。㉓有鑑於非洲和拉丁美洲都有蓬勃的學術活動與靈性活動，它們會互相發現是遲早的事。當這樣的互動開始，將會爲世界宗教帶來一個革命性的新紀元。雖然很多人把全球化視爲美國帝國主義的一種形式，但全球化也有可能帶來南方基督徒彼此間愈來愈強的認同意識。這個軸心一旦確立，一個以南半球爲基礎的新基督王國可說就出現了。

但「基督王國」的前景潛藏著一個可能的惡夢。對上一個「基督王國」出現在中世紀，它所帶給教會與社會的影響，只能說是利弊互見。儘管它締造了共同的文化與思想世界，但它的另一個特徵卻是缺少寬容性，而其最壞的示範是十字軍東征、迫害異端和宗教屠殺。這樣的「基督王國」是透過對立面來自我界定的，因爲當時的基督宗教世界是與穆斯林國家不愉快地互相毗鄰的。

這種基督徒和穆斯林的衝突，有可能正是來臨中的新基督宗教世界所面對的一大危機。事實上，在接下來的幾十年，不但基督宗教會出現劃時代的人口分布轉變，同樣的情形也會出現在伊斯蘭教。不但毗鄰的穆斯林國家和基督宗教國家會出現人口大膨脹，往往連同一個國家裡的穆斯林社群和基督徒社群，也會出現同樣的人口大膨脹。但從最近發生在世界各地（奈及利亞、印尼、蘇丹、菲律賓）的種種事件卻讓我們認識到，宗教人口膨脹往往也會帶來激烈的對抗：這些對抗，有些是爲了爭奪信徒引起的，有些是因爲想把宗教法規用立法方式強加給全社會而引起。不管是穆斯林還是基督徒，宗教熱情都有可能輕易轉變爲宗教狂熱。

這樣的衝突也許會引發內戰，進而演變爲國際衝突。當其中一造的宗教意識受到鄰國的激情支持，或受到一個國際性的宗教聯盟支持時，這種情形尤其可能。我們已經知道，**很多伊斯蘭信徒為國際伊斯蘭教大業而戰的意願，甚至要高於為本國而戰的意願。這些不同的趨勢加在一起，有可能激起恐怖戰爭和對抗。**

全球性的宗教趨勢，有可能會重塑那些自現代民族國家主義興起以來就未被質疑過的政治預設。雖然**我們可以想像很多個不同的未來，但最糟糕的一種可能，當然是肖似中世紀的宗教衝突，也就是一個基督教十字軍和穆斯林聖戰再興的時代**。想想看十三世紀的人如果配備核子彈頭和炭疽熱，會是什麼光景。爲了防患於未然，**我們的政治領袖與外交家對宗教和宗派對峙態勢的發展，最起碼應該投入與對油田分布狀況一樣多的關注。**

利用未來

這樣一幅未來的圖像也許悲觀了些，但這個猜測所根據的事實是毋庸置疑的，那就是基督宗教將會在新世紀繁榮茁壯。問題只在於我們該如何回應這個事實。除了政治領袖必須把這件事放入他們施政的宏觀考量外，當前的趨勢也值得任何對宗教現象感興趣的人深思。

最大的誘惑（也許還是最大的危險）就是拿這個未來的趨勢作爲今日辯論的武器。北方人極少給予南方人恰如其分的關注，而碰到會這樣做的時候，他們都是把南方的情景投射爲自己熟悉的眞實與慾望。如果南方眞的代表未來，我們很容易會認爲，這個趨勢恰恰印證了自己的一些主張。例如，左翼人士會認爲，南方的興起意味著北方的基督徒必須更堅定於社會和政治改革，追求經濟和種族上的公義，努力促進文化的多元性。但保守主義者則會強調南方新興教會在道德和性議題上的保守性格，大力爭取它們作爲盟友。這種觀點認爲，南方教會的成功正好是一個榜樣，告訴我們西方自由派宗教思想多麼沒有前途。總之，不管對左翼人士還是保守派而言，南方的新興教會都有政治上的利用價值。就像任何眞誠的馬克思主義者一樣，人總是相信歷史站在自己這一邊，相信歷史會嘉惠於它最忠實的信徒。

困難當然在於怎樣斷定那個被稱爲「第三世界」的多面向巨大實體想要些什麼和相信些什麼。隨著南方教會的成長茁壯，它們將會愈來愈清楚自己的旨趣，愈來愈不受美國和歐洲人的左右。**我們甚至可以想像有一天說不定南方基督徒會反過來把福音傳給西方，把很多目前只見於非洲或拉丁美洲的文化特徵帶給我們，從而改變了我們信仰中很多熟悉的面向。**對於這個未來的宗教合成會是什麼面貌，我們目前只能猜測。但在各種可能性下面，卻存在著一個堅固的事實。那就是，不管我們把新興的基督宗教詮釋得多麼黨同伐異、多麼父權心態，它將會以南方大洲爲重心，這是無可更易的。

2 | *The Next Christendom*

萬邦的信徒

Disciples of All Nations

旅行途中，我觀察到一種模式，一個奇怪的歷史現象：上帝一直在「搬家」，先是從中東搬到歐洲，再搬到北美，然後搬到發展中國家。我的理論是：上帝去祂想要去的地方。

——揚西（Philip Yancey），《今日基督教》（*Christianity Today*），二〇〇一年二月五日

基督宗教的南移某個意義上是回返原鄉。借迦納學者貝迪亞科（Kwame Bediako）的話來說，我們今天所見證的是「一種非西方宗教的復興」①。基督宗教發源於近東，在它歷史的頭一千年，亞洲和非洲在基督宗教中扮演的角色要比歐洲吃重，又過了大約一千四百年後，歐洲（以及歐洲化的北美）才決定性地成爲基督宗教的心臟地帶。不過，時下流行著一個與此大異其趣的觀點。根據這個奇怪的觀點，基督宗教是一種白人或西方的意識形態，是在西班牙軍艦、英國士兵和美國電視佈道家的護蔭下，強行推銷給原本不情願接受的世界的。

在這幅流行的圖像裡，基督宗教不只是西方帝國主義的一個側面，還是帝國主義合理化其作爲的托辭。當二十世紀的美國黑人因爲受到主流文化排斥，想尋找一個有別於主流宗教的宗教認同時，不少人選擇了伊斯蘭教，他們認爲伊斯蘭教才是貨眞價實的非洲宗教，而基督宗教只是白人奴役黑人的工具——儘管事實上阿拉伯的伊斯蘭教國家在非洲

也進行了相當長時間的販奴活動。②印度教、佛教、泛靈信仰和伊斯蘭教——特別是伊斯蘭教——才是道地的非洲和亞洲本土宗教，被當成不爭的事實，被認為是「任何人都知道的」。這不只是黑人之間的想法，也是一個普遍的預設。因此，只要在西方以外的任何地方看到基督宗教，我們就會認定那一定是西方帶過去，而且很可能是近一兩百年才帶過去的。這樣想的時候，我們也彷彿看得見帶著寬邊遮陽帽的維多利亞時代傳教士站在背景遠處。

歷史資料與現代的學術研究，都足以證明這樣的想法不正確。非洲與亞洲基督宗教的歷史豐富且古老，有數量龐大的文獻足以證明，基督宗教不是西方的專有物。即使在西方向世界傳教的高峰時期，非西方的皈信者也是在很短時間內就各依自己的文化需要，吸收和採納這種宗教。

所謂的「西方」基督宗教

「西方基督宗教」這個觀念掩蓋了基督宗教曾經歷長時間演化的事實。大眾歷史讀物和電視紀錄片談到基督宗教的起源時，常常會使用這樣一幅地圖：上面畫著地中海世界和歐洲，耶路撒冷則位於地圖的極東處。大眾歷史讀物會告訴你，基督宗教發源於巴勒斯坦，然後傳播到小亞細亞和希臘，最後到達義大利（義大利畫在地圖的中心位置，也被認爲是當時世界的中心）。自此，基督信仰在整個羅馬世界流布，並於公元四世紀與羅馬帝國一起臻於極盛。

接下來，大衆歷史讀物會告訴你，從七世紀開始，東方的基督宗教就受到伊斯蘭勢力步步進逼。隨著東地中海和南地中海一個個地區被伊斯蘭勢力征服，它們在大衆歷史讀物的地圖上常常會被塗成暗色。從現代人的眼光來看，爲什麼埃及、叙利亞和巴勒斯坦這些地點的基督信仰會衰落得那麼快，是很容易理解的：因爲它們都位於羅馬世界（或基督宗教世界）的最邊緣。自伊斯蘭教興起以後，地圖就會把它們的焦點轉向西歐，又特別是後來成爲法國和英國的兩片土地。基督宗教的中心決定性地從約旦移轉到萊茵河，從安提阿（Antioch；譯註：古叙利亞首都）移轉到沙特爾（Chartres；譯註：法國北部城市）。在東方，基督宗教唯一剩下的只有一個以君士坦丁堡爲基地的拜占庭帝國。在大衆歷史讀物的認定裡，至遲到了公元八百年，也就是查理曼大帝（Charlemagne）的時代，「基督宗教」已或多或少成爲「西歐」的同義詞，而其範圍則隨著歐洲勢力的起伏或脹或縮。這種基督宗教西歐化另一個早得多的證據顯示在文字的使用上：基督徒放棄了以希臘文、叙利亞文或科普特文（Coptic）抄寫《聖經》經文的習慣，一律改採拉丁文。

大衆歷史讀物總是太過簡化，但在基督宗教史這件事上，它們卻不只是簡化，而且非常不精確。想要理解早期基督宗教的歷史，更好的做法是參考中世紀使用的標準地圖。在這些古老的地圖上，當時已知的三大洲（歐洲、非洲和亞洲）被繪成三個大致等面積的橢圓形，彼此聯繫在一個中心點，就是巴勒斯坦，而耶路撒冷為其中心。這樣的地圖饒富神學意味，因爲它暗示著，耶穌的自我犧牲，是發生在他所要救贖的這個世界的最中心。不過，除了神學意味，這樣三位一體的地圖對我們理解基督宗教的擴張也大有幫助，因爲它反映出，這種擴張是在三個大洲同步進行的。③一提到最早期的使徒傳教活動時，我們首先想到的總是保羅在地中海東部的活動，但事實只因爲那是記載在〈使徒行傳〉（〈宗徒大事錄〉）和使徒書信裡的事情，而這兩者又佔有《新約》相當大部分。尤其對現代歐洲中心觀點口味的是，〈使徒行傳〉是以保羅抵達羅馬作結的。保羅的這個行程在後見之明裡顯得特別重要，因爲外邦人教會變得相對興旺，就是發生在猶太人起義（公元六六至七三年）之後。然而，揆諸歷史事實，當時傳教活動最活躍的地方其實是非洲和亞洲，而非歐洲。早在公元一或二世紀，敘利亞、埃及和美索不達米亞就已經是基督宗教的中心，而且還會繼續保有這種地位多個世紀。基督宗教的文學、藝術與音樂全都發源於這些地區，而新約的大部分內容，也是在這些地區寫成。隱修制度就是一種埃及人的發明。

當羅馬帝國在四世紀初葉開放教禁時，基督宗教最盛的地區無疑是與帝國的東半部，甚至是一些在東疆以外的土地。在基督宗教最古老的牧首區（patriarchate）裡，只有一個位於西方（即羅馬），其他四個有三個位於亞洲（君士坦丁堡、安提阿和耶路撒冷），一個位於非洲（亞歷山大城〔Alexandria〕）。如果我們要在公元五百年前後選擇一個基督宗教的中心，應該選敘利亞而非義大利。非洲的基督宗教根源同樣古老。除埃及以外，很多早期的基督宗教重鎮都是位於羅馬帝國的阿非利加行省（Africa），其範圍約相當於今日的突尼西亞。此地是德爾圖良（Tertullian）、西普里安（Cyprian）和奧古斯丁等許多早期教會領導者和基督宗教拉丁文獻奠基者的家鄉。④

東方眾教會

基督宗教從不是歐洲或西方的同義詞。事實上，發生於公元四、五世紀的神學論爭，就有著把歐洲或西方基督宗教孤立於傳統基督宗教版圖外的傾向，要使之在文化上和地理上都顯得只是個旁枝。當時，基督宗教界反覆熱烈爭論的主要問題是基督賦性的問題——這些爭論在大部分現代人看來都是多餘的，但對當時人來說卻具有爭取文化解釋權的重要意義。爭論的癥結在於基督的神性與人性之間存在何種關係。在這個問題上，天主教或東正教主張（這是最後勝出的主張），基督確有兩性，但它們卻是融合無間的。但大部分埃及人和東方人卻接受一性論（Monophysite）所主張的，基督只有一性，也就是純粹的神性。聶斯托利派（Nestorian）則主張基督有兩性，但不認爲這兩性完全融合，因此反對把瑪利亞稱爲「上帝的母親」，認爲這是冒瀆。經過連番激辯後，聶斯托利派在四三一年被逐出教會，而一性論的主張也在四五一年的卡爾西頓（Chalcedon）普世大公會議上被判爲異端。接下來兩百年，大部分的傳統基督宗教重心都認爲自己受到羅馬和君士坦丁堡的專橫統治。當時，基督宗教本來就已分裂成西方（歐洲）和東方（亞洲與非洲）兩大系統。從這些神學口角直接產生的宗派至今存在，而它們之間的差異只能算是勉強得到縫合。⑤

這種相互的敵意，多少說明了歐洲基督徒爲什麼會對東方古老的基督宗教社會殊少認識和缺乏同情的了解。提到基督宗教與世俗國家建立關係時，西方歷史學家第一個會想到的是君士坦丁大帝，他在公元三一三年開放教禁，容許羅馬帝國臣民信奉基督宗教。相反地，另外兩個在公元四世紀皈信基督宗教的國家——亞美尼亞和衣索比亞——則很少被人提及。幾乎可以肯定亞美尼亞是世界上第一個以基督信仰爲國教的國家，其時約爲公元三世紀。但自從在五世紀接受一性論的立場後，亞美尼亞的基督信仰就與西方的傳統日益分道揚鑣。即使如此，基督宗教在亞美尼亞存活與繁榮迄今，發展出一套豐富的基督信仰的文學、音樂與建築文化。⑥

衣索比亞教會的歷史同樣古老，〈使徒行傳〉所記載第一批皈信的外邦人當中，就有一位是衣索比亞的朝臣。如同亞美尼亞，衣索比亞的基督信仰在相當程度上也是由敘利亞傳教士傳入，其時約爲公元第三、四世紀。到第一批盎格魯—撒克遜人皈信基督宗教的時候，衣索比亞的基督信仰已經傳承了十代人。西方人幾乎不知道的一點是，衣索比亞教會是基督宗教史上最成功的教會之一。基於地理位置使然，衣索比亞教會深受埃及的影響。貫穿整個中世紀，基督王國的精神中心都是在阿克蘇姆（Aksum）。阿克蘇姆是衣索比亞古代的首都，與法老王治下的埃及有歷史悠久的接觸。一個主教教區在三四〇年前後建立於此，而這裡也始終是「約櫃的家鄉，衣索比亞的新耶路撒冷」。受埃及的影響，隱修制度在衣索比亞相當蓬勃，並一直存續到今天。與埃及的密切關係也意味著，衣索比亞人就像亞美尼亞人一樣，相信一性論的主張，而這一點加深了它與西方基督信仰的裂隙。衣索比亞教會並不太理會羅馬方面的意見，而它的歷史，主要是一部本土長老與亞歷山大亞城牧首代表的角力史。但不管是在兩者任一方看來，衣索比亞的事務都是非洲的家務事。⑦

衣索比亞教會在很多方面會讓西方人嚇一跳，其中包括它那些發源自猶太教的儀式習尙。⑧它的信徒行割禮，守星期六爲安息日，很多教堂都是仿方舟的造型。國王們號稱是繼承所羅門王的傳統而行多妻制。我們不知道會有這些現象，是不是因爲衣索比亞人皈信基督以前曾信奉過猶太教，還是只因爲他們比歐洲的基督徒更重視《舊約》的傳統（後者看起來較有可能）。下文我們將會看到，很多今日的非洲教會對《舊約》比較親近，而且企圖恢復古希伯來的習俗——這一點常常會讓歐洲基督徒大驚失色。

儘管有各種「奇風怪俗」，但如果有人敢質疑存在了一千七百年的衣索比亞教會不算基督信仰的正宗之一，可說相當膽大妄爲。一九七〇年，也就是帝制的最後日子，衣索比亞教會共擁有「六萬一千個教士、一萬二千個僧侶、五萬七千個執事、三萬一千個詩班領隊和八百二十七所修道院」。⑨即使經歷了與伊斯蘭教的長期衝突，後來又受到馬克思主義政權的壓抑，時至今日，衣索比亞教會仍擁有二千五百萬信徒。這個數字，約相當於北美衛理公會所有宗派信徒人數的總和。

亞美尼亞和衣索比亞兩者在其歷史的大部分時間裡，都維持著頑強的獨立性。衣索比亞是非洲最後被歐洲帝國主義併吞的部分之一，而其被吞併的狀態只維持了一段時間（一九三〇年代）。但在整個中世紀，它們卻不是能維持宗教獨立的罕見例子。即使受到伊斯蘭教征服的那些非洲和亞洲地區，基督徒的忠誠仍然維持了好幾個世紀。

有別於我們一向以爲的，基督信仰的光芒並不是在伊斯蘭勢力一抵達後就熄滅。起初，穆斯林統治者並不熱中鼓勵基督徒皈信伊斯蘭教，這部分是基於一個很實際的理由：任何非伊斯蘭教的信徒都要繳交特別稅，如果大家都變成了穆斯林，那國王就會少一筆大收入。迫害基督信仰的事情固然也時有所聞，但針對的主要是僧侶而非一般信衆。一直要到中世紀晚期，蘇菲派（譯註：Sufi，伊斯蘭教中的神祕主義派別）開始鼓吹大傳教，情形才有所改變。他們採取的手段是把一些基督宗教的成分吸納進來（如聖徒、聖龕、朝聖和對先知耶穌的崇奉等）。這就是蘇菲派聰明之處，懂得用天主教的外殼來包裝伊斯蘭教信仰。⑩

在穆斯林的統治下，亞歷山大城、君士坦丁堡、安提阿這些牧首區仍是活力充沛的基督信仰重心，凝聚著數以百萬計信徒的忠誠。貫穿整個十世紀，亞歷山大城的牧首都相當受穆斯林統治者的禮遇，權力極大。當王廷要搬到開羅，牧首府邸也一起搬遷。基督教的首主教（primate）「經常被委爲大使、諮詢國政，甚至被請代爲禱告」。穆斯林統治者尊重他們基督徒子民之間無以數計的多樣分殊性，承認每個宗派或神學派別都是一個獨立的millet（字面意義爲「玉米子實」），也就是一個有自己法則、有各自神職結構的團體。⑪

當時的基督徒並不享有今日美國人說的宗教自由，而任何形式的傳教活動都受到嚴格限制。教會的財產有時會被沒收，最慘痛的例子之一就是君士坦丁堡的聖索菲亞教堂（Hagia Sophia）——這座一度是世界最大的教堂，十五世紀時被改建爲清眞寺（如今是博物館）。儘管如此，大部分的基督徒社群還是能相當成功地存活到現代。對很多所謂的異端（像是一性論），穆斯林統治者的態度並不比君士坦丁堡的皇帝惡劣。

埃及基督教會的生命力很具說明作用。埃及教會之所以能夠留住大量信徒的心，部分是因爲毫無保留地採用本土的科普特語。大約三世紀時，埃及的信徒已經有了科普特文的福音與詩篇的譯本可用。北非其他地方的教會都堅持使用拉丁文，而這表示它們傳福音的範圍不可能超出城市，所以，除埃及以外，北非的基督信仰未能在穆斯林的統治下存續太久。但埃及的情形迥然不同。二十世紀初，埃及科普特教會的信徒佔全國人口的一〇～二〇%。今天官方的統計數字是五%，但大部分觀察家都相信這是嚴重低估。現代的科普特教會聲稱擁有一千萬信徒。⑫

如果我們知道「科普特人」是什麼人，那對科普特語的生命力就會更驚訝。「科普特人」的名稱是從 Aigyptos 一詞訛變而成，意指本土埃及人，而他們的語言可上溯至建造金字塔的工人。現代學者破解羅塞塔石碑（Rosetta Stone）上的古埃及象形文字，藉助的就是科普特教會在禮拜儀式上使用的語言。敘利亞東正教會的情況也類似，它迄今仍在使用的一種敘利亞文，是一種與耶穌本人使用的阿拉米語（Aramaic）極接近的語言。在很多方面，今天埃及、敘利亞、巴勒斯坦、衣索比亞和亞美尼亞的教會都可以把我們帶回到基督信仰歷史最早的幾個世紀，當時，耶穌的追隨者在羅馬帝國境內還得躲躲藏藏，像發展細胞組織一樣發展信徒。

中東的基督徒不但不是落魄的邊緣人，有時候甚至會躍上領導者的位置。這種情形在二十世紀尤爲常見。當時，阿拉伯國家奮力要面對現代化和擺脫西方控制的雙重挑戰，主要的出謀獻策者就是基督徒中的政治活躍份子。他們發起的各種民族主義和社會主義運動，在二十世紀中葉橫掃整個中東地區。迄今仍在敘利亞和伊拉克掌權的復興社會黨，就是基督徒始創。論及敘利亞在一九九〇年代中葉的現況時，達爾林普爾（William Dalrymple）指出：「阿賽德（敘利亞總統）七個最親密的顧問中，五個是基督徒。」阿拉伯世界各個共產黨的領導者是基督徒，而這些共產黨總是可以得到巴勒斯坦和伊朗這些國家的基督徒地區最強力的支持。巴勒斯坦建國運動最激進的組織中，很多都是由基督徒創建和領導。不管是民族主義者還是社會主義者，阿拉伯政治領袖中取基督教名字的（麥可、安東尼、喬治等）所在多有。當今西方世界最知名的阿裔知識份子薩依德（Edward Said），就是來自一個巴勒斯坦的基督教家庭。一直到新一波伊斯蘭基本教義派在一九八〇年代興起爲止，

阿拉伯的基督徒都是政治舞台上的實力人物。⒀

人數

到底有多少基督徒社群在穆斯林的統治下存活下來？晚至十二和十三世紀，在大部分落入穆斯林統治的前羅馬地區，基督徒的人口比例仍相當高。想要斷定穆斯林從什麼時候開始在敘利亞、美索不達米亞或埃及這些地區成爲大多數，並不容易。一個合理的猜測是把這種轉變的時間定在十字軍東征期間，也就是一一〇〇年或一二〇〇年。晚至一二八〇年，屬於一性論派的雅各派教會（Jacobite sect）的宗主教仍「下轄安納托利亞、敘利亞以迄下美索不達米亞和波斯的二十個都主教（metropolitan）和一百個左右主教」。反觀同時期的英國教會，則只有兩個都主教（坎特伯雷和約克）和二十五個主教。要知道，雅各派教會還只是東方基督宗教的衆多宗派之一。⒁

就像埃及的情況一樣，大型的宗教社群在敘利亞、黎巴嫩、巴勒斯坦、伊拉克和土耳其一直生存到今天，反映出在往昔的人數一定更可觀。即使在一九〇〇年，基督徒和猶太教徒的人數加起來仍佔鄂圖曼帝國總人口的三〇%。在鄂圖曼帝國的核心地帶安納托利亞（現在的土耳其），基督徒的人口直到二十世紀初還相當可觀，而穆斯林甚至不是君士坦丁堡的大多數。要到後來經歷了一連串的戰爭、放逐和移民，基督徒社群才被摧毀殆盡。

在以色列建國的時候，有二〇%的巴勒斯坦阿拉伯人仍然是基督徒。在敘利亞，基督徒即使經歷了斷斷續續的屠殺，至今仍佔全人口的一〇%。⑮

現代人想到中世紀的基督宗教，首先想到的都是法國和西歐這些由神職人員支配、猶太人或異端鮮有容身之地的神權國家。事實上，在中世紀，有一個大比例的基督徒活在異教政權的統治下。不是只有在羅馬時代，才有過人數可觀的基督徒以受鄙夷少數的身份過日子的情形。在共產革命前的俄羅斯，用來稱呼農民的一般稱謂是Krest'ianin，而這個詞正是由「基督徒」一詞衍生，反映出儘管飽受沙皇的壓制和穆斯林的入侵，俄國的農村大眾仍保持堅定信仰。在中世紀，基督徒常常都是受壓迫的窮人，和受鄙夷的人，而不是世故的城市居民。

在一些地區，東方教會的傳教活動甚至突破了穆斯林世界的界線。成長得最壯觀的教會是聶斯托利派，他們在羅馬帝國晚期曾被定位爲異端。從敘利亞和波斯的根據地出發，聶斯托利派的傳教士在七世紀沿著絲路深入到中亞和中國。聶斯托利派教徒和他們的「玄智學說」受到中國朝廷的歡迎，並在六三八年建立了一個教會於中國的首都長安；長安大概是當時世界最大的城市。這個教會享受了兩百年的平靜，直到十世紀才因爲受迫害而衰亡。然而到了十二和十三世紀，聶斯托利派又在中國得到復興，並派遣傳教士前往更遠的遠方，去的大概是東南亞。基督宗教傳入中國的歷史悠久，不下於佛教傳入日本或基督宗教傳入英國。⑯

另一個傳教的重地是南印度，在那裡，足跡遍天下的叙利亞傳教士建立了一些號稱是追隨聖多馬（St. Thomas）榜樣的本土化基督徒社群。（由於印度與地中海世界早有穩定的商業往還，因此基督宗教傳入印度的時間，可能可以上溯到二世紀，甚至是一世紀。）足以反應東方基督信仰的一點是，印度的基督徒都說叙利亞語，而且與聶斯托利派的巴比倫宗主教（駐於巴格達）保持聯繫。今天，印度的喀拉拉邦（Kerala）仍有約七百萬的「多馬基督徒」，分屬天主教、新教和東正教的傳統。正是聶斯托利派在東方的輝煌成就，才使得祭司王約翰（Prester John；譯註：傳說中信奉基督宗教的東方統治者，中世紀的西方人相信他會起而與西方夾擊伊斯蘭世界）的神話在西方興起且持續不衰。⑰

東方基督徒社群的規模非常重要，因爲在中世紀，東方地區的人口要比歐洲稠密。中世紀的英國和法國都是基督宗教國家，而埃及和叙利亞的統治者則是穆斯林，儘管如此，單就基督徒人數而論，東方的國家卻要比西方多。要判斷「基督宗教歐洲」的人口時，我們不應忘記的一點是，有相當大片的歐洲土地直到中世紀初期還沒有正式接受基督宗教。俄國和斯堪地納維亞都是在公元十世紀前後皈依的，但立陶宛卻要到了一三八七年才正式把基督信仰定爲國教。到了十三世紀，也就是歐洲中世紀基督宗教文化的全盛期，亞洲信徒的人數仍然比歐洲多，而非洲仍然是世界基督徒人口最多的大洲。

對中世紀基督徒人口的分布狀況與數目，我的估算有別於標準參考書《世界基督宗教百科全書》（見表二—一）。⑱根據第一版《世界基督宗教百科全書》的認定，歐洲基督

【表 2-1】

古代及中世紀基督徒的人口分布

	基督徒人數（單位：百萬） 年　份			
大　洲	500	1000	1200	1500
非洲	8	5	2.5	1.3
亞洲	21.2	16.8	21	3.4
歐洲／俄羅斯	14.2	28.6	46.5	76.3
全球總數	43.4	50.4	70.1	81

資料來源：《世界基督宗教百科全書》（肯亞，內羅比：牛津大學出版社，1982），第 796 頁。

徒人數取得領先的時間大約在十世紀，這比我的估計早。當然，孰是孰非是很難斷定的。歷史人口學是一門非常不確定的科學，對象為宗教少數民族時尤其如此。即使今天，各國政府都往往會低估一些住在偏遠地區的少量族群人數。不過，《世界基督宗教百科全書》的數字低估得可能更為嚴重。單是埃及一地，一二〇〇年的基督徒人數就很有可能在三百萬上下。這還沒有把衣索比亞和努比亞（Nubia）算進去，因此，表中有關非洲的數字可能低估了一半。對亞洲基督徒人數的低估可能一樣嚴重。誠如我一再強調的，在十字軍東征的時代，能夠作為典型基督徒代表的，不是一個法國的工匠，而是一個敘利亞的農人或美索不達米亞的城市居民，亦即不是歐洲人而是亞洲人。

基督徒社群處於伊斯蘭政權統治下仍能繼續存續的事實，足以推翻現代人認為兩種信仰在歷史上誓不兩立的偏見。近年出現一個強有力的社會運動，要求西方（特別是教會）為中世紀的十字軍東征道歉。根據這種觀點，十字軍東征完全是一種對伊斯蘭世界的侵略行為。十字軍的殘暴是沒有人能否認的，不過，道歉運動背後有著一個預設：宗教間的前沿壁壘分明，而近東地區既然已被穆斯林征服，就註定只能是伊斯蘭世界的一部分。但中世紀的西班牙及匈牙利何嘗沒有被穆斯林征服過？這就足以表明，中世紀的中東地區不是天經地義地屬於穆斯林的。另外，奇怪的是，西方人覺得他們應該為十字軍的侵略行為道歉之餘，卻沒有認為穆斯林應該為他們更早的侵略行為道歉。西方人已經忘記了，東方世界一度是個壯盛的基督國度。

既然基督徒在穆斯林的統治下存活得如此成功，為什麼在今天的中東，他們會淪為這麼少的人數呢？答案必須從中世紀後期的政治事件中尋找，這些事件使得穆斯林與基督徒的關係發生快速而致命的變化。這個轉變的先兆出現在十三世紀初期，當時有關祭司王約翰的謠言甚囂塵上，人們都傳言他的大軍已經開拔，要協助西方人對抗穆斯林。事實上，眞有一支大軍即將席捲亞洲，但不是祭司王約翰的部隊，而是蒙古鐵騎。他們第一波的侵略浪潮持續超過兩百年，大部分的中東文明中心都被摧毀。過程中，一些最古老的基督徒社群被消滅了。美索不達米亞在一二五〇年代飽受蒙古人的蹂躪，而這件事對基督徒的重大打擊一點都不亞於對穆斯林。（譯註：蒙古人在一二五八年攻陷巴格達，並屠殺其居民，美索不達米亞歷幾個世紀都未能恢復原來的繁榮。）

然而，基督徒仍然能從蒙古人的西征中看到希望。中東的基督徒起初視蒙古人爲他們的潛在解放者，並利用這個機會來報復統治他們的穆斯林。一二五八年攻陷巴格達的蒙古王有一個姬妾是基督徒，在她的煽動下，蒙古人摧毀了很多淸眞寺。蒙古王廷中也有一些達官顯貴皈信基督，這主要是聶斯托利派傳教士之功。在這種情況下，整個蒙古帝國是相當有可能皈依基督的。看到這個光明的前景，一些西方的十字軍勢力起而支援蒙古人。基督徒的這個希望，在一二六〇年蒙古人進攻巴勒斯坦時到達頂點。蒙古大軍的統帥是一個信奉基督宗教的突厥將領。然而，基督宗教的希望在艾因扎魯特戰役（'Ayn Jalut）一舉破滅，因爲穆斯林的馬木路克人（Mamluk Turk）在此役取得決定性的勝利。

這個結果受創最深的卻是基督徒。蒙古人被趕走了，最後一批十字軍國家沒多久也被消滅了。看見穆斯林一再勝利，蒙古人開始相信，穆斯林的神才是有大能的，所以反而皈信了伊斯蘭教。在此同時，住在中東的基督徒發現自己的處境變得十分危殆——他們因爲在蒙古人侵略期間暗中相助，所以現在被當成賣國賊而受到迫害。由於艾因扎魯特戰役對亞洲基督信仰的命運那麼具有決定性，艾因扎魯特的地理位置顯得格外反諷：它距離基督宗教的發源地拿撒勒（Nazareth）非常接近。基督徒的處境到了十四世紀還要更糟，當時，亞洲反覆受到瘟疫和人口普遍銳減所苦。接二連三的災難導致新政權的登台，而這些新政權又是不寬容和封閉保守的。就在歐洲基督徒把當時代的災難歸咎於猶太人的同時，穆斯林則怪罪於基督徒，遭到反覆的屠殺和強迫性的集體改信。⑲

中國基督徒的處境同樣危殆：他們一直都是依附於蒙古政權，因此當明朝在一三六八年推翻元朝之後，基督徒就被當成漢奸對待。這些迫害對基督宗教來說是災難性的。在全盛時期，中國基督徒人數（聶斯托利派與天主教加起來）可能多達數十萬強。十五世紀初，帖木兒的血腥征伐大業把橫跨歐亞的基督徒社會連根拔除，結束了聶斯托利派的輝煌。到了十六世紀，再無證據可以證明中國境內存在任何有組織性的基督信仰活動，而中亞殘存的基督教社會也寥寥無幾。表二—一顯示出亞洲基督徒人口在一三五〇年至一五〇〇年間呈災難性的銳減。非洲同樣也處於水深火熱中。信仰基督的王國努比亞在一四五〇年前後屈服於穆斯林的壓力，而衣索比亞則在十六世紀初期一場伊斯蘭教聖戰中幾乎被連根拔起，「那是一場系統性的文化與民族滅絕戰爭。」雖然教會和王國最後還是生存了下來，但衣索比亞的文化幾乎被剷除。⑳

即令是在歐洲，中世紀晚期也是一個基督宗教勢力大衰頹的時代，這是因爲鄂圖曼帝國的穆斯林步步進逼的緣故。愈來愈多的基督徒落入穆斯林的統治，而這個趨勢要一直到一六八〇年代才開始反轉。這一點特別值得強調，因爲按照現代流行的觀點，西方的基督徒一直是充滿侵略性的，不間斷地想要把它的勢力範圍延伸到一個不虞有詐的世界。但是，遲至十七世紀，穆斯林的勢力仍對德國的前沿地帶構成嚴重壓力；而在莎士比亞時代，穆斯林海盜會定期突襲北歐和西歐的海岸，掠走數以萬計的基督徒爲奴。如果我們要想像基督宗教的光芒在一幅假想的地圖上逐漸熄滅，最後只光照在歐洲一隅，那麼，中世紀晚期的情況是比較符合這種想像的。不過，這已經是西羅馬帝國覆滅整整一千年後的事了。

天主教的海外傳教

在這個時候，亦即一五〇〇年前後，那種符合現代人刻板印象的基督宗教擴張模式第一次出現：靠著歐洲的船堅砲利，把基督宗教強加於非洲或南美的土著身上。即使如此，這些傳教活動也只有在能夠創造一個與當地文化相洽的宗教結構時，才會獲致成功。即使有歐洲的武力作後盾，但新植於非洲、亞洲和南美的基督宗教還是需要一個在地文化的根部。

從大約一五〇〇年起，西班牙和葡萄牙就打著基督宗教的旗號，展開全球性的擴張。到了十六世紀末，羅馬天主教會比它歷史上任何一個時期更像個眞正全球性的存在體，甚至比羅馬時代還要像。羅馬帝國只控有地中海世界，但西班牙和葡萄牙這些天主教強權的鞭長卻遠及亞洲、非洲和美洲。到了一五八〇年代，兩個伊比利亞（Iberian）強權大致上已完成了向西征服新大陸的事業，士兵和商人開始轉而向東，湧往東印度群島。隨著西班牙在墨西哥與馬尼拉之間建立了一條帝國航路之後，前所未見的規模就開始了。羅馬教皇大力支持伊比利亞傳教士的海外傳教活動，尤以南美洲和菲律賓兩地爲然。馬尼拉在一五九五年成了一個大主教教區，並在接下來一世紀徹底基督化。這個成功來得不可謂不快，因爲當墨西哥、菲律賓和剛果這些地區第一次接受基督信仰時，距離立陶宛的皈信（意味著整個歐洲的皈信）不過大約一世紀的時間。㉑

從宗教的立場來看，歐洲人取得最大成功的地點是中美洲和南美洲，那裡被征服的人民全都接受了天主教。基督宗教這種特殊的擴張方式一直備受爭議，因爲它與征服者的殘暴統治是結合在一起的。當大征服者皮薩羅（Pizarro）被指責未能教化祕魯土著時，他回答得相當坦白：「我不是爲這一類理由來這裡的；我來這裡，只是爲了拿走他們的黃金。」在拉丁美洲原住民的眼中，基督信仰文化的來到是一場不折不扣的災難。一部馬雅人的預言書這樣看待西班牙人：「他們來了，帶著眞神一起來，我們的悲慘處境由此開始。」西班牙的征服者曾企圖摧毀中美洲所有古代文明的文字遺物（包括文學、科學和宗教各方面的文獻），而這不能不說是人類文明史上最嚴重的罪行之一。㉒

不過，如果要爲西班牙人勉強辯護，那我們可以說，在他們所受到的最嚴厲指控中有一部分是不成立的。二十世紀的學者大大高估了前哥倫布時代拉丁美洲原住民的人數，而正是因爲這種誤估，西班牙人才會被指控犯下了人類歷史上最大的屠殺。更合乎實際的統計數字則顯示出，儘管新的天主教世界最初是建立在征服和剝削之上，但「美洲大屠殺」的指控不過是一個當代的學術界神話，爲接下來的幾個世紀留下了一筆邪惡的遺產。㉓

至少從形式面看來，中美洲和南美洲的傳教事業穩步邁進且令人動容。早在一五二〇年代，安地列斯群島就有八個主教教區，而第一批的大主教教區是出現在墨西哥。原住民受洗的人數，有時一天之內就高達幾千人。有些宗教教團（特別是道明會〔Dominican〕和耶穌會）曾奮力阻止貪婪歐洲殖民者對原住民的剝削。㉔

儘管如此，那些原住民信徒的信仰深度是很可疑的。因爲在歐洲人征服拉丁美洲的第一、二個世紀，教會很少會爲教化原住民信徒而努力。這嚴重削弱了基督宗教向大城市以外地區的穿透力。另外，極少原住民信徒是獲准參加聖餐禮的。同樣嚴重的是，幾乎從未有原住民被授以聖職。這種做法，不但把印第安人排除在教職之外，也把數目日益增加的梅斯蒂索人（mestizo；譯註：西班牙人與美洲印第安人的混血兒）排除。教皇企圖以諭旨推翻這些門檻，但一直到十八世紀末，它們才被全數消除。㉕

有鑑於此，天主教爲什麼最後會在這個大洲把根紮得那麼深，才更讓人困惑不解。然而，恰恰由於缺乏神父的教養和無緣參加教會的聖事，讓那些被教會忽視的一般人發展出自己的宗教合成。他們把注意力放在一些用不著神父主持的敬拜上（如對聖徒和聖母的崇拜），並透過兄弟會一類的非教會組織來舉行崇拜。其結果是天主教不但在拉丁美洲站穩了腳跟，而且成爲拉美人民文化認同的一部分。作爲一個機構，教會的影響是局部和不充分的，但基督宗教本身卻繁榮昌盛。這種分野，我們將會在別的地方再次看到。

越過邊界

要把天主教的擴張視爲帝國主義的一環是容易的，但在許多個案裡，傳教士都是沒有政治動機的。因爲有些傳教士所深入的地點，是沒有軍艦或軍隊保護得了他們的。理所當然，在這些地區，基督宗教的發展模式相當有別於祕魯或菲律賓的情形。

葡萄牙的天主教徒把基督宗教引入他們國家在非洲西海岸控制的區域，但在其他大部分地區，歐洲人所能控制的，僅限於一些貿易和軍事據點。但有些傳教士還是深入到一些內陸王國去（如安哥拉）。在強盛的剛果王國，有一個國王於一四九一年受洗。接下來兩世紀，有不少傳教士都報告說剛果人對天主教了解甚深，而且信徒衆多。這種皈信並不是一種權宜之計，不是爲了可以取得歐洲人的槍枝或黃金。其中一個剛果國王姆萬巴・恩先加（Mvemba Nzinga）被形容爲「非洲教會史上最偉大的基督徒之一」。一位葡萄牙教士在一五一六年這樣讚譽剛果王阿豐索（Afonso）：「有關衆先知和主耶穌基督的福音、所有聖徒的生平，以及所有關於聖母的事情，他知道的要比我們多。」[26]

早在十六世紀，一位剛果國王就曾獲教皇册封爲「忠誠衛士」，之前，得過同一個榮譽封號者僅英王亨利八世一人。但和亨利家族不同的是，剛果王室一直都對天主教支持有加（譯註：英國脫離天主教成立自己的英國國教就是始自亨利八世）。一五九六年，聖薩爾瓦多成爲一個教區；接下來一個世紀，基督宗教徹底透入了剛果社會，卻並未排擠掉當地的傳統非洲文化。王國「由一群飽學之士主宰，他們的穿著部分是歐洲服飾，信仰天主教義。」國王或公爵都取安德烈、彼得、約翰和阿豐索之類的名字，首都更名爲聖薩爾瓦多（意指「神聖的救主」）。到一七〇〇年，剛果的天主教已相傳了六代人。[27]

絲綢策略

天主教的傳教士在接觸到中國、日本和印度這些陌生的社會時，顯得格外有彈性。由於沒有軍隊爲後盾，這些地區的傳教士（特別是耶穌會的傳教士）必須努力融入當地的社會，而在這樣做的同時，他們必須面對很多兩難處境。基督宗教的領袖被迫去重新定義基督宗教與歐洲文化的關係，省思各種問題：接受基督宗教是否就意味著要把歐洲文化一併接收過來？爲了獲得傳教的成功，正統教義可以在多大程度上讓步呢？有多少教會只反映歐洲的風俗與偏見，而不是信仰的本質部分？當然，這些問題甚至在今天仍有高度的關切性。而另一個在當時以至今日都同樣敏感的問題就是歐洲權力的問題。三不五時，傳教活動都會因爲害怕而失敗。

有關應不應該適應在地風俗習慣的問題反覆浮上枱面。在十七世紀的印度，耶穌會教士諾比利（Robert De Nobili）靠著裝扮成印度教的導師向印度人傳揚基督宗教的神祕主義思想，大獲成功。他穿著當地裝束，也尊重印度複雜的種姓制度。他的做法相當有爭議性，因爲相信種姓制度，就等於相信有輪迴和前生。另外，承認種姓制度也等於拒絕以平等對待最窮的窮人，而這是違背耶穌的教誨的。儘管如此，諾比利的策略仍然是一個成功的策略，也許是當時印度的環境下唯一可行的策略。㉘對後來的傳教士而言，諾比利的先例相當有教益。許多事例都證明了，文化適應是教會通向成長之道，反過來，強迫亞洲人或非洲人穿上西方的緊身衣只會招徠災難。開明的耶穌會所持的立場是，只要信徒接納天主教，那容許中國、印度或日本的天主教變體是無妨的，因爲歐洲本身不是也有法國和西班牙兩種變體嗎？

一個相似的文化兩難式也出現在日本：教士應該穿絲綢還是粗衣麻布？如果是粗衣麻布，就代表傳教士遵循基督宗教謙卑的原則，並認同於窮人和受鄙視的人，但如此一來，他們就不會受到上層階級的歡迎，無法登堂入室。而如果他們選擇穿絲綢（這是他們的最後選擇），就代表認同於菁英階層，可以得到貴族和地主的尊敬。這個策略極為成功，讓天主教爭取到相當多日本菁英階層的皈信，而這些信徒又進而影響其下屬和佃農的態度。有幾十年的時間，成功一波接一波而來，以致到了一六〇〇年，日本成為一個天主教國家的日子看似指日可待。長崎在一五九六年成了一個主教教區，第一批日本神父緊接著在一六〇一年獲得按立。受洗的日本人數以萬計。㉙

然而，天主教的成功卻引發日本民族情緒的反彈。更糟的是，有些歐洲天主教徒出言不遜，談到要把日本納為西班牙的殖民地，讓它成為像菲律賓一樣的臣屬。於是，嚴重的宗教迫害開始了，數千人為此喪命。這段歷史，在偉大的天主教作家遠藤周作的小說（編註：即《沈默》，中文版由立緒文化出版）裡有所記述。自此，日本天主教轉入地下，偷偷摸摸存活到了二十世紀。然而，在一九四五年，它受到了一個史無前例的打擊：美國對日本投下的第二枚原子彈落在長崎，把這個日本天主教的要塞夷為平地。

雖然天主教在日本遭遇重大挫敗，但另一扇門卻迅速開啓了：耶穌會的傳教士在中國取得了可觀的成績，而當時的中國一如現在，是世界上人口最多的國家。在中國的傳教士也同樣採取絲綢策略，穿著士人的服飾，因而爭取到很多貴族與讀書人的支持。天主教在華的軸心人物是大名鼎鼎的利瑪竇，他在一五八九年抵達中國。明朝滅於一六四四年，但耶穌會卻存活下來，並在接下來的清朝取得至少與明朝相當的待遇。㉚

耶穌會對文化適應的問題具有高度警覺心，嚴禁轄下的傳教士把歐洲的價值觀輸入所在國。從一開始，傳教士就嘗試採取一種中國人可以明白的方式來傳教。禮文和《聖經》中譯的工作開始進行，而這表示要在God的幾個可能譯法中擇一使用。結果，傳教士選擇了用「天」、「上帝」來翻譯天主。耶穌會對根深柢固的中國傳統習俗表現得非常有彈性，願意吸收任何不是和基督教義公然牴觸的中國文化。這種做法受到梵蒂岡的支持。一六五九年，教廷傳信部在一份很有睿見的文件中指出：「還有什麼比把法國、西班牙、義大利或其他歐洲國家移植到中國去更荒謬？除信仰以外，千萬不要把任何歐洲的東西引入中國。愛惜自己的國家以及其所屬的一切，乃是人的天性。職是之故，沒有任何做法比攻擊在地習俗——特別是那些從一個備受尊崇的古代傳下來的習俗——更能引起疏遠與反感。」㉛這意味著傳教士應該尊重中國人祭祖及尊孔的習慣。

十七世紀晚期是傳教事業在中國大放異彩的時代，因爲在一六九二年，滿清皇帝康熙下詔開放教禁。康熙允稱當時世界上最有權力的君主，統治一億五千萬臣民，相當於整個歐洲（連俄羅斯在內）的人口。歷史意識強烈的耶穌會教士不會忘記，羅馬帝國皈依基督宗教，就是以一紙開放教禁的詔書爲前導的。羅馬能，中國沒有理由不能。隨著中國的信徒愈來愈多，吳文藻成爲第一個中國人主教（一六八五年受祝聖）。到了一七〇〇年，中國的天主教徒人數已達二十萬，其中很多都是達官貴人。

天主教在中國的傳教事業本來是充滿遠景的。因為如果中國能在十七世紀皈依基督宗教，那它對基督宗教未來的貢獻將無可限量，甚至可以形成一個足以與歐洲分庭抗禮的宗教實體。一個基督化的中國將可成為日本、韓國、越南，甚至整個亞洲的榜樣。但是，這樣的事並未發生。

耶穌會的文化折衷策略在十七世紀末徹底瓦解，當時，耶穌會的敵人在教皇面前成功中傷了耶穌會。幾年之間，耶穌會反覆受到攻擊，被指不應該容許中國人祭祖、尊孔，以及讓異教神祇的名字用於《聖經》翻譯上（譯註：按「上帝」一詞源出於《詩經》）。一七〇四年，梵蒂岡下令禁止中國的天主教徒行中國禮儀，也禁止刊行新的《聖經》中譯本。自此，宗教儀式一律只限以拉丁語進行。雪上加霜的是，傳達這些新規定的教皇特使還高度強調梵蒂岡的政治地位，而這當然是中國皇帝所不能容忍的。正如康熙很有先見之明地指出：「朕知道現在是沒有什麼好怕的，但等到你們的船上千艘來到，說不定就會引發大亂。」㉜一七二四年，清廷對於接二連三的羞辱終於作出反應，下達了禁教令。隨著天主教會在中國愈來愈像個外來體，它也招徠極大的迫害，其程度足以讓耶穌會在十八世紀末取得的成功幾乎被一掃而光。

教廷新政策的遺害不僅限於中國一處。同一時期，教廷也堅持印度的天主教徒要嚴守同樣的新規定，引發的後果幾乎和中國一樣嚴重。從大約一七七〇年開始，剛果教會走向一段長時間的衰頹，而這意味著，非洲基督宗教史上其中一個大好的機會被白白浪費了。剛果的情況部分固然由於王國本身的解體造成，但更重要的原因卻在於教廷禁止以剛果語進行宗教儀式，也不情願按立非洲裔的神職人員。梵蒂岡也不願意對非洲人的價值觀作出任何重要的讓步，其中包括容許神父結婚（這在東歐和中東部分地區是容許的）。在中國禮儀之爭（譯註：教廷與清廷有關祭祖尊孔的齟齬，史稱「中國禮儀之爭」）上的強硬立場，以及由此反映出的文化僵固性，讓天主教全球性的擴展步伐被拖慢了超過一世紀之久。

傳教大世紀

直到十八世紀末爲止，大規模的海外傳教活動都僅見於天主教的強權國家。這一點是當時天主教徒在強調天主教優越性時喜歡援引的論據。因爲，若如新教教徒所說，新教才是基督宗教的正宗，那爲什麼它又會忽略掉耶穌向萬邦傳播福音的偉大使命？然而，從一七九〇年代起，新教接下了這個挑戰。這部分是因爲福音主義的復興，部分則是因爲大英帝國的國力與鞭長到達空前的地步。自此，新教徒——又特別是英倫三島的新教徒——紛紛以最大的熱情投入海外傳教工作。才十年之間，他們所獲得的迴響，就足以讓傳教的熱忱支撐到整個殖民時代的終結。第一個新教的海外傳教組織是一七九二年成立於倫敦的浸禮宗傳教會（Baptist Missionary Society），未幾，它就有了兩個競爭對手：倫敦會（London

Missionary Society）和聖公會傳教會（Church Missionary Society）。新建國的美國也受到這股海外傳教激情所感染，各種海外傳教的機構紛紛建立。㉝

自此海外傳教成爲新教積極份子的重要關懷。一七九三年，凱里（William Carey）展開他爭取印度轉化爲基督信仰國度的大業，而他所提出的一句名言，也激發了無數後繼者的壯思：「等待來自上帝的大作爲，但也努力爲上帝有大作爲。」中國同樣吸引了歐洲福音主義者的注意。一八七〇年，第一個新教傳教士在廣東落腳傳教。非洲也吸引到狂熱的興趣，而這部分是由於歐洲人對非洲的地理知識變豐富了許多。一七九九年，帕克（Mungo Park）所寫的《非洲內地旅行》（*Travels in the Interior Districts of Afrain*）出版，讓歐洲的新教徒，明白了在非洲西部有一片天地等著他們去開拓。同時，新的政治橋頭堡也發展起來了。獅子山和賴比瑞亞分別在一七八七年和一八二一年成立了供獲釋黑奴居住的殖民地，而這些人和基督宗教都是有過第一手接觸的。當英國一八〇六年在好望角站穩腳跟之後，新教的傳教活動就迫不及待要伸向非洲南部。㉞

這些事件開啓了一個允稱爲「傳教大世紀」的時代。不過誠如我們前面看到的，基督宗教在這時代大獲成功，並不如同現代人認爲是靠歐洲帝國主義造就的。在很多個案裡（像是印度、中國和非洲的大部分地區），傳教士的成就與其說是突破新的前沿，不如說是重新打開一些古老的礦坑。一八八〇年代，前往剛果的傳教士發現自己受到盛大歡迎——如果不是因爲基督信仰一世紀以前還是剛果的國教，這個現象將很難解釋。㉟

無可否認，這個時期的傳教事業與帝國主義的冒險是緊密相連的，而新教和天主教的成功，也是靠著不同殖民帝國的成功而來。像新教在非洲的拓展路線，就是與大英帝國的殖民擴張路線一致；而天主教在非洲和亞洲的通道，則是靠法國打開的。最能說明宗教與殖民帝國之間對應關係的，莫過於烏干達南部。在那裡，天主教徒被烏干達人稱爲baFaransa（意指「法國人」），而新教徒則被稱爲baIngerezza（意指「英國人」）㊱。英法兩國的殖民當局都與傳教士攜手一道，打擊奴隸販子，這使得殖民行爲取得了若干的正當性。

十九世紀中葉，隨著大部分非洲地區落入歐洲人的控制以及中國因爲戰敗而門戶大開，基督宗教的傳教熱忱到達新高點。一八五八年，利文斯敦（David Livingstone）的《南非傳教旅行與考察》（*Missionary Travels and Researches in South Africa*）出版，激起新一代傳教士的豪情壯志。這時期很多傳奇性傳教士的事業都是展開在世紀中葉，一八七〇年代，隨著一些傳教據點在馬拉威湖四周和烏干達境內站穩腳跟，傳教活動獲得了一整片新天地。天主教的傳教活動也繁榮發展，建立了像聖靈會（Holy Ghost Fathers）和非洲傳教會（White Fathers）等新組織。法國人甚至想在穆斯林之間傳福音，一個主教轄區因而在一八三八年成立於阿爾及利亞。但最有計畫性和有野心的人卻是阿爾及利亞大主教拉維日里（Charles Lavigerie, 1825-1892），他夢想著要轉化整個非洲。在拉維日里看來，基督宗教將要恢復它在非洲古代的獨尊地位，而穆斯林時代只是不愉快的插曲，一個即將結束的千年長夜。教皇對此表示支持，而且爲了強化古今的聯繫性，還特別授予他迦太基大主教和非洲首席主教的頭銜。拉維日里甚至夢想可以組織一支像中世紀的基督騎士團（militia Christi）的現代十字軍武力，以保護朝聖者與打擊奴隸販子㊲。

接下來數十年，英法兩國的成功吸引了嫉妒者的模仿。每一個新來到非洲參加帝國主義遊戲的玩家都以傳教活動佐證自己的正當性：德國人、義大利人和比利時人都口口聲聲他們的到來是爲了帶領可憐的野蠻人歸主。不過，這時候的美國基督徒卻特別重視在中國的傳教活動，認爲自己對這個國家負有特殊使命。在一九二〇年代，也就是歐美勢力在中國的高峰期，大約有八千個西方傳教士活躍於中國。美國人聲稱自己在上帝的大業中扮演著特殊角色。一八九三年，一個世界宗教會議在芝加哥召開，其目的在於慶賀即將來臨的基督宗教全球大勝利。根據這種觀點，來臨的年代將是一個美國世紀，而且無可避免註定是一個「基督教世紀」（一本同名刊物在一九〇二年創刊）。如果有人敢懷疑這個遠景的眞實性，那美國傳教士在非洲和亞洲（特別是中國）的巨大成功，就足以讓他們噤聲。到了一九五〇年，全世界四萬三千個新教傳教士之中，有三分之二是美國派出去的。㊳

儘管在帝國主義年代，歐美列強的說辭是虛矯，但傳教士的奉獻熱忱卻毋庸置疑。傳教活動是極端危險的（包括要面對暴力與熱帶疾病的威脅），認爲傳教士會願意單單爲了帝國的商業利益而捨命，是說不通的。事實上，他們中間很多人都是把傳教活動視爲殉教烈士堂的入場券。西方每發生一次宗教的大振興，傳教士的人數與熱忱也會隨之高漲，如果剛好又碰上有壯烈成仁的傳教士事蹟傳出，情況會更熱烈。

另外，儘管十九世紀傳教士與帝國主義的關係千絲萬縷，但他們仍然對本土文化作出重要讓步。新教從一開始就認識到，用所在地的語言來傳教，是絕對必要的。於是，翻譯《聖經》的工作就開始了，翻譯成多種非洲和亞洲的語文。儘管新教在很多方面都一如天主教短視，但至少在語言一事上，新教明顯佔了優勢。

新教和天主教通常對文化的問題都有很現實的認知。事實上，他們面對的爭論，都是他們前人曾經面對過的，也就是：為了爭取皈信者，容許作出多大的讓步？進入危險地區傳教時，傳教士當然可以倚靠歐洲官員和士兵的保護，但靠這種方法建立起來的教會，是不會爭取到太多的本土信眾的。猶有甚者，這樣的政策有時甚至會製造出一種走廊基督教（veranda Christianity）——事實上，有些牧師神父真是不讓土著信徒進入他們的屋子裡去的。㊴但有遠見的傳教士卻看出這種做法的危險。聖靈會的創立人曾這樣叮嚀：「你們去非洲，不是為了建立一個新的義大利或新的法國……你們要在黑人中間當黑人……我們的神聖宗教都是不變地建立於在地的土壤中的。」㊵基於同樣原則，有些在中國的傳教士放棄了歐洲人的穿著與生活方式，因為這些東西會把他們與一般的中國人隔離開來。這時期新教在中國的一個重要傳教組織是成立於一八六五年的內地會（China Inland Missions，簡稱CIM），其成員穿著中國服飾，也留辮子，以示順服於清王朝的統治，務求做到「向什麼樣的人，我就做什麼樣的人。」（譯註：語出〈歌林多前書〉〔〈格林多前書〉〕。使徒保羅以這話規勸教會中人，為了爭取信徒，應該在什麼地方就做什麼樣的人。）到了一九〇〇年，內地會轄下的傳

教士大約有八百人。㊶

由於傳教士對在地文化的態度較爲開放，因此他們有時比世俗政治家要有遠見得多。帝國主義的政客總是很難想像殖民地的人民會有解放獨立的一天。晚至一九五〇年代，英法的領導人仍然不相信他們會在有生之年目睹非洲脫離歐洲的直接統治。相反地，有些早期的傳教士已經預見，他們的努力只是代表一個暫時性的過渡階段。甚至早在一八五〇年代，英國聖公會傳教會的維恩（Henry Venn）就已預見，傳教士有朝一日一定會退出尼日河或剛果河兩岸，一如他們曾經退出萊茵河和泰晤士河那樣。他認爲，「傳教使命的安樂死」是無可避免的。這個過渡將會透過「三自」（three self）政策來落實，也就是本土教會的自治（self-government）、自養（self-support）和自傳（self-propagation）。其結果將會產生「一個由本土牧師領導，有本土教區的本土教會。」㊷不過，在帝國主義氣燄最高張的年代，這樣的洞見隱而不彰。儘管如此，土著教會將會在未來獲得自治的想法從未在傳教士之間完全消失。

對任何宗派而言，能不能擺脫帝國主義幫兇的指控，其關鍵都在於能不能按立本土的神職人員。在這方面，傳教大世紀的教會的表現好壞參半。一七六五年，聖公會按立了黃金海岸的夸卡（Philip Quaque）爲其第一位非洲教士。一世紀以後，即一八六〇年代，聖公會又挑選了克勞瑟（Samuel Adjai Crowther）爲其第一個非歐洲裔的主教，並委託這位博學的「非洲裔英國人」在西非建立一個傳教教區。其他教會（特別是新教的教會）起而效尤，第一位中國神職人員獲按立的時間是一八六〇年代。但建立本土領導班子的原則卻不是每一個教會都奉行的。直到一九一四年，全世界都還沒有一位非歐洲或美洲裔的主教。一九二〇年以前，偌大的非洲，天主教本土神父的人數寥寥無幾。㊸

儘管如此，基督宗教的傳教成績仍相當驚人。在一八〇〇年，住在歐洲或北美以外的新教徒人數，只佔世界新教徒人數約一%。到了一九〇〇年，這個數字升高為一〇%，為進一步的擴大提供了實質的支撐。時至今日，住在歐洲或北美以外的新教徒人數高達全部新教徒人數約三分之二。天主教同樣也獲得大豐收。一九一四年，天主教會在非洲共有七百萬受洗過的信徒和一百萬慕道友；這兩個數字到了一九三八年已翻了一倍。也可以換個方式來說明。在十九世紀晚期，非洲各宗派的基督徒（包括科普特派）加起來有一千萬，約為非洲總人口的九%；到了一九五〇年，這數字揚升至三千四百萬（非洲人口的一五%）；到了一九六五年是七千五百萬（非洲人口的四分之一）。㊹雖然與非洲相比，中國基督徒的人數增加沒有那麼可觀，但仍然比上一波的傳教活動增加了許多。中國的基督徒（包括新教與天主教）在一九〇〇年才一百二十萬左右，但到了一九四九年，已達五百萬之譜。

大部分現代歐洲人和美國人都不相信他們的祖先那麼賣力向海外傳教，是為了把文明帶給世界其他地區。儘管如此，維多利亞時代的傳教熱忱之士卻在一點上被證明比他們的後代子孫更有眼光：基督徒將會在未來大幅成長。從很多方面來說，二十世紀都稱不上是一個基督宗教的世紀，因爲發生在二十世紀的許許多多恐怖殺戮，都讓它看起來更像新的黑暗時代，而不像任何宗教的黃金時代。儘管如此，基督宗教在二十世紀獲得了全球性的成功，又是不爭的事實。誠如已故的傳教史權威尼爾（Stephen Neill）所說的：「**在二十世紀，世界首次有了一種普世的宗教：基督宗教。**」㊺**到了第三個千禧年，基督宗教將會重演它在第一個千禧年的往事，再度成為一個泛大洲的現象。**

3 | *The Next Christendom*

傳教士與先知

Missionaries and Prophets

傳教士、政府和大公司（即牟錢財者）這三個聯合體都有志一同用奚落的眼光看原住民。有時讓我們驚訝的是，這三個聯合體都來自歐洲，而且帶著「基督王國」的頭銜來。然而，把這頭銜的主人與它的僕人作一比較，任何非洲人都不會相信這頭銜的主人。如果我們夠有力量與歐洲人溝通，將會勸他們不要自稱「基督王國」（Christendom），而是自稱「歐洲王國」（Europeandom）。

——多明戈（Charles Domingo），一九一一。轉引自：黑斯廷斯（Adrian Hastings）《非洲的教會：一四五〇至一九五〇》（*The Church in Africa, 1450-1950*）

傳教士爭取到多少信徒是一回事，這些信徒有沒有發生內在的宗教轉化又是另一回事。加入一個教會或教派並不一定意味一個人已經歷內在的轉化。我們或多或少可以統計自稱為基督徒的人數，但內在的動態宗教變化卻無法量化。傳教成功的原因，在不同時代、不同地點各不相同，而有些新教會的根也紮得比別的新教會深。①不過，這些新教會許多都極為興旺，卻是不爭的事實，而這個現象，完全無法用原住民害怕或羨慕西方征服者的心理來解釋。儘管在意興闌珊的西方人聽起來可能會覺得驚訝，但基督宗教確實發揮著全球性的吸引力，而且沒有半點衰退的跡象。

有鑑於西方大衆對海外傳教活動的惡劣印象，基督宗教在非洲和亞洲取得的巨大成功更顯得矚目。在很多當代觀察者眼中，整個海外傳教事業其實是西方文化流弊的縮影。美國藝術及娛樂電視網曾在二〇〇〇年播出一部大型紀錄片，回顧公元一千年至二千年間基督宗教的發展。②播放十六世紀的部分時，旁述員有這樣的旁白：「歐洲人在世界到處航行，不管到哪裡都攜帶著歐洲的信仰——基督宗教……然而除信仰以外，這些基督徒探險者同時攜帶著深深的文化優越感，以及對財富的貪婪。」到了十九世紀，「傳教活動與擴張中的西方各帝國及它們看來永不饜足的慾望變得密不可分。」

大量的現代觀察者持有同樣的觀點。肯亞領袖肯雅塔（Jomo Kenyatta）曾抱怨：「**傳教士來到非洲的時候，他們有《聖經》，我們有土地。他們說：『我們一起禱告吧。』於是我們闔上眼睛。等再張開眼，我們有了《聖經》，他們有了土地。**」（這番話曾爲南非的圖圖大主教引用，而人們常誤以爲是他先說的）。肯亞的吉庫尤族（Gikuyu）有這樣一句諺語：「傳教士與殖民者沒有兩樣。」③在小說家阿契貝（Chinua Achebe）看來，基督宗教也不過是殖民入侵這個大包裹的一部分。他筆下一個角色這樣說：「白人、新宗教、士兵、新鋪的道路——這些全都是同一件事情的一部分。」阿契貝的小說常常拿「白」這個觀念做文章：在傳統非洲人的觀念裡，白是一種不吉利的顏色，常常與痲瘋病構成聯想：「埃采魯開始擔心起來，害怕這種新宗教就像是痲瘋病人：你容許他跟你握握手，他就會得寸進尺，要求與你擁抱。」④

很多西方人抱有同樣的觀點，把傳教活動視爲一種文化痲瘋病。隨著歐洲殖民帝國在二十世紀中葉的瓦解，把基督宗教斥爲帝國主義面具的言論在第三世界作家間蔚爲風尚，他們也認爲，基督宗教的影響力微乎其微。在他們看來，基督宗教想要影響非洲人的社會規範（特別是性規範），根本緣木求魚。在貝蒂（Mongo Beti）的經典小說《可憐的邦巴基督》（*The Poor Christ of Bomba*）裡，那個對基督宗教憧憬幻滅的敘事者這樣說：「我開始疑惑，基督宗教是不是眞的適合我們，是不是眞的是爲我們黑人量身訂造的。」美國印第安女作家雷斯麗・西爾科（Leslie Marmon Silko）也在其《死者曆書》（*The Almanac of the Dead*）中痛陳：「歐洲人……利用教士、聖水和印第安奴工建造的教堂來裝樣子。但他們的上帝卻沒有與他們在一起。白人在美洲灑聖水和祈禱已經超過五百年，但基督宗教的上帝依然缺席。」⑤

從現代人多疑的目光看來，海外傳教的衝動只是無知父權心態的流露。今天人們評論基督宗教的海外傳教活動時，動輒喜歡用「傳教士的位置」（the missionary position）這個有性暗示的相關語（譯註：「傳教士的位置」一語除字面義外，又可解作男上女下的性交體位）。這語句可以讓人一下子聯想到一些自我壓抑得要命的維多利亞時代傳教士，迷了心竅想把他們有害無益的道德觀和性觀念帶給一些並不需要這些抑制的人。現代的世俗聽眾不可能相信傳教士帶給異文化的宗教有眞實內容，更遑論是受歡迎的。一九九五年，新聞記者希欽斯（Christopher Hitchens）寫了一篇惡意中傷德蕾莎修女（Mother Teresa）的文章，篇名正是〈傳教士的位置〉。希欽斯會選擇這個篇名很自然，因爲它一語道出每個受過高等教育的西方人對基督宗教在第三世界作爲的觀感。⑥

然而，傳教士深受敬重甚至崇敬的時代事實去今未遠。這一點，從利文斯敦那些英雄式的行述引起多大的迴響就可見一斑。屬於同一傳統的二十世紀作品包括《六福客棧》（*The Inn of the Sixth Happiness*, 1958）和葛雷哥萊・畢克扮演在華傳教士的經典電影《天路歷程》（*The Keys of the Kingdom*, 1944）。但很多較近期的小說或電影則與此形成鮮明對比，對傳教士的刻劃相當負面。像是《夏威夷》（*Hawaii*, 1966）、《教會》（*The Mission*, 1986）、《黑袍》（*Black Robe*, 1991）和《在上帝的土地上遊玩》（*At Play in the Fields of the Lord*, 1991）等電影，都是這個過度批判（hyper-critical）的傳統之產物。⑦

所有這些近年的作品對傳教活動都持有大體相似的觀點。它們的最重要一個批判是：既然所有宗教信仰都大致等值，那傳教士有什麼必要把一個文化的偏見帶給另一個文化？但一談到西方基督宗教，批判者就會忘掉自己這種絕對的相對主義立場認爲基督宗教想要取代的文化，往往是一個比基督宗教優美的文化。他們認爲，與其說基督宗教是一種信實的宗教，不如說是西方人偏見與禁忌的大集合。在巴巴拉・金索華（Barbara Kingsolver）的暢銷小說《毒漆樹聖經》（*The Poisonwood Bible*）裡，一個傳教士的女兒這樣回憶她的比屬剛果之旅：「我們來自喬治亞州的伯利恆，帶著『貝蒂妙廚牌』的蛋糕粉走入〔非洲〕森林。……一個女孩背誦著我們兒時背誦的主禱文：『我們在天上的父……』但我可不敢相信眞會有牧羊人帶我們走過這個死蔭的幽谷。這些熟悉的字句像棉花一樣塞滿我的嘴巴。」就像家裡的其他人一樣，她會去非洲，只是爲了迎合傳教士父親的願望。⑧

傳教活動的批判者認爲，西方想向第三世界輸出文化偏見的企圖，在性的事情上表現得尤爲顯然。電影《黑袍》描述一個年輕的法國耶穌會神父想把基督宗教帶給加拿大原住民，但卻在目睹加拿大原住民健康而坦率的性活動以後，陷入沈重的心理掙扎。《毒漆樹聖經》中那個傳教士女兒到剛果後，也被土著無所隱諱的性行爲嚇得魂不附體。非洲婦女以歡樂的讚美詩歡迎她一家人到來，這些婦女「屁股光禿得像鳥蛋……袒胸露背亦不以爲恥……我是這裡唯一被嚇得魂飛魄散的人嗎？」⑨在這些虛構的作品裡，傳教士都因爲太執著於打敗試探，以致徘徊於精神錯亂的邊緣。《在上帝的土地上遊玩》裡那個女傳教士海柔（凱西・貝茲〔Kathy Bates〕飾演），就因爲宗教狂熱和性壓抑太厲害，最後終於精神崩潰。

教會內部對傳教活動的敵意一樣強烈，至少大部分自由派的主流教會是如此。儘管成功的海外傳教一度被認爲是美國或歐洲教會最美麗的裝飾品，但到了一九六〇年代，也就是去殖民化最快速的年代，整個海外傳教的努力都受到質疑。到了一九七〇年，非洲的教會甚至要求西方傳教士暫停傳教活動，唯恐會妨礙本土信徒人數的成長。這個想法的邏輯是很自明的：傳教活動是殖民主義的武器，而一旦殖民政府撤走，它們宗教上的爪牙也會煙消雲散。正因爲有這種想法，路德會和聖公會這些美國的主流教會才會大肆削減海外傳教活動的經費，把錢轉用於本國的社會慈善事業。⑩

淪肌浹髓

如果現代人對傳教士的刻板印象完全符合事實，那就很難解釋，爲什麼基督宗教的擴張一直那麼快，或爲什麼基督信仰在歐洲勢力撤退後還可以存活下來。顯然，南方人對基督宗教的接受，有相當部分不能靠歐洲傳教活動來解釋。在一些個案裡，基督宗教的吸引力看來是來自當地人想要效法西方的心理。一向以來，基督宗教都和攻無不克的帝國主義列強連在一起，也因此是成功和現代化的象徵。這一點對本土菁英階層來說相當有吸引力，而他們的皈信，也可以自上而下地影響整個社會。環顧全世界，即使那些拒絕全盤接受基督宗教的文化，也會吸納基督宗教的某些方面，以便取得更好的條件與西方競爭。像是印度教在十九世紀發生的幾波改革運動，其思想、實踐、崇拜風格都是公然借自基督宗教。⑪

但效法西方不是全部的理由。因爲如果基督宗教只是國王、商人、傳教士的事情，那它的壽命理應與殖民地政治和商業秩序的壽命相終始。然而一個很普遍的現象卻是，基督宗教會發展出一個草根性的運動，吸引相當多元化的人群，包括傳統社會的邊緣人。在其有關奈及利亞東部伊格博族（Igbo）的敘述中，阿契貝說明了基督宗教的最初成功是出現在社會的邊緣人群中間的：「沒有一個皈信者是部族會議裡受尊敬的人。他們沒有一個是有頭銜的。他們大都是我們稱之爲廢物的人……阿巴拉的女祭司基耶洛把皈信者稱爲部族的屎，又把基督宗教稱爲瘋狗，說這瘋狗已經把屎吃光。」不過慢慢地，卻有愈來愈多上等人受到基督宗教的吸引。（今天大多數的伊格博人是基督徒。）⑫

在早期，非洲基督宗教明顯是一個屬於年輕人的宗教運動。一般來說，皈信者都是社會上較年輕的成員，也就是少年和青年。在第一個全球化大時代（約一八七〇年至一九一四年），他們是最有可能在城市、港口、貿易站之間旅行的人。他們是移民、工人、商旅和士兵。在這些跨邊界性的團體，他們接觸到基督信仰，然後把它帶回家鄉。但不管基督宗教的最初聽衆是誰，讓基督宗教能夠大獲成功的卻是網絡效應：它的教義會透過個人口耳相傳，一人傳一人、一家傳一家、一村傳另一村。在他們對非洲基督宗教的考察裡，松德卡勒（Sundkler）和斯蒂德（Steed）反覆強調非洲個體信徒在弘揚基督宗教一事上扮演的重要角色：「新的皈信者並沒有把他們的新發現留爲己用，而是把信息分享給他人……就因爲這樣，基督宗教的信息能夠像水紋一樣一圈圈擴散開去。」⑬

對於非洲和亞洲人爲什麼會樂於接納基督宗教，可以有各種解釋，包括政治面的、社會面的或文化面的；但有一個解釋卻是常常受到忽略的，那就是信徒相信他們所信的是真理，認爲那是解釋其周遭世界最好的方式。阿契貝這樣描述一個伊格博族青年恩沃涅（Nwoye）接觸到基督宗教後的感受：「擄獲他的心的，並不是三位一體的怪誕邏輯。他根本不了解那是何物。真正觸動他的是這種新宗教的詩歌，是某種讓他淪肌浹髓的東西……讚美詩裡的字句就像一顆顆的雨滴，融化開這個喘氣地球的焦乾味覺。恩沃涅稚嫩的心靈徹底困惑了。」⑭對恩沃涅這個虛構角色及以數百萬計活生生的非洲信徒而言，他們會接受基督宗教，是因爲它會向他們說話，是因爲他們相信它代表真理。肯雅塔一點沒說錯，最後擁有《聖經》的是非洲人，而不是歐洲人。

非洲信徒對基督宗教的接納有多快和多深，從他們面對迫害仍然不改其志的事例就可以反映出來。在一八五〇年代的馬達加斯加，有大約兩百個基督徒被迫害致死，他們「有被刺死的，有被勒斃的，有被餓死或燒死的，有被毒死的，有被推下懸崖的，有被放在米坑裡活活煮熟的。」⑮類似的情形也見於英國殖民地烏干達。英國聖公會在烏干達建立教會是在一八七七年，第一批烏干達黑人被按立爲牧師是在一八九〇年代；同一個十年，天主教傳教士也開始在烏干達領人歸主。從最早期開始，烏干達殉教的本土信徒就不在少數，他們的事蹟證明了基督宗教的根在非洲的土壤裡紮得有多麼牢固。最嚴重的迫害發生在布干達王國（Buganda），這王國稍後被英國納入殖民地⑯（譯註：布干達今日是烏干達的一部分）。基督宗教在布干達王廷的快速成長引起國王的恐慌，其中一點讓他不悅的就是男廷臣不願意再與他發生性關係。他下令臣民放棄基督信仰，違者處死。結果，在一八八五至一八八六兩年間，共有數百布干達人被處決，其中一次一天之內就有三十二個基督徒被燒死。這些例子說明了，以爲基督宗教只是一種白人的宗教是可笑的，而基督宗教在馬達加斯加和烏干達都傳布迅速。在一八九〇年代，布干達人曾經以驚人的速度大量集體皈信。今天，有大約七五％的烏干達人是基督徒，馬達加斯加的基督徒還多達總人口的九〇％。信徒願意就義的例子不僅見於非洲一地。在同一時期，論受迫害人數最多、血腥程度最烈的，可能要算是十九世紀中期和晚期中南半島的一些王國。爲此喪生的天主教神父約在一百人上下，但就像非洲的情形一樣，受害者還是以一般信徒佔大多數，死者數以萬計。⑰

渡河

基督宗教一旦被接受，剩下來要做的就是把它的本質性眞理從西方文化的外衣裡分離出來，並用一種非洲人（或亞洲人）能理解的方式呈現出來。這一點，是後殖民時期非洲小說家偏愛有加的主題。像肯亞作家恩古吉（Ngugi wa Thiong'o）就曾在小說《一河之隔》（*The River Between*）裡描寫其族人吉庫尤族在一九二〇年代皈信基督過程中面對的種種問題。書名中的「河」，既實指分隔著兩個村莊的一條河，但也象徵著分隔開這兩個村莊的一條宗教鴻溝。小說中的兩個村莊，一個住著新皈信的基督徒，一個住著頑強的傳統派。

起初這小說給人的感覺非常黑白分明，似乎無非是要揭露入侵的基督宗教殖民者如何無情地摧毀原住民的生活方式。住在信仰基督村莊的領袖名叫約書亞，他被刻劃得狂熱而盲目，而另一個村莊的領袖韋亞基（Waiyaki）則被刻劃成高貴的異教徒，幾乎就像個本土的彌賽亞。

然而隨著情節的發展，事情卻變得複雜許多。約書亞的其中一個女兒違反父親的意願，要求接受異教的割禮，因爲她覺得這樣做才能讓她成爲一個眞正的女人。結果，她因爲割禮而送命，但她死前看到的異象卻是耶穌。約書亞的另一個女兒則與韋基亞墮入了愛河。他們的結合，意味著文化綜合，意味著基督宗教必須融入非洲的生活方式中。恩古吉藉書中角色之口指出，基督宗教這種白人宗教儘管有諸多缺失，但其中包含著一些眞理，因此，基督宗教「需要清洗，除去所有污垢，只讓永恆的東西留下來。然後，這些永恆的眞理必須和人民的傳統調和融合。一個民族的傳統是不可能在一夜間就被掃除掉的。」一個無法綜合新與舊的宗教「只會讓人的靈魂變得殘缺不全」。約書亞的錯誤在於「把一種一切都被**白色**裝飾和污染的宗教穿在身上。」⑱

打從歐洲人傳教事業的最早期，原住民就覺得基督宗教的很多方面是激動人心，甚至是使人陶醉的，以致等不及來自歐洲教會的祝福，就嘗試把基督宗教的教義融合到本土文化中。有時候，這種接受和同化基督宗教的熱忱，會引生出一些與傳統基督宗教大相逕庭的宗教運動。我不想誇大這些團體的重要性，因爲在非洲和亞洲基督宗教史裡扮演主要角色的畢竟還是主流的教會（亦即天主教和新教），而不是新興的本土教會。然而，獨立教會的存在仍具關鍵性，因爲它們反映出非洲人的靈性有多麼饑渴。

要闡明這種與基督宗教接觸後引爆的激情，我們不妨看看太平天國的例子，它在十九世紀晚期的中國曾經產生過很大的影響力。以太平天國爲例來說明基督宗教的成功也許不討喜，因爲這個運動最後變得與政治牽扯太深，而且徹底失敗了。它發動的起事導致千萬人喪生，爲清王朝覆滅。儘管中國共產黨史家讚揚太平天國爲民族解放運動的先驅，但它具有基督宗教本質卻毋庸置疑。太平天國的創立人洪秀全自稱曾到過天國遇見自己的眞正家人：上帝、聖母與他的兄長耶穌。他被上帝派去拯救中國。爲了達成這個使命，洪秀全建立了一個叫「拜上帝會」的組織。拜上帝會發動了起義，志在建立一個完全共產制的政權，其名稱就是太平天國。在太平天國的《聖經》中譯本裡，天使宣布基督誕生的文字被翻譯如下：「在至高之處，榮耀歸於神，在地上**太平**，歸於祂所喜悅的人。」⑲（譯註：太平天國的《聖經》中譯本現已非常難尋索，故這段文字未經還原）在其短暫的歷史裡，太平天國始終保留著一些基督宗教的特徵（儘管是出之以奇怪的方式），其中包括任何新進人員會被要求在一定時間熟背主禱文，否則就會有被處死之虞。

在世界史上，由靈視引發的宗教運動比比皆是，不獨出現在基督宗教的範圍內。有靈視能力的先知或彌賽亞在中世紀一再出現，而類似的故事也反覆發生在南方的土地上。平情而論，這一類具有神授力的先知乃是信仰轉換過程中無可避免的副產品，而他們的大量出現，也標誌著廣大群眾從表面接受基督宗教到眞正內化的中介階段。

彌賽亞、千禧年和烏托邦取向的宗教運動在拉丁美洲的出現爲時甚早，可上溯到殖民時代的早期，對飽受剝奪的原住民相當具吸引力。在殖民時代，聖母顯靈的事情時有所聞，這當然不會是沒有政治企圖的，而殖民政府會懷疑原住民是藉聖母和聖徒之名來追求解放也是正確的。在十八世紀，中美洲的土著起義就總是打著「聖母運動」的旗號。[20]

很多這類宗教運動都宣揚一個觀念：上帝的旨意是要在新大陸的前沿地區實現，而不是在腐化的歐洲實現。這個觀念，至今還沒有熄滅，而且不獨限於當代自由派神學的範圍內。其中一個拉丁美洲的彌賽亞是安東尼奧・孔塞列羅（Antônio Conselheiro），他在一八九〇年代曾在巴西的邊境地區發起過一場末世論的社會革命活動。這個革命已經成爲拉丁美洲傳奇的一部分，甚至被該區兩位大作家庫尼亞（Euclides Da Cunha）和略薩（Mario Vargas Llosa）寫入小說中（《腹地》〔*Rebellion in the Backlands*〕和《世界末日之戰》〔*The War at the End of the World*〕），永垂不朽。[21]拉丁美洲的另一個經典性革命人物是尼加拉瓜革命領袖桑定（Augusto Sandino）。一九二〇年代，他高舉千禧年（millenarian）信仰，認定世界舊秩序將在火與血中崩壞，由一個公義平等的新秩序取而代之。他寫道：「受壓迫的人民將要掙斷羞辱的鎖鏈……戰爭的號角聲將會吹起，……反抗壓迫者的不公義。」在他的靈視裡，受壓迫的印第安人、拉丁美洲人和梅斯蒂索人將會襄助一個彌賽亞式的人物，起而抗擊北美洲人的侵凌。[22]

桑定游擊隊（Sandinistas）對接下來的幾任美國總統都是肉中的一根大刺，卻沒有一個拉丁美洲的基督信仰宗派是從中派生的。儘管如此，一些基督宗教邊緣或之外發展起來的宗教運動，其後卻成長爲蓬勃的獨立教會。雖然名目繁多，但這些本土的新教會都代表著南方基督宗教最可堪注目的一面。在非洲，同類型的教會又特別引人觸目。通常，這一類本土宗派興起的地方，正好是人口成長得最快速的地方，因此，它們在全球基督宗教裡的份量，將可望愈來愈吃重。

源出非洲

非洲的新興教會想要挑一個主保聖人（patron saint）的話，最佳選擇可能莫過於金帕・薇塔（Kimpa Vita）。她是剛果王國人，在義大利嘉布遣會（Capuchin）傳教士的帶領下受洗㉓，更名貝亞特麗斯（Beatrice），開始依歐洲神父傳揚的方式過生活，但神父們攻擊傳統會社與成年禮之舉卻讓她愈來愈困擾。她本身就是個恩甘加（Nganga），一個靈媒，也是殖民者所稱的女巫。一七〇三年前後，她夢見聖安東尼〔剛果人最愛戴的聖徒之一〕告訴她，殖民地教會的方向已產生嚴重偏差。她又被告知，耶穌其實是個剛果黑人，而衆使徒和聖方濟等受歡迎的聖徒也無一不是剛果黑人。事實上，耶穌就是誕生在剛果首都聖薩爾瓦多。金帕・薇塔要傳達的最主要信息就是，非洲的教會需要自己找到一條趨近上帝的路，哪怕這意味著需要繼續實踐白人教士所譴責的傳統儀式。金帕・薇塔最後甚至把自己等同於聖安東尼，認爲「這位剛果王國的復興者……這位次上帝（the second God）」已附身於她。

就像現在常見於非洲教會那樣，夢除了是傳達神意的管道，也包含重要的政治信息。金帕・薇塔發起一個運動，力圖調解國內交戰各方的勢力，維持剛果的統一王權於不墜。金帕・薇塔很多地方都讓人聯想起聖女貞德，而她的最後命運也與貞德相似：一七〇六年，金帕・薇塔被殖民者以異端和女巫的罪名處以火刑。她的「安東尼派」的追隨者受到打壓，數千人被賣到新大陸爲奴，其中又以賣到巴西和南加州居多。今天有百萬計北美人和南美人的血緣，都可追溯到這一批非洲本土基督宗教的先驅者。

儘管金帕・薇塔的教派沒能在她死後維持太久，但像她一樣想把基督宗教以一種可了解的語言迻譯到三分之二世界（Two-Thirds World）去的繼承者，卻一再出現。㉔自十九世紀晚期以還，先知運動反覆在非洲各地出現。其領導起初都是傳統教會的信徒，但卻逐漸感到疏離。然後，這個人會獲得被認爲是來自上帝的特殊啓示（其情景相當類似《新約》所載上帝在五旬節對耶穌門徒說話和在通向大馬士革路上向保羅說話），成爲先知。之後，這個先知就會開始獨立傳道，有時還會創立新的獨立教會。其始創人得到過神啓的教會特別重視異象和神授能力（指預言、治病等能力）。㉕

這些先知中最著名的一個是哈里斯（William Wadé Harris）。他是現代非洲宗教史上舉足輕重的人物，也可能是各種「二十世紀偉大基督徒」評選名單中一個顯眼的遺珠。哈里斯是賴比瑞亞人，在十九世紀末從一個異象裡獲得天使加百列的啓示。他在異象裡「獲得上帝的油膏：上帝三次拍他的頭，聖靈降臨到他頭裡，感覺上和聽起來就像急射而至的一杜水。」哈里斯於是成了先知，認爲自己是末世的守望者，是《舊約》先知以利亞的化身。他放棄了歐洲人的衣著，以示自己不認同於白人殖民者，也不認同於在賴比瑞亞壟斷權力的美國籍黑人菁英階層。一九一三年，他身穿白袍頭裹白巾，開始一趟橫越西非的傳道之旅，成果極爲驚人。爲了彰顯自己傳道使命的非洲特質，他隨身攜帶一個竹製十字架、一本《聖經》以及一個葫蘆撥浪鼓。據說，他兩年間就帶領了十萬人歸主。他傳揚的主要是正統的基督宗教教義，要求信徒遵循十誡和嚴守安息日。㉖

哈里斯最具非洲特色的一點，是他強調必須正視非洲人崇拜偶像或物神的問題，而不是像歐洲傳教士那樣，對這些行爲嗤之以鼻或是置之不理。就像他的追隨者，哈里斯也相信物神包含巨大的靈力，而他對抗這些東西的方法則是把它們燒掉。有傳說指出，只要他走近一個供奉物神的神龕，神龕就會起火燃燒，而巫師會在他來到之前就聞風而遁。白人傳教士把巫術稱爲幻象，但哈里斯卻深知巫術的力量，並要求信徒棄絕這種祕術。哈里斯也不譴責多妻制，而且傳道旅行期間總是有好幾位太太伴隨。雖然他的信徒很多最後都加入傳統的傳教士教會（如衛理公會），但哈里斯建立的教會還是在西非一直存活至今。今天，它吸引的主要是一些移民社群，像是象牙海岸的迦納工人——這些人毫無疑問是窮

人中的窮人。㉗

一九二〇年代是這一類宗教運動的沃土。這十年間的宗教活躍程度反映出非洲人多麼全心全意與迫不及待，要把基督宗教的信息吸收到自己的社會裡。如果各位沒忘記，烏干達那些寧死不屈的殉教者的事蹟，不過是發生在基督宗教傳入該國後十到二十年間。一九一五年，浸禮宗傳教士奇倫布韋（John Chilembwe）在尼亞薩蘭省（Nyasaland，今馬拉威）策動武裝起事，要推翻英國的統治。這是現代非洲人第一次楬櫫民族主義和社會公義的原則挑戰帝國主義強權，而它的基礎完全是基督宗教的。這個起事的目的之一是要建立一個民族非洲教會。㉘

另一個當代的非洲先知是欽班古（Simon Kimbangu），他住在當時的比屬剛果。一九一八年，也就是流行性感冒肆虐全世界的年頭，欽班古得到一個異象，要求他成爲先知和醫治者。儘管他百般抗拒，但最後還是順從了召喚，在一九二一年開始佈道和醫治之旅。他得到相當大的迴響，比利時殖民當局爲此大爲恐慌，把他逮捕，處以鞭刑，並判處死刑。雖然後來豁免一死，但欽班古一直被關在獄中，以迄過世（一九五一年）。欽班古宣揚的是正統清教徒主義的教義，但又具有鮮明的非洲色彩，其中包括會祈求祖先的幫助，以及自詡爲有神授能力的領袖，也是上帝與世人的中介。他同時也傳揚政治的信息。他在一篇禱告詞裡許諾：「王國是屬於我們的。我們擁有它！白人不再擁有它。」很多信徒視他爲非洲的救主與彌賽亞，而他的家鄉恩坎巴（Nkamba）也被視爲新耶路撒冷。他創立的教會把他生平中的重要日子（包括開始傳道事業和死在獄中的日子）定爲節日。這個教會的全名是「西蒙・欽班古先知在人間的耶穌基督教會」（Church of the Lord Jesus Christ on Earth of the Prophet Simon Kimbangu，簡稱 EJCSK），在班欽古死後獲得官方承認，並繁榮昌盛。這個教會並沒有繼續傳揚班欽古較激進的彌賽亞訊息，但很多信徒卻相信他實現耶穌的預言：「我所做的事，信我的人也要做，並且要做比這更大的事。」這個教會目前的信徒人數並不明確，但據一些估計可能高達六到八百萬。㉙

哈里斯和欽班古絕不是特例。他們因爲強調靈力治病而讓非洲的新興教會獲得力量，因爲其時流行性感冒正橫掃非洲的大多數地區，奪去了數百萬人的性命。在奈及利亞的約魯巴（Yoruba）地區，流行性感冒的肆虐導致了信仰靈力治療的阿拉杜拉會（Aladura）的誕生（「阿拉杜拉」意指「祈禱得福」）。自一九二〇年代起，阿拉杜拉會又生出很多分支，它們通常都是由魅力型的領袖或先知所帶領，其中包括了基路伯與塞拉芬會（Cherubim and Seraphim）、基督使徒會（Christ Apostolic Church）、阿拉杜拉上主會（Church of the Lord, Aladura）。有些時候，這些新教會會把降靈或夢境中得到的訊息，看得如同《聖經》中的話語一樣重要。㉚

先知潮的出現，並不僅限於一九一〇年代和二〇年代，也就是不限於第一次世界大戰以後具有驚人創造力的十數年。過去一世紀以來，很多非洲基督徒都相信，上帝揀選了他們作爲特殊先知使命的擔負者，而很多人也致力於把他們從白人那裡得來的基督宗教加以非洲化。最後一個我們舉例的人物是愛麗絲・倫希納（Alice Lenshina）。㉛愛麗絲原屬羅德西亞北部的長老教會，但一九五三年準備受洗之際，她獲得一個異象：看見自己被帶到天上，被授命去摧毀巫術（很多非洲社會都視巫術為迫切的危害）。於是，她建立了一個稱為「路巴會」（Lumpa，意指「最上之選」）的教會，自任蘭斯娜（Lenshina），意指女教主。路巴會吸引了以數十萬計的信徒，形成一個烏托邦取向的社群，等待基督的再臨。他們抗拒世俗政府的統治，甚至不惜抗稅，所以受到新獨立的尚比亞政府迫害，引發政府與教會間一場小型戰爭。愛麗絲在一九七八年故世，而她的教會看來也隨之而逝，但要是哪一天她潛伏著的信徒起而重揭路巴會的大旗，是不會讓人驚訝的。

讀過許許多多現代非洲先知的事蹟和他們帶來的宗教振興以後，我們很容易會把其中一些十年認定為振興的年代或先知的年代。一九二〇年代顯然是很符合這種構想的十年。問題是，自一八九〇年代起，非洲每個年代都出現這一類激情的先知運動，換言之，波谷與波峰的分別並不存在。這一點和美國宗教史的情況很類似。傳統上都認為，美國的宗教史是由一系列的大振興構成：第一次發生在一七三〇年代，第二次在一七九〇年代……如是者一直到今日。但這種看法有可能是一種歷史虛構。事實上，在北美洲，幾乎沒有哪個時候不在哪個地方出現過某種振興或福音運動，只是歷史學家在回顧時突出其中一些，稱之為「大振興」罷了。非洲的情形也類似，各個振興和先知運動是重疊的，或多或少是連續性的事件。借用振興主義的語言來說，非洲與五旬節火焰的相遇已經超過一世紀，而這個具有高度創造性的過程最明顯的產物則是各個獨立教會的出現。以美國人的語言來說，大部分的非洲一直以來都是一個聖靈之火熊熊燃燒的地區。

非洲與獨立教會

非洲各個不同的新興教會現在被統稱爲非洲獨立教會（African independent churches，簡稱爲 AICs，在有些人的用法裡，這個縮寫詞代表「非洲人發起的教會」或「非洲本土教會」），它們集體反映的是基督宗教史上最動人心弦的其中一頁。但非洲獨立教會這個詞包羅極廣，從具有歐洲或美國淵源的高度非洲化教會，到有選擇性借用基督宗教思想和語彙的部落性教會，不一而足。儘管如此，非洲各個獨立教會卻無疑還是擁有一些共通的基調，而其中最重要的一項，就是它們都致力於把基督宗教吸納到本土的文化和傳統裡去。它們都是一些由非洲人領導、爲非洲人而設的非洲教會。㉜

從一八八〇年代開始，獨立的宗派就紛紛在非洲各地興起，究其原因，是歐洲人建立的教會實施「種族隔離政策」，迫使很多政治活躍的黑人信徒出走。所謂「搶奪非洲」（Scramble for Africa）的年代（譯註：指列強爭奪非洲的年代），也正是黑人從不友善白人教會出走（scramble out）的年代，其結果是新的獨立宗派的出現。很多新教會都喜歡在名稱上冠以「本土」或「非洲」的字眼，有些則強調自己具有衣索比亞淵源。非洲最早的一個獨立教會就是一八九二年成立於南非比勒陀利亞（Pretoria）的衣索比亞教會（Ethiopian Church），其創立者莫科尼（Mangena Mokone）是從衛理公會出走的信徒。非洲基督徒喜歡強調自己具有衣索比亞淵源這一點，與《詩篇》第六十八篇的一句話有關：「衣索比亞人要急忙向上帝舉手禱告。」自莫科尼的時代開始，非洲的教會就很喜歡引用這句話。在北美洲，黑人教會從十九世紀初起就強調「阿比西尼亞」（Abyssinian；譯註：衣索比亞的舊稱）的認同，而美國的黑人傳教士也把這個觀念傳揚到非洲去。衣索比亞認同在一八九六年以後更有吸引力，因爲這一年，衣索比亞擊退一支義大利軍隊，這是非洲國家成功抗擊歐洲侵略的罕有例子。認同衣索比亞的做法，不特讓新成立的宗派有一個疏離於白人基督宗教模式的正當理由，也提供了它們一個泛非洲的身分認同。[33]

另外有些獨立教會喜歡在名稱上加上「先知」二字，因爲他們所追隨的，是一些具有神援能力的現代先知（班欽古、哈里斯等等）。再來還有錫安派的教會，它們基本上是從十九世紀的北美宗派派生出來，相信靈力治療與方言恩賜。「錫安派」這個名字間接借自耶路撒冷的錫安山，直接借自美國伊利諾州的錫安市——美國一個宗教運動的大本營。錫安派的教會早在一八九〇年代就開始出現於非洲南部，並在二十世紀初期快速成長。最成功的一個錫安派教會是萊坎尼亞內（Engenas Barnabas Lekganyane）創立於一九一〇年的「南非錫安基督宗教會」（South Africa's Zion Christian Church，簡稱 ZCC）[34]。儘管有著美國的淵源，但錫安教會和其他獨立教會很快就發展出純非洲的領導班子。他們採行非洲的習俗

（包括多妻制），有時還會奉行圖騰儀式。他們與傳統本土信仰相似之處還包括相信驅邪、巫術和附身。有些教會會遵行特定部族（如祖魯族〔Zulu〕）的習俗儀式，儼如部落性的教會。很多教會都有各自的朝聖與儀式行事曆，與古老的部落行事曆並行不悖。㉟

那些讓非洲新教會得以崛起的委屈一般來說早已過去，但這些教會還繼續繁榮發展。這些組織可能會變得有多重要，我們將留待下一章考察。就目前來說，哈里斯會、欽班古會、錫安會已經顯得夠重要了，它們反映出基督宗教在西方以外一樣可以點燃巨大的熱忱。它們讓一個現代神話——基督宗教是西方人強加給第三世界的——顯得搖搖欲墜。過去兩世紀在全球各地點燃基督宗教火種的固然是歐洲的殖民帝國，但很快地，這把火就會成為他們所無法控制的燎原之火。

4 | *The Next Christendom*

孑身屹立

Standing Alone

我們向外求索的奇蹟就在我們身上；非洲和她的許多奇妙盡在我們之中。

——布朗爵士（Sir Thomas Browne）

由於基督宗教的拓展與帝國主義列強的擴張緊密相連，因此照理說，基督宗教的命運也會隨著歐洲殖民帝國的瓦解而岌岌可危。但殖民帝國是一點一滴建立起來的，因此它的崩解也不是發生在一夜之間。儘管去殖民化最快速的時期是一九五〇年代晚期和一九六〇年代早期，但這個過程卻是自第二次世界大戰結束後就開始，並延續約半個世紀之久，在這個過程中，歐洲列強的國力被大肆削弱。帝國主義的瓦解肇始於英國在一九四七年撤離印度和巴基斯坦，以及荷蘭在一九四九年承認印尼主權獨立。一九五五年的萬隆會議標誌著一個第三世界的出現，既有別於資本主義的西方和共產主義的東方。在撒哈拉沙漠以南的非洲地區，去殖民化肇始於迦納在一九五七年的獨立，並在接下來的十年快速進行。這個過程中的里程碑，包括薩伊和奈及利亞在一九六〇年的獨立和阿爾及利亞在一九六二年的獨立。然而，葡萄牙的殖民帝國直至一九七五年才眞正完全解體，辛巴威的獨立要等到一九七九年，而白人對南非的統治更是持續至一九九四年方告結束。蘇聯對中亞的統治可說是歐洲殖民主義的最後餘緒，而這種統治，一直持續到一九九一年蘇聯解體。

早在一九五〇和六〇年代去殖民化進行得如火如荼之際，西方基督徒就開始擔心，非洲和亞洲的基督宗教要怎樣生存下去。因爲儘管南方基督宗教在二十世紀中業已發展出自己的架構，但那只是「一個沒有血肉和形質的骨架。」①另外還有一些嚴厲的政治考驗。例如在一九五〇年代的肯亞，毛毛（Mau Mau）游擊隊就把聖公會視爲眼中釘；在一九六〇年代比屬剛果處於無政府狀態時期，基督徒和神職人員廣受暴力攻擊。阿爾及利亞的穆斯林暴動把歷史悠久的天主教會連根拔除。而亞洲一些國家的教會，也飽受新上台的共產政權摧殘。

儘管如此，除少數例外，南方的新教會還是生存了下來，而且欣欣向榮。隨著數以百萬新教徒的湧入，教會的「骨架……已經長出了器官組織和肌腱了。」恰恰是歐洲殖民統治結束的同時，基督宗教開始進入了一個爆炸性的成長階段。這個階段方興未艾，而且又以非洲最爲觸目。僅僅自一九六五年迄今，非洲的基督徒人數在非洲總人口的比例，就從大約二五%急升至大約四六%。這樣短的時期而有這樣大幅的成長，不能不讓人瞠目結舌。引用二〇〇一年版《世界基督宗教百科全書》的話來說：「目前該大洲的信徒成長淨值是每年八百四十萬信徒（一天兩萬三千人），其中一百五十萬是新皈信者。」在一九六〇年代，另一件同樣具有里程碑意義的事件也發生了：非洲的基督徒人數第一次超過穆斯林。黑斯廷斯這樣說過：「如果不理會基督宗教，黑色非洲的現況是完全不可理解的。」②

不管殖民時代的傳教士在今日西方大眾心目中形象爲何，他們的成功仍然令人歎爲觀止。這種成長部分可歸因於各個教會對在地文化習俗的彈性接納。統觀全球南方，我們可以看到一個相同的發展模式。起初，西方人嘗試要把他們的基督宗教觀念強加於當地人身上，而他們通常有殖民政權的武力作爲後盾。然後，傳福音活動會贏得很多信徒，但他們所信奉的全是西方的一套。然而漸漸地，有些在地人起而呼籲教會應該更本土化：正是哈里斯一類先知所做的事。這種壓力可以有不同結果，端視舊瓶有多少可以接納新酒的彈性而定。在很多例子中，歐洲人主導的教會都能夠採納在地的風俗文化，化險爲夷。然而在另一些例子裡，這種壓力卻導致全新教會的形成，而這些新教會有時是會讓傳教士驚恐的。數百萬的拉丁美洲天主教徒轉投新教和五旬節派就是一個例子。然而，有些全新教會的形態卻與傳統的模式大不相同，以致保守的觀察家會質疑，它們是不是已越出了基督宗教的範圍外。

傳教士的教會

其中一些最成功的教會恰恰是殖民當局所扶植的，它們在殖民帝國瓦解後，仍然能夠挽留住信徒的忠誠。儘管很多學者都把目光專注在五旬節派的教會和非洲的本土教會，但南方迄今最成功的教會仍是任何北美人所能夠辨認的。新教在拉丁美洲雖然成長了數十年，但天主教迄今仍是該大洲最大的單一宗教團體，擁有壓倒性的優勢，絕大部分的拉丁美洲人仍然以天主教徒自居。如果有五千萬拉丁美洲人是新教徒的話（這是一個合理的估計），那麼就有四億兩千萬不是，其中大部分都是天主教徒（至少名義上是如此）。非洲的情況也類似，最大的教會是天主教、聖公會和衛理公會，這個情形在可見的未來將不會改變。

主流教會在南方持續不衰的影響力值得強調，是因爲很多西方人都被湧現中的新興教會弄得目眩神迷。像伍德沃德（Kenneth Woodward）就認爲：「單是在非洲，歐洲殖民主義在半個世紀前的崩塌，就讓由個別先知與異象啓迪的本土基督教派風起雲湧。」③這一點基本上是事實，但我們必須把全部的統計數字牢記於心才不會陷入偏頗。雖然非洲各個獨立教會聲稱的信徒人數加起來是三千五百萬，但這個數字只佔全非洲基督徒人數的一〇％不到。單是非洲的天主教徒人數就足以把全部獨立教會人數的總和比下去（三與二之比）。非洲的天主教會和新教教會常常抱怨歐洲和美國學術界老是把注意力放在非洲的獨立教會上面。要找到研究非洲獨立教會的著作遠比找研究天主教或聖公會的容易，但後兩者事實上是數以千萬計非洲基督徒所宗奉的。儘管立意良好，但這種關注上的偏頗卻讓非洲基督宗教顯得更異國風情化。而且強調獨立教會的「獨立性」，無異於暗示著其他教會是依賴性的，仍然處於新殖民的枷鎖中。拉丁美洲的情況也類似：現在討論五旬節派的論著比比皆是，但描述天主教堂區日常生活之作卻寥寥無幾。學者和新聞記者一樣，都要面對一個現實：尋常的東西是沒有賣點的。

十九世紀盛極一時的歐洲殖民帝國留下一筆全球性的宗教遺產。認爲宗教只是舊帝國的借屍還魂，這種觀念並不新鮮。早在十七世紀，霍布斯（Thomas Hobbes）就形容教皇「不過是已死的羅馬帝國的鬼魂，坐在羅馬帝國的墳頭上接受加冕；正因如此，才會在那個塵世強權的廢墟中一下子冒了出來。」類似的情形也可見於亞歷山大大帝所建立的希臘化帝國。雖然這個帝國爲時短暫，但透過希臘語言、思想與文化的廣披，它卻留下一筆歷時千年的遺產。要不是希臘人在無意中創造了一個適合基督宗教成長的世界，早期的基督宗教不可能傳布得那麼迅速。④

目前天主教的全球分布形勢，可視爲幾個舊帝國的殘餘：法國和葡萄牙，特別是西班牙。根據梵蒂岡的官方數字，目前天主教徒最多的國家是巴西（一億三千七百萬）、墨西哥（八千九百萬）、菲律賓（六千一百萬）、美國（五千八百萬）和義大利（五千五百萬）。巴西一度是葡萄牙帝國王冠上的寶石，而墨西哥和菲律賓的天主教則根源於西班牙。今天，拉丁美洲擁有四億二千四百萬受洗過的天主教徒，是全世界天主教人口的四二%，比歐洲和北美加起來還要多。相當多北美的天主教徒都是拉美裔的。⑤

天主教的成長在非洲特別觸目，尤以前法國和比利時的舊屬地爲然。晚至一九五五年，整個非洲的天主教徒人數還只有一千六百萬，但隨著空中交通日益普及，讓傳教士能深入到一些原先無法到達的地區，讓這個數字大幅成長。今天，非洲天主教徒的人數是一億二千萬，而且每天都在增長；到了二〇二五年，這個數字就可能增至二億三千萬，等於屆時全世界天主教徒人口的六分之一。儘管天主教徒的成長在非洲的每一個國家都同樣顯著，但坦尚尼亞仍然是個好例子。自一九六一年迄今，坦尚尼亞的天主教徒人數增加了四一九％，並發展出一個強有力的教會系統。在一九九〇年代，坦尚尼亞共有四個教省，下轄二十九個教區，而在其中八個教區之中，天主教徒人口都佔當地人口的大多數。在一九六五年，只有少於四分之一的坦尚尼亞主教是本土非洲人，但到了一九九六年，所有教區都由本地人領導。⑥一九六〇年代期間，多個新獨立的國家都出現了非洲裔的大主教。拉維日里可以含笑九泉了。

這反映出，教會訊息的吸引力並不是來自其當初所依賴的帝國權勢。這種現象與基督宗教當初在歐洲的傳布多有類似：歐洲的教會也是在羅馬帝國衰亡後享受到最空前的繁榮。一些教會史學家認爲，「歷史正在重演：一如歐洲北方的蠻族在羅馬帝國衰亡後轉向基督宗教，非洲人也在面對政治、社會和經濟大動盪的時候選擇擁抱基督宗教。」⑦現代的非洲一如中世紀的歐洲，舊主子的宗教在政治關係結束後反而變得更有吸引力，因爲這時候接受基督徒不再表示順服於外來政權。

另一個還在今天世界基督宗教裡隱現的是大英帝國的幽靈。聖公會聯盟號稱它現在擁有七千萬以上的信徒，但這個數字顯然是大大高估了英國本土信徒數字的結果。更可信的估計是，英倫三島的聖公會教徒遠少於海外的教徒，而所謂的聖公會聯盟（其字面意義爲「英國」聯盟），其實更像個非洲聯盟。單是奈及利亞一國，就號稱擁有二千萬受洗過的聖公會信徒。世界最知名的聖公會教士是前好望角大主教圖圖，他後來與曼德拉（Nelson

Mandela）一道成為南非自由運動的象徵人物。到了二〇五〇年，全球的聖公會信徒人數將會逼近一億五千萬，但其中歐洲白人只佔少數。其他帝國遺產的受惠者還包括像衛理公會和長老教會這些英國派生的教會，它們都是利用帝國留下的網絡把各自的訊息擴散開去。⑧

說明這種教會自主成長的最佳例子是前英國殖民地烏干達的教會。烏干達基督徒的成長將會相當可觀，因為烏干達是非洲人口成長最快速的國家之一，目前的人口大約是兩千三百萬。我們前面已經看到，烏干達的基督徒在一八八〇年代大迫害時期是何等堅定不移。烏干達的聖公會在殖民勢力撤出後輕易地存活下來，並在烏干達獨立的前一年（一九六一年）成為一個獨立的教省。一九七七年，聖公會大主教盧武姆（Janani Luwum）因反對阿敏將軍（General Idi Amin）的獨裁統治而殉教，讓基督宗教的本土性格再一次獲得強化。⑨今天，聖公會教徒的人數佔烏干達全人口的三五～四〇％。全國一共有二十個教區和七千個堂區，而不管用任何尺度來衡量，烏干達聖公會都要比一度是其宗主國的英國來得健康強壯。

烏干達的例子也說明了舊的殖民教會如果能夠吸納在地的文化習俗，面對政治的轉換時更能履險如夷。早在一九二〇年代，非洲東部的傳教士教會就已經受到一個強有力的福音振興運動所轉化。這個運動的起源地雖然是烏干達與盧安達，但很多鄰近國家也受到影響（非洲西部的大振興也出現在同一時期，結果導致阿拉杜拉派教會的興起）。福音振興運動的追隨者被稱為巴路科爾（balokole），意即「得救者」，而這些巴路科爾在新教會裡漸漸形成了一股主要勢力：其中一位成爲了烏干達獨立後的第一位聖公會大主教。振興運動讓非洲東部的教會多了一重五旬節派的色彩，也因此減低了既有教會與新教會之間的隔閡。⑩烏干達聖公會因爲振興運動強調信仰治病與異象的重要性，吸引了很多原始泛靈論信仰的信徒。儘管舊教會與新教會在神學和教會結構的議題上有所分歧，但卻共享很多相同的文化前提。

脫離

因此，南方的舊教會至今仍是南方基督宗教的主流。但這並不表示它們可以代表全部的現象。在很多地區，舊教會證明是無法適應社會變遷的。近幾十年來很多最壯觀的基督宗教擴張，都不是發生在新教或天主教的領域內，而是發生在新的獨立宗派。根據《世界基督宗教百科全書》的數據，我們把一九九〇年代基督宗教各宗派的信徒人數表列爲表四—一。

儘管表中統計數字的精確性大有疑問，但它們仍然反映出一個讓人吃驚的事實，那就是，目前世界每五個基督徒中，就有一個既不是新教徒，也不是天主教徒、聖公會教徒或東正教徒。對一般西方基督徒來說，這一點是很困惑的：除了摩門教以外，還有什麼別的宗派呢？到底什麼又叫「獨立教會」？在一些其他的統計，「獨立教會」的人數會被放在

【表 4-1】

2000 年基督宗教各宗派的強度

基督宗教各宗派	信徒人數（單位：百萬）
羅馬天主教	1057
獨立教會	386
新教	342
東正教	215
聖公會	79
邊緣性的教派	26
總　　計	2105

資料來源：《世界基督宗教百科全書》，第二版，（紐約：牛津大學出版社，2001年），第 4 頁。

「其他宗派」的名目下，而這些所謂的「其他」教會性質非常分歧，常常（但非必然）可以被歸類到五旬節派的名下，有些與北半球的宗派（如神召會）有關連，有些則沒有。另外的「其他」教會則完全是非洲、拉丁美洲或亞洲的本土教會。⑪

非傳統性的教會在拉丁美洲的成長非常顯著。直到四十年前，羅馬天主教仍然是該區壓倒性大多數人的信仰，然而從四十年前起，改信新教的天主教徒人數開始大幅增加（我在這裡把五旬節派當成新教的一部分，但兩者其實是不能等同的，此詳下）。在一九四〇年，偌大的拉丁美洲只有一百萬的新教信徒。但自一九六〇年起，新教徒的人數就以年成長率六%的速度增長，所以時至今日，新教徒已佔拉丁美洲全人口約十分之一，亦即五千萬人上下。新教徒人數最多的國家是瓜地馬拉和智利，其新教人口約佔全國人口的四分之一。⑫但論絕對人數則以巴西居多，該國共有大約兩千萬到兩千五百萬新教徒。如果把美國的屬地波多黎各也算成一個國家的話，則波多黎各是拉丁美洲新教徒比例最高的地區（全人口的三五%）。這種比例上的數字之所以重要，是因爲新教徒通常比天主教徒更有宗教熱忱，更常上教堂。究竟這些新教的新興教會將變得多強壯，仍然是天主教內部深切關注的事情。⑬

在判斷新教於拉丁美洲的規模時，我們必須格外小心，近年很多有關這方面的報導都相當誇大。在一九八〇年代，我們常常讀到一些報導，說是新教正在席捲拉丁美洲，說是很多拉美國家的新教徒人數到二〇〇〇年將會佔全國一半，等等，等等。在一九九〇年，斯特爾（David Stoll）出版了一本論證嚴謹的著作，想要回答書名《拉丁美洲正在轉向新教嗎？》（*Is Latin America Turning Protestant?*）所提出的問題。⑭福音教派在拉丁美洲固然有了長足發展，然而美國很多關於新教的報導都是誇大的，出於新教運動的同情者之手。其中一個運動是「使萬民作門徒」（Discipling the Nations），其鼓吹者具有一種末世論的使命感，想要在第二個千禧年結束以前，把一些非新教的國家轉化爲新教國家。這種樂觀的憧憬相當程度上是統計數字被扭曲的原因。我們也可以看出，這股潮流含有反天主教的成分，因爲它想要吸收的數百萬新信徒，就是從天主教來的。一頭熱的新教運動同情者很少會意識到統計信徒人數上的困難，而直接把過於樂觀的統計數字拿來使用。第三世界還有一個特別的難處，那就是偏遠鄉村地區的宗教人口是很難估計的。對於拉丁美洲信徒的人數，學者只能極端依賴主要教會提供的數據，但這些數據基本上只能反映都市的狀況。但即使我們把這些因素考慮進來，新教在拉丁美洲的成績仍算相當可觀，視之爲一個重大的宗教性革命，亦不爲過。有鑑於拉丁美洲人口的高成長率，新教在拉丁美洲取得的成就更不容忽視。⑮

墨西哥是新教過去半世紀以來成功的好例子。傳統上，墨西哥人可以分爲兩大宗教立場，一是熱情的天主教徒，一是同樣熱情的世俗主義和反教會主義者。二十世紀接連幾屆的墨西哥政府大都對天主教會深具敵意：我們不會不記得格林（Graham Greene）的小說《權力與榮耀》（*The Power and the Glory*）中那個殉道的教士。儘管新教也不爲當局所喜，但他們的行動相對自由。在一九七〇年，墨西哥的新教徒人數約爲一百多萬，佔總人口的二%。但自此以後，新教因爲吸引到兩類相當不同的群衆，開始急速膨脹。在城市地區，新教對移民和邊緣人特別有吸引力（拉丁美洲其他地區也有類似情形）。新教的一大斬獲是轉化了墨西哥東南部鄉村印第安人的信仰，像是住在恰帕斯州（Chiapas）和塔瓦斯科州（Tabasco）的馬雅人。在今天墨西哥的一億人口裡，新教徒約佔六%，而八九%的人都自認爲天主教徒。⑯

五旬節派的大日子

除整體信徒數字有成長外，新教在性格上也發生了實質的變化，而這是過去半世紀以來五旬節派膨脹的結果。直到考克斯的重要著作《天火》出版以前，西方大衆對五旬節派的全球性興旺少有所知，然而，「五旬節之靈的興起」（譯註：「五旬節之靈的興起」是指五旬節派的興起，它也是《天火》一書的副書名。《聖經》記載，聖靈在基督復活後第五十天（即猶太教的五旬節）以火焰的形式顯現，降臨在各門徒身上，五旬節派就是因爲特別強調這一點而得名）卻不折不扣是劃時代的事件。根據有些聲譽卓著的觀察家估計，到了二〇〇〇年，全世界的五旬節派信徒將會以每年一千九百萬的速度增加。⑰

這裡需要先談一個定義的問題。歷史上，西方世界的兩大基督宗教陣營是天主教和新教，後者泛指自宗教改革（Reformation）後與天主教理念不同而形成的各種宗派。新教與天主教的基本不同處，在於前者只承認《聖經》爲唯一的宗教權威，而不承認任何傳統或制度化的教會。在這個廣義的區分下，五旬節派邏輯上應該歸在新教的母集之內，因爲它不但是從其他新教的教會（即衛理公會和聖潔教會〔Holiness Movement〕）發展出來的，它所傳揚的也是一種以《聖經》爲根據的基本教義信念。在整個拉丁美洲，evangélico 一詞可以同時用來指新教信徒和五旬節派信徒。然而，評論家卻愈來愈覺得有把兩者區分開來的必要，因爲兩者在信仰與實踐上日漸分歧。其中一個重要分野在於五旬節派非常看重聖靈的直接啓示，視之爲《聖經》權威性的一個補充，有時甚至視爲比《聖經》更高的權威。在整個拉丁美洲，新教和五旬節派基本上河水不犯井水，因爲他們吸引到的主要是不同的聽衆。新教信徒大多是中產階級，而五旬節派的主要支柱是窮人，並且往往是社會中最窮的窮人。⑱

五旬節派在拉丁美洲紮的根非常深，其中一些獨立教會建立在第一次世界大戰以前。直到一九五〇年代，其信徒人數都非常少，但自此以後急劇成長。新教在拉丁美洲的成長，有八、九成都是來自五旬節派。智利的新教以五旬節派爲大宗，而這個宗派在中美洲也變得非常強大。有些新出現的五旬節派教會會依附於國際性的宗派，比方說以美國爲基地的神召會。今天，神召會號稱在巴西擁有最少一千二百萬信徒，反觀美國只有兩、三百萬。神召會也是今日瓜地馬拉除天主教外最大的宗教團體。然而，大部分五旬節派的成長，都是來自全新的宗派，有自己的拉丁美洲根源。像智利的佐大培五旬節教會（Jotabeche Methodist Pentecostal Church）就是一例，該會號稱擁有八萬信徒，其位於聖地牙哥的「大教堂」可容納一萬八千人。⑲

五旬節派在巴西的發展特別成功。巴西的五旬節派組織是神召會的傳教士在二十世紀初成立的。到了一九五〇和六〇年代，自主性的教會開始出現。其中最具影響力的一個是「基督的巴西」（Brazil for Christ），由梅洛（Manoel de Mello）創立於一九五五年。他出身於神召會，佈教的策略多采多姿，包括美國式的佈道大會和十字軍。⑳同期建立的五旬節派教會包括「神是愛」（God is Love）和四方福音會（Four Square Gospel），前者一九六〇年創立於聖保羅。五旬節派第三波的大潮出現在過去二十年，信徒人數大幅成長，本土性格鮮明。一九九〇年代里約熱內盧五十二個最大的五旬節派宗派裡，有三十七個是巴西本土的產物。它們的成功是驚人的——他們自己則說是上帝神蹟的展現。考克斯引用一個一九九〇年代在里約熱內盧所做的研究指出，才三年時間，就有不少於七百家新的五旬節派教會開張。同一時期，也誕生二百四十家的神廟，大部分屬於源自非洲的巫般達教（Umbanda；譯註：巴西土著一種崇拜靈魂、鬼神的原始宗教），反觀同期新增的天主教堂區則只有一個。根據一項近期的統計，里約熱內盧現在每星期都有四十家的五旬節派新教會成立。㉑

這些教會有時會引起爭議性，而其中一個例子就是「上帝王國普世教會」（Igreja Universal do Reino de Deus，簡稱 IURD）㉒。這教會的創立人是貝澤拉（Edir Macedo de Bezerra）。儘管才成立於一九七七年，但在一九九〇年代中期，它聲稱擁有三至六百萬教徒。外人的評估要低得多，認爲只有數十萬左右，但不管怎樣，其成長也夠驚人了。儘管創立時間如此短暫，但該教會如今已坐擁巴西的一家大電視台，有自己的政黨，還擁有一支里約熱內盧的足球隊（有鑑於足球在巴西的影響力，足球隊可說是無價的資產）。IURD 把它的活動擴展到除巴西以外的四十個國家，其財富主要是來自信徒的熱心捐獻。

不過 IURD 邇來卻受到廣泛的攻擊，甚至被一些歐洲國家歸類爲邪教，以及美國媒體的揭發。批評者認爲，IURD 透過宣傳迷信去剝削它那些沒受多少教育的信徒。該教會會販賣一些說是具有治病作用的油膏，而它的電視傳道人則鼓勵信徒把一杯開水放在電視螢幕邊，接受來自遙遠的祝福。IURD 的網頁承諾「有一個奇蹟等著你」。教會宣稱可以提供「強有力的禱告詞，破解巫術、惡靈附身、厄運、惡夢，解決一切屬靈層面的困擾」。教徒還被告知，根據世俗投資同樣的原理：對教會捐獻愈多，今生可以獲得的物質回報就愈多。近年來，該教會在英國因爲鬧出一樁全國性的醜聞，而臭名昭彰。醜聞的主角是個名叫安妮・克利馬比的非裔少女。她父母因爲懷疑女兒中了巫術，帶她到很多教會接受治療及驅魔，其中包括「上帝王國普世教會」。這些驅魔儀式讓她遍體鱗傷，最終死亡。批評者指責 IURD 是個不負責任的牟利組織。《紐約時報》曾用這樣的標題對它加以奚落：「搖喊教會靠販賣信仰財源滾滾」（譯註：搖喊教會 Holy-Roller Church 是個貶稱，指那種鼓勵信徒崇拜時吶喊和搖擺身體的教會）。數年前，一捲偷拍的錄影帶也讓貝澤拉翻了個大筋斗。在錄影帶裡，貝澤拉向教會幹部誇耀自己多有錢，又敦促他們壓搾信徒要再加把勁。錄影帶播出後引起很大的震撼，而該教會先前天文數字般的成長也盛況不再。㉓

要挑「上帝王國普世教會」一類教會的毛病太容易了，但我們不應該一竿子打翻一船人，認定所有新興的教會（特別是第三世界的教會）都是一丘之貉。任何人類組織都可能被扭曲和作爲牟私利的工具：過去二十年來，美國主流教會的財務和性醜聞何嘗不是時有所聞。㉔基於大眾媒體的本質使然，我們自是不會看到一些負責任教會的報導。不管我們對「上帝王國普世教會」的觀感如何，它的驚人成長卻反映出，對新福音如飢似渴的人口是很龐大的。即使「上帝王國普世教會」在一夜之間消失，還是會有別的新教會取而代之。在大部分情況下，要是這一類新教會沒有鬧出什麼令人髮指的醜聞，我們北方人就難得聽到它們的名字。缺少了這一類報導，我們對正發生在南半球的宗教革命只能始終懵然不知。

大振興也出現在五旬節派之外的宗派，在一些北方觀察者的眼中，它只是個半基督宗教的宗派。那就是摩門教，亦稱耶穌基督後期聖徒教會（Latter Day Saints）。這個教會寫下了拉丁美洲另一個大獲成功的故事。不過一代人以前，摩門教的主要著眼點還是在美國，但今日的情況已迥然不同。在現今一千一百萬摩門教信徒中，只有半數以下是住在美國和加拿大，卻有超過三分之一住在中美洲和南美洲：不必多久，拉丁美洲就會出現二十座摩門教聖殿。墨西哥和其他中美洲國家加起來有一百三十萬摩門教信徒。該教會很懂得經營在南方的市場，其宣傳海報和錄影帶中都有耶穌站在馬雅人金字塔前傳道的場面（譯註：根據摩門教的聖經《摩門經》記載，耶穌曾經到過美洲）。就目前的預測，接下來三、四十年，住在歐洲和北美的摩門教徒人數將會穩步下降，而非洲和拉丁美洲的信衆則會大幅上揚。㉕

天主教對挑戰的回應

天主教對這些轉變的回應可能就像新教的膨脹一樣，影響深遠。目前天主教在南半球極度缺教士的情形，反映出梵蒂岡當初未能預見人口和大衆宗教品味的變化，而來自高層再多的譴責，都無法挽回流失的信徒。然而，看到新教繁榮茁壯之後，天主教開始開發出一些對策，以爲因應。這些對策都是以擴大群衆和俗家信徒的參與爲宗旨。其中包括成立所謂的「基要社群」（base communities），鼓勵俗家信徒參與教會事務和社區建設。㉖另一個同樣重要的組織是「魅力團體」（charismatic group），它恢復了基督宗教裡神祕主義和重視異象的一面。事實上，這些新組織頗讓保守派的天主教徒氣惱，因爲它們太像新教的做法了，其中又以基要社群受到最大敵意。

雖然天主教的魅力團體在西方比基要社群少被關注，但長遠來說，前者的影響力較後者來得大。其中一個最觸目的魅力團體是菲律賓的「全能天主」（El Shaddai），其名稱原是希伯來文，意指上帝的臉。但不管這個高度成功的組織外觀上有多像典型的五旬節派，它都是個不折不扣的天主教組織，是天主教設計來對抗新教透穿菲律賓的。新教目前佔菲律賓全人口約八％，而諸如「耶穌是主」（Jesus is Lord）的五旬節派教會也正在興起中，不過，「全能天主」的出現卻讓改革者遇到了旗鼓相當的對手。

「全能天主」由貝拉爾德（Mike Velarde）創立於一九八四年。貝拉爾德這個人，無論衣著裝扮和言行舉止都像巨星級的美國電視佈道家。「全能天主」舉行的佈道大會動輒有幾萬人參加，怎麼看怎麼像六〇年代的美國搖滾音樂會。其聽衆以婦女爲大宗，但也有許多人會全家出席。一如五旬節派的教會，「全能天主」也深信上帝會插手人的日常生活，至於怎麼個插手法，不同的觀察家有不同的解釋。有些人認爲這種信仰很幼稚，有些人則視爲一種粗糙的功利主義。「全能天主」的信徒會在佈道大會上舉起護照接受祝福，深信這樣就可以讓他們拿到赴海外打工的簽證。還有許多人會打開雨傘，上下倒過來，以象徵他們會得到從天而降的物質祝福。這種功利主義的思想與巴西的「上帝王國普世教會」相去不遠。全菲律賓共有大約七百萬的「全能天主」信徒，這使得他們成爲一股舉足輕重的政治力量。它同時也是一個全球性的存在：靠著菲律賓的外勞大軍，讓「全能天主」的崇拜活動擴展到超過二十五個國家，包括美國與加拿大、大部分西歐國家，以及波斯灣地區。[27]

菲律賓天主教會偶爾會對「全能天主」的踰越行爲提出糾正，這反映出，教會當局對「全能天主」的成功是憂喜參半的。但毫無疑問的是，「全能天主」對於菲律賓天主教的信徒流失現象，起到相當大的阻遏作用。這個經驗爲其他天主教國家上了重要一課。在不同的方式下，在天主教會的內外，第三世界的基督宗教都穩定變得五旬節派化。

非洲的獨立教會

同樣的教益也來自非洲新教會的成功。近年來，在非洲成長最快速的一些教會，就是五旬節派的，而神召會在這裡也發展迅速。整體來說，我們可以看到非洲與拉丁美洲的五旬節派教會有許多相似之處。在坦尚尼亞，人們在崇拜時會「唱歌和有節奏地拍手……為祈求治療和奇蹟而禱告。」「在比較大的城市裡，崇拜活動幾乎是此起彼落。」在大部分的非洲，五旬節派受歡迎的程度都被獨立或本土的教會趕上，但它在某些地區實力仍然強勁。各個獨立教會在信仰和實踐上儘管相當分歧，但它們都可以歸類到「五旬節派」這個相當有彈性的大名目下。很多本土性的教會不喜歡「五旬節派」的標籤，認為它意味著對美國傳教活動的依賴，而不是純粹自發性的。儘管如此，考克斯還是有信服力地指出，有鑑於獨立教會「自由轉圈、被聖靈充滿」的崇拜風格，我們還是應該把它們放在五旬節派的大背景之中。他們的崇拜「所顯示出的特徵，和波士頓、漢城或里約熱內盧的五旬節派都沒有不同。」這些不同的先知教會的創立者完全符合五旬節派的模式，而他們的皈信體驗都是典型的五旬節派論述。㉘

新教會在整個非洲都蓬勃滋長，但地區性的變異卻相當巨大。在一些國家，例如烏干達，大型的傳統教會仍然佔有主流地位；而在非洲西部，傳統的「傳教士」教會則與本土性教會（如基路伯與塞拉芬會）分庭抗禮。在非洲南部，領風騷的看來是獨立教會，儘管它們正面臨著五旬節派新教會的激烈挑戰。過去半世紀以來，錫安派的教會在南非取得了驚人的成功，尤以在都市中最貧窮的地區爲然。㉙一九九〇年代，南非一共有四千家獨立教會（單是索韋托一城就有九百家），它們號稱的信徒人數加起來共五百萬。其中最大的是「錫安基督教會」（Zoin Christian Church），它無論在宗教還是政治上，都是南非一股舉足輕重的力量，其實力在季節性的朝聖活動中表露無遺。每年復活節都會有超過一百萬的「錫安基督教會」信徒聚集在錫安市，進行爲期幾天的慶祝活動。錫安市的朝聖者要比復活節早上齊集在聖伯多祿廣場接受教宗祝福的人還要多。另一個實力雄厚的獨立教會是「拿撒勒浸信會」（amaNazaretha），它是由祖魯族的先知申貝（Isaiah Shembe）創立於一九一二年；該會也有定期性的盛大朝聖活動。㉚

南非獨立教會成長最迅速的階段，與這個國家政治和種族危機最嚴重的兩個時期相互對應，也就是一九六〇年代和一九九〇年代初期。當時黑人與白人對峙激烈，是其他非洲國家沒有體驗過的。正是如此，很多南非黑人才會脫離具有殖民者色彩、讓他們感覺不自在的傳教士教會。這一點，也解釋了獨立教會爲什麼會在非洲南部特別興旺。另一個獨立教會表現優異的國家是辛巴威——在一九六五至一九七九年這段稱爲「羅德西亞」的期間，它曾是解放戰爭的血腥戰場（譯註：辛巴威的前身是羅德西亞，由白人實行種族主義統治）。新興的教會在波扎那的表現同樣耀眼，這個國家目前有半數人口是基督徒。只有約三〇％波扎那的基督徒隸屬於像聖公會、衛理公會或天主教這些舊宗派。七％的人口是五旬節派信徒，其餘的（即全部基督徒的近三分之二）都是獨立教會的成員。㉛至少在這個地區，獨立教會將繼續快步成長，而傳教士教會則停滯不前。

基督宗教在亞洲的黎明

非洲的例子說明了，新教和五旬節派的擴張並不侷限於拉丁美洲一隅。基督宗教也在環太平洋的亞洲國家快速成長，儘管其規模大小頗有爭議。就像拉丁美洲的情況一樣，我們必須對過分樂觀的統計數字心存警惕。儘管如此，亞洲教會的表現仍然耀眼，讓人感覺一個基督新紀元即將開啓。一位現代亞洲傳教活動的觀察者這樣說：「歐洲正處於耶穌的時代，一個反建制的時代，人們普遍對被財富、資產、特權壓得磕磕絆絆的老邁宗教組織心生不滿；亞洲則是處於保羅的時代，正要把教會栽種在一片處女地。」㉜

亞洲統計數字最成謎的國家是中國。在一九四九年共產黨上台之前，中國被視爲最有潛力的單一傳教地域。但自反宗教和仇視人類的共產政權上台後，基督徒的處境急速惡化。所有外國傳教士很快（一九五一年）就被當成帝國主義的間諜而遭驅逐一空。共產政權儘管勉強容忍中國基督徒，卻要求他們必須在有向政府註冊的教會崇拜。天主教徒得要加入中國天主教愛國會，而新教徒則要接受三自原則，也就是自治、自養和自傳。

今天中國有多少基督徒，估計從兩千萬到五千萬不等，有些觀察者的估計還要高。根據中國政府自己的統計，約有二千萬人（全人口一・六％）是在有註冊的教會裡崇拜，但這個數字絕對是低估，因爲它並未包含在不合法教會或家庭聚會裡崇拜的人數。美國國務院在其「世界宗教自由」的年度考察布告中，相信中國基督徒的數目可能高達全人口的八％，也就是一億人。這個數字可能高估，因爲如果眞是這樣，中國基督徒的人口就會與歷史悠久的佛教難分軒輊。㉝

爲保險起見，這裡我們不妨把美國國務院建議的數字打個對折，即認定目前中國基督宗教人口爲五千萬。如果是這樣，那中國的基督宗教就不只在極度嚴苛的環境裡生存下來，而且，再次欣欣向榮。五千萬的基督徒人數相當於一九四九年毛澤東奪得政權之前的十倍。就絕對數字來說，中國的基督徒人口比法國或英國都多。點點滴滴的證據顯示出，基督徒的成長在某些地區非常強勁，尤以人們對共產統治日益不滿的一九八〇年代爲然。就在那十年之間，湖南省的天主教徒從四十萬增加到一百萬。最讓中國領導人驚恐的事情之一，是很多黨的幹部甚至政府官員都信仰了基督宗教。㉞

基督宗教也在東南亞的華裔中間成長迅速，包括印尼、馬來西亞和新加坡這些國家。東南亞的基督徒當然並不全是華裔，像印尼龐大基督徒的種族成分就十分複雜。儘管如此，人們還是認定華人與基督宗教息息相關，因爲在多次的反華暴動中，穆斯林的暴民都

鎖定中國人的商店和基督教堂爲洩憤對象。以下我們將會看到，種族和宗教的雙重衝突乃是像馬來西亞和印尼這些國家的風暴中心。㉟

除中國以外，基督宗教也在環太平洋沿岸地區繁榮成長。由於這是一些人口衆多的地區，因此只要基督徒在人口比例中增加一點點，都會多出好幾百萬基督徒來。現在這些教會都是高度自治的，與它們歐洲或美洲的母會關係不大。南韓是基督宗教在亞洲的一個鮮明例子。㊱基督宗教最先是在一五九〇年代隨一些信奉天主教的倭寇進入朝鮮本島的，其不能引起好感自不待言。後來朝鮮的士人在中國朝廷再次接觸到天主教，印象轉趨正面。新教的傳教士稍後來到，其時爲十九世紀。全韓國的基督徒人口在一九二〇年只有三十萬，但今天卻增加到一千萬或一千二百萬，等於全國人口的四分之一。

南韓新教徒與天主教徒之比，約爲三比一。就像拉丁美洲一樣，新教在南韓的成長，主要歸功於五旬節派。韓戰時期，這個國家的五旬節派信徒可能只有幾百人，但到了八〇年代初期，幾乎達到五十萬。個別教會的成長讓人目瞪口呆。如今，漢城的純福音教會（Full Gospel Central Church）擁有超過五十萬的教友，被金氏紀錄列名爲世界最大的單一教會。光林教會（Kwang Lim Methodist Church）在一九七一年的教友是一百五十人，時至今天是八萬五千人。主流的新教教會也多有斬獲：今天，南韓長老會的信徒人數幾乎是美國的兩倍。㊲

即使處在最嚴苛的政治環境下，教會仍然充滿韌性。越南基督宗教的生命力一如中國。據官方統計，越南的八千萬人口中有九%是基督徒，但就像中國的情況一樣，這個數字並未包括那些未向政府註冊的新教教會。有關北韓地下教會的規模是個有爭議的問題。但政府內部文件卻顯示，在某些地區，基督教會的成長有如雨後春筍，其中尤以蒙塔格納德人（Montagnard）一類少數民族聚居的地區爲然。在老街省（Lao Cai），新教徒的人數在一九九一年還是零，但到了一九九八年卻成長爲五至七萬之間。最近，基督徒再一次受到指控，認爲他們和普遍見於農村地區的不安有關。由此可見，即使共產黨在越南掌權已超過一代人，基督宗教仍是當局不敢掉以輕心的一股力量。㊳

基督宗教已經深入到那些一度與像印度教、佛教和中國傳統信仰密不可分的地區。那它的下一個重大期望，當然是打入一些基督宗教傳教士從未打入過的伊斯蘭國度。如果目前的政治形勢有所改變的話，基督宗教是不是可能打入伊斯蘭世界呢？這是個有很大爭論餘地的問題。但由於這種改變看起來是不可能的，猜測只是浪費時間。福音教派的基督徒有時會稱那片未來傳教活動大有可爲的地區爲「十－四十窗口」（the 10-40 window），也就是介於北緯十度至北緯四十度之間那片廣大而人口稠密的長方形地帶。事實上，基督宗教已經在這片所謂的「阻力帶」取得重大進展，其成功的程度是過去所無法想像的。但穆斯林的世界卻仍然是不可透穿的。我們將會看到，穆斯林與基督徒的對峙，是新世紀政治世界的一個重要課題。在可預見的未來，基督宗教的大潮將不至於波及全球每一個地方。

基督宗教成功的理由

基督徒的人數正在許多地區成長，而導致這些成長的理由也同樣複雜。用「全球南方」或「第三世界」這樣的概念來解釋事情太籠統了，它不只抹煞了國與國之間的差異，也抹煞了一些幅員廣大國家（如中國和巴西）內部的區域性差異。試問，巴西的新教大教堂和中國或非洲新興教會之間有什麼類似？在非洲，新教是用它與異教的對比來自我定義的，而拉丁美洲五旬節派所源出的母體則徹頭徹尾是新教。就經濟來說，「南方」的分歧也是巨大的。一個南韓人與德國人或美國人的共通性，說不定要比與祕魯人或肯亞人的要大。不同地區教會訴求的對象也不盡相同：有致力吸引非常窮的窮人的，也有致力吸引新興的中產階級的。儘管如此，很多新興的教會確實有著某些相同的特徵，使得它們有別於歐洲和北美的傳統教會。就此而論，我們是可以把非洲的獨立教會和亞洲或拉丁美洲的五旬節派組織放在同一個平面上的。

南方教會一個共同特徵是它們面對的經濟處境相似。它們的成功，可以視爲現代化和都市化的一項副產品。過去三、四十年來，傳統的農村社會愈來愈都市化，數以百萬計的農民湧入都市，但卻沒有資源或下層結構可以滿足這些「後工業時代遊民」的需要。有時候，一個從鄉村遷入城市的移民會感覺自己宛如走進不同的國家和文化，因而深受疏離感

的苦。在這種環境下，最熱情和最基本教義取向的宗教團體就會乘勢而起，爲窮人提供政府所無力提供的醫療、福利和教育。㊴

中古歐洲人有一句格言，說是「城市空氣可以帶來自由」。不管今日的都市化現象有多少流弊，它確實可以讓人獲得政治與宗教上的自主性。特別是在拉丁美洲，人口過去半世紀來從農村到都市的流動，讓許多人得以從傳統的宗教結構中解放出來。他們的唯一選項不再是建在家鄉地主土地上的教堂幾乎無一例外都是天主教堂。但在得到解放的同時，人們也希望可以找到一個與自己原先居住的小農村不是那麼大相逕庭的社會結構。有些農村生活的特徵他們非常懷念。有一個理論認爲，拉丁美洲的新教會之所以那麼成功，是因爲它們可以提供離鄉背井者那種他們熟悉和習慣的社會結構。同樣地，非洲的獨立教會也是在都市地區找到它們最堅實的支持者：移民和窮人。會友間的關係也可取代農村地區的親族關係。

我們先前已看到過都市成長與教會擴張之間的正相關。雖然我們使用的例子是里約熱內盧這樣的大都會地區，但換成其他都市（如利瑪、聖保羅、聖地牙哥），情形仍是一樣。㊵非洲的例子也相似。最重要的一個例子就是奈及利亞的大城拉各斯（Lagos）。在一九五〇年，拉各斯只是個破落的港口，人口大約二十五萬。在一九九〇年，官方統計的人口數是一百三十萬，然而其周邊地區卻已增長至一千萬，預估到了二〇一五年將是兩千五百萬。今天拉各斯的人口密度爲每平方公里二千人。這個城市飽受塞車與空氣污染之苦。

儘管拉各斯的居民是基督徒與穆斯林參半，但這裡卻主辦過史上最大型的福音聚會。一九九八年，「基督救贖神的教會」（Redeemed Christian Church of God）辦了一個振興大會，聚集的人數介乎一到兩百萬人之多。二〇〇〇年，有數目相當的群眾來到拉各斯，聽德國佈道家布永康（Reinhard Bonnke）講道，他使用的是誘人的宣傳口號：「來領受你的奇蹟」。一夜之間，湧入拉各斯的群眾高達一百六十萬。㊶

激進團體

在一個社會高速轉變的年代，教會形同一個蔭庇所。考克斯指出：「有時候，在一片紙皮屋的海洋裡，唯一的人類社群就是五旬節派的聚會所。」一個對哥倫比亞波哥大（Bogotá）的五旬節派教會的研究指出：「教友之間的手足情誼（compañerismo）足以媲美大家庭。」㊷

這種家人般的情誼對理解新興教會的吸引力是很關鍵的。我們前面已經指出，新教會吸引到的並不只是最窮的窮人。拉丁美洲與東亞的新教舊宗派一般對中產階級更有吸引力，這是因爲，現代化使中產階級的規模擴大了，但他們的目標與旨趣卻不見得是舊有的社會結構可以滿足的。馬丁（David Martin）指出，拉丁美洲的新教舊宗派「提供了中產階級一些自主和進取的管道，這情形在巴西尤爲明顯。它也提供了一個社會流動的管道，沒有

這種管道，有些人只能註定一輩子貧窮。」㊸

然而，成長得最快速的教會，仍然是以服務最窮的窮人為主的那些。拉丁美洲的五旬節派教會對最窮的窮人特別有吸引力，例如巴西的黑人和墨西哥的馬雅印第安人，都可以在教會裡找到他們。在巴西貝倫市（Belém）研究過新興教會的切斯納特（Andrew Chesnut）指出：「在二十世紀晚期的巴西，五旬節派突出地成為窮人的主要組織之一。」教會為其教友提供了一個別處無法取得的社會網絡，還教授他們一些生存技能，讓他們可以在一個急速發展的社會裡生存下去。㊹

證諸拉丁美洲的歷史，任何想要打入最窮的窮人之宗教，都必須能跨越種族的界限。發生在巴西的許多宗教振興運動，就是出現在非洲裔的黑人中間。儘管這個國家一向以多人種自詡，但巴西的黑人和梅斯蒂索人基本上是被排除在政治和社會權力之外的，而這一點也反映在宗教組織裡。㊺儘管黑人佔巴西全人口近一半，但他們在國會的席位只佔二%，企業界的黑人菁英也只是少數。天主教會裡的情形亦復如此，非洲裔的巴西人只佔全體主教與神父的一．五%。這就不奇怪黑人會投向新興的教會了，因為他們能在新教會裡攀升到領導者的位置，而且可以把本身的文化傳統帶入教會內。㊻黑人教徒的成長將對二十一世紀的基督宗教帶來深遠影響。因為不但非洲本身在幾十年內就會成為基督宗教的一大中心，而且在美洲和加勒比海，乃至歐洲本身，都會有數以億計的基督徒是黑種人。也許不用多久，就會有好事者把布洛克的驕矜名言改寫成「非洲即信仰」。㊼

新教會的成功來自於能滿足新的社會需要，不但種族的議題上是如此，兩性關係上的議題也是如此。沒有任何觀察家可以忽視女性在此中扮演的角色：她們要不是教會的領袖就是核心成員。卡蘿・德羅格斯（Carol Ann Drogus）指出：「大部分五旬節派的信徒都是女性……女性對五旬節派教會的維持與成長極具關鍵性。」很多研究都指出，五旬節派可以爲女性和他們家人的生活帶來實際的改善。北美人都習慣把宗教人士視爲反女權，但新教會卻可以改善女性的生活，並給予她們發聲的機會。一如十九世紀的英國或北美那樣，新教派極重視家庭倫理，強調男性的責任感與正派。兩性關係的重塑泛見於整個南半球的基督宗教，而拉丁美洲的教會常常把耶穌描繪爲一個神聖的丈夫與父親。伊麗莎白・布魯斯科（Elizabeth Brusco）形容這是對「大男人主義的改造」（reformation of machismo）㊽。加入五旬節派教會可以使貧窮婦女的生活獲得改善，是因爲那是她們最有可能碰到好男人的地方。所謂的好男人，意指不會喝酒、賭博、嫖妓和包二奶的男人。德羅格斯引述一位五旬節派女教徒的話說：「我碰到一個很棒的男人。他不抽菸、不喝酒、有禮貌，而且有一份好工作。」㊾就像在種族問題上的表現一樣，基督宗教遠遠不是群眾的鴉片。

在很多方面，基督宗教今天在第三世界的情況，都和早期基督宗教在羅馬帝國的情況類似。依歷史學家布朗（Peter Brown）的觀察，在公元三、四世紀，「基督宗教的吸引力仍然是來自它基進的團體意識：它爭取得到信徒，是因爲它可以讓人感受到自己像是從一個廣大冷漠的世界掉進一個微型世界，在其中，需要和關係都是明確的。」這番話裡的每一個字都可以原封不動用在今天的非洲和拉丁美洲。羅馬時代社會公益服務的匱乏，也解釋了基督宗教爲什麼會在城市裡繁榮滋長。布朗相信「基督徒社群會對那些感覺被遺棄的人突然變得有吸引力。在一個通貨膨脹的年代，基督宗教投資了大量的流動資本於個人身上；在一個愈來愈殘忍野蠻的年代，基督宗教殉道者的勇氣讓人動容；在重大災害發生時，比方說瘟疫或暴動，基督宗教的神職人員是唯一留在城裡的有組織團體，能夠埋葬死者和負責食物運補事宜。……很明顯，在公元二五〇年時，當一個基督徒要比當一個羅馬公民更有保障。」⑩今天，當一個基督教會的教友，恐怕也比當奈及利亞或祕魯的公民更有具體利益。

說到這個，還會讓人聯想起另一個時代更近的類比。五旬節派今日的發展，與英國衛理公會在一七六〇年以後一個世紀（英國的工業化發展得最迅速的階段）的發展，有數不勝數的相似之處。當時一如現在，民衆宗派紛紛乘時而起，以滿足一些世俗社會或國家教會所無法滿足的需要。在一個工業化的荒涼社會裡，這些新的教會可以提供信徒多方面的幫助，包括物質上的支援、人力上的互助、精神上的安慰和抒發情感的管道。⑪

領受你的奇蹟

很多學者在研究宗教現象時，都習慣使用他們熟悉的社會科學技術，並把變遷視爲是他們熟悉範疇（如「現代化」、「種族」、「階級」和「性別」等）的一個函數。但這種方法常常要冒誤解事情核心的風險。人們會上教堂，固然有可能因爲覺得那是一個發展社會關係的好地方，但其他的因素同樣重要。人們會信仰一種宗教，也是因爲相信它可滿足他們的盼望。52他們盼望的神蹟是什麼呢？

南方衆多新教會貌似分歧，但在很多方面都有共通處，而這些共通處也使它們有別於北方的舊教會。這些鮮明的特色是什麼，我們留待第六章再詳論。就目前而言，我們只要知道：南方教會極其強調上帝會直接介入人的日常生活。在五旬節派和獨立教派看來，惡（evil）的根源不在社會結構，而是出於各式各樣的邪靈，因此可藉著信仰加以打敗。南方的基督宗教不是一種他世界（other-worldly）的宗教，不是逃避主義的，因爲他們預期著信仰會在此世界帶來眞實和可見的轉變。一位對巴西新興教會研究有素的評論者指出：「它們的主要吸引力在於它們的上帝是可以爲你所用的。大部分長老教會的上帝都太大了，以致他們甚至不敢跟祂談話，祂太遙遠了。但五旬節派信徒擁有的，卻是一個可以幫他們解決今日和明日問題的上帝。今天人們企求的是解決問題的辦法，不是永恆。」一位巴西的五旬節派牧師這樣解釋說：「我們是有救贖，但救贖在天上，而我們現在卻在地上。耶穌會來，但他還沒有來。」53同樣的道理，也可用來說明大部分亞非、洲的新教會的勃興。

財富固然是人所渴望的，但健康的保障同樣是人們所嚮往的。而新興城市的公共衛生情況，進一步解釋了新興的教會爲什麼要強調治療心靈與肉體。除去見於北美和歐洲的各種疾病外，第三世界的窮人還得面對因爲貧窮、飢餓和污染而引起的疾病。以北方的標準來說，南方的嬰兒死亡率高得嚇人。除去生理性的疾病以外，精神性的疾病和暴力行爲也驅使著人們向上帝尋求蔭庇。把這一切威脅（疾病、剝削、污染、酗酒、吸毒和暴力）加在一起，我們就不難明白，人們爲什麼會那麼容易相信他們是受到惡靈力量的圍困，以及相信只有神的干預能拯救他們。[54]

往壞的方向走，相信福音可以帶來成功與健康就會流爲功利主義。要嘲笑這種思想一點都不難。奈及利亞作家索因卡（Wole Soyinka）在劇作《裘羅教士的磨難》（*The Trials of Brother Jero*）裡，就借一個佈道者之口，對這一類的流弊狠狠挖苦了一番。劇中的佈道者這樣向聽眾許諾：「我實實在在告訴你們，信上帝的人如果今天是用腳走路，明天將可獲得腳踏車……凡今天騎腳踏車的，明天將可獲得大轎車。」信上帝可以帶來健康財富的教義也會成爲貪污腐化的保護傘。因爲如果一個牧師生活奢侈，或擁有一輛大轎車，那他大可說那是上帝的賞賜，反之，如果信徒始終不能脫貧，只證明他信仰不堅。其中涉及的道德難題是昭然若揭的。但無論如何，一種除許諾天上的榮耀以外還許諾今生榮耀的教義，肯定是有吸引力。[55]

在可預見的未來，南方基督宗教的一些特徵都將與歐洲和北美的舊教會大相逕庭。前者熱誠而自發，基本教義且超自然取向。有鑑於目前的人口趨勢，這種分野的意義更顯關係重大。幾十年內，南方教會的特徵說不定會成爲基督宗教的規範。

5 | *The Next Christendom*

新基督宗教的崛起

The Rise of the New Christianity

我看到有多不勝數的人，從各國、各族、各民、各方而來，站在寶座和羔羊面前。

——《啓示錄》九章七節

把人口的變遷預估到五十年後那麼遠，似乎是一件高風險的勾當，而這一章也似乎該用「愚人入座」來當標題。然而，基督宗教在歐洲和西方以外地區的大幅膨脹看來卻是無可避免的，我們在這裡所描繪的圖像，也是以當今趨勢作爲堅實基礎。就此而言，做蠢事說不定也有做蠢事的道理。

這幅圖像的一個核心事實，就是傳統上先進國家在全球人口比例中正大幅下滑。如果把歐洲、北美和前蘇聯地區算在一起，在一九〇〇年的時候，這些北方地區的人口佔全球總人口的三二%；從世界史的角度來看，這樣龐大的人口比例是很不常見的，而它反映的是工業革命帶來的人口爆炸性成長。進入二十世紀以後，情形卻剛好顛倒過來，回到更典型的前工業革命時代的模式：先進工業國家的人口會下降，開始是慢慢的，但後來卻急劇化。在一九五〇年，北方地區的人口還佔全球二九%，但自此下降速度就加快了：一九七〇年掉到二五%，二〇〇〇年掉到一八%。預估在二〇五〇年，這個數字將在一〇～一二%。①

南方的相對人口成長率同樣讓人印象深刻。在一九〇〇年，非洲和拉丁美洲加起來不過是世界總人口的一三%，但這個數字現已提高為二一%，各方面的指標也都顯示正在加速中。到了二〇五〇年，非洲和拉丁美洲大有可能成為全世界二九%人口的家園。在一九〇〇年，「北方人」與「南方人」之比約為二・五比一；到了二〇五〇年，這個比例會幾乎正好倒過來。目前世界的總人口是六十億，到二〇五〇年前後會增加為九十億，但這種增長不是全球平均分布的。南方國家會成長得非常迅速，而它們北方的鄰居則會相對停滯。

看待這一類統計數字可以有很多不同的方式，而我們使用的語言，也無可避免暗含著價值判斷。我們很容易會用「疲弱」、「停滯」、「貧血」等字眼去形容歐洲的人口成長率，而用「強勁」或「欣欣向榮」形容非洲的人口成長率。這種用語暗示著歐洲已經輸掉一場比賽。我們很少會用「衰頹」這個字眼來形容好事。另一方面，人們不需要是馬爾薩斯主義者才會對漫無節制的人口成長感到驚懼，而大部分評論家大概也會讚揚，正是拜社會結構和兩性關係的變遷，歐洲國家才能達成人口上的穩定。所以在某個人看來是「停滯」的事情，在另一個人看來卻是「穩定」。

列入世界人口最多的國家是憂喜參半的事。人口衆多固然意味著內需市場龐大和在世界上有舉足輕重的政治影響力。一個高生育率的社會也是一個年輕的社會，擁有大量勞動力，容易招募兵員，不然至少有一個堅實的稅基。另一方面，人口多的國家也得面臨能源和自然資源的壓力，以及社會和政治動盪不安的危險。到了二十一世紀中葉，印度可能將面對一個壓得死人的人口密度：每平方英里一千二百人。但像英國或義大利這些人口穩定的國家，面對的恰恰是相反的問題。它們的市場規模和勞動力將會下降，而所有與高齡社會相關的問題會統統出籠，政府需要花費在老人年金和健保上的支出也會大大增加。世界各國是否已經對膨脹的南方或穩定的北方所帶來的問題做好準備，實在大有疑問。

這一類的預測無可避免會引來批評，而提出上述數據的人口統計學家，也並未號稱它們是不可更易的。預測要能準確，一個前提是人們的行爲模式不會改變，而社會在面對變化時也不會作出修正。濫把現在的趨勢投射得太遠，就會導致一些荒謬的結果。比方說，如果根據日本目前的人口下降率作出邏輯推論，那這個國家到了二五〇〇年就會亡種滅族。事實上，這一類「邏輯性」的結論絕不是無可避免的。如果美國目前的人口成長率和十八、九世紀一樣，那它的人口說不定已經與中國不相上下。但這樣的事當然並未發生。就是基於這個道理，聯合國的人口統計學家才會預測二十二世紀的世界人口會穩定下來（一百億上下）。②

更重要的是，人口成長率是受經濟環境制約的。西方的歷史經驗顯示出，一個社會變得愈富裕，人們生小孩的意願就愈低。這樣的現象是有可能在南方的國家重演的。家庭人口數的下降反映出人們對現代醫學的信心增強，相信他們的小孩可以長大成人。另外，如果社會福利夠周延，人們也不需要生太多孩子。兩性關係的改變扮演著一個關鍵角色。經濟愈發達的地區，投入職場的女性就愈多，而職業婦女無法像傳統社會的婦女那樣，把太多時間投注在生養兒女上面。這個趨勢鼓勵了小家庭的出現。長遠來說，女性主義說不定會是抑制人口最有效的方法。

隨著南方經濟的發展，它們的人口成長模式有可能會與北方的工業國看齊。但這樣的轉變不會在短期內發生。我們可以很放心地說，就中程而論——比方說五十年——我們將會目睹南方人口的急劇膨脹，而世界人口的中心也會決定性地轉移到南方的大洲去。

人口下降中的歐洲

北方人口的停滯，又特別是歐洲人口的停滯，將會是二十一世紀最攸關重大的事情之一。目前歐洲人口最多的八個國家，其人口加起來是五億三千五百萬。到二〇二五年，這個數值會下降三%，也就是掉到五億一千九百萬左右，其中大部分的減少都是發生在俄羅斯與烏克蘭。西歐的人口會維持在相當穩定的狀態。屆時，英國和波蘭的人口將會與現在一樣（分別是六千萬和三千八百萬），法國將會多出幾百萬人，義大利和西班牙則會減少幾百萬人。但到了二十一世紀中葉，上述歐洲國家的人口下降率會變得更加顯著，其總人口會萎縮至四億六千五百萬，也就是比現在的數值低一三%。③如果我們把目光擴大到歐盟全體的十五個國家，那它們的人口總和，將會在二〇〇〇至二〇五〇的五十年間減少六分之一。如果在一九五〇年要選出世界二十個人口最多的國家，那除蘇聯外，還會有六個歐洲國家入列；但到了二〇五〇年，唯一還榜上有名的歐洲國家將只剩下德國。

想要維持人口的穩定，一個國家的生育率必須保持在每一婦女生二・一個小孩的比率（在嬰兒死亡率較高的國家，生育率需要更高些）。但現在很多國家都低於此數，有二十三個國家還低於一・五，它們的人口在接下來數十年都會大爲收縮。這些國家中，只有三個是歐洲國家，而在德國、義大利和西班牙，生育率亦到達歷史新低（分別是一・三、一・二和一・一）。所有前蘇聯成員國的生育率也呈現銳減：俄羅斯目前的生育率只在一・二上下。俄羅斯的問題特別複雜，因爲除了生育率偏低以外，它的死亡率也偏高，而且愛滋病傳染情況嚴重。根據俄國衛生部的預估，到二〇一五年，該國將有一二％的國民染上愛滋病。聯合國預估，到二〇五〇年，俄國目前一億四千五百六十萬的人口將會下降爲一億二千一百萬；但有些悲觀的觀察者認爲情況還會更糟：掉到八千萬上下。如果眞是這樣，俄國的人口將會退回到一九一七年共產革命之前的水平。④

在這支人口衰退的大軍中，主要的非歐洲國家是日本。日本由於工業化的歷史悠久，與很多歐洲國家有著相同的社會模式。如果目前的趨勢不變，那日本目前一億二千六百萬的人口到二〇五〇年將掉到一億，到了二一〇〇年更掉至六千七百萬。二〇一五年時，將有四分一的日本人是六十五歲或以上。歐洲和其他先進工業國如果不是有移民的挹注（主要來自非洲和亞洲移民），人口失血的現象將比目前更嚴重。但由於日本是不接受移民的國家，所以情況才會那麼嚴峻。⑤雖然許多國家有關移民政策的爭辯，經常被放置在人道主義或利他主義的框架內進行，但對大部分國家而言，接受大規模的移民是別無選擇的方案。

南方的興隆

與歐洲和日本形成尖銳對比的是撒哈拉沙漠以南的非洲地區。在二十世紀末，這地區人口最多的八個國家（奈及利亞、剛果民主共和國、南非、蘇丹、坦尚尼亞、肯亞、烏干達）的人口總和是四億；到了二〇五〇年，這數字將升至十億多，也就是增加一五〇%。但顯然愛滋病對這一地區已造成巨大殺傷力，所以最後的數字應該會少一些。與愛滋病相關的死亡業已重挫了南非和辛巴威等非洲南部國家的人口成長。接下來十或二十年，非洲中部和西部國家相信也會飽受這種疾病威脅，死亡人數將在二〇一〇至二〇二〇年之間到達巔峰。但即使把這個災難考慮進來，我們在這裡提供的預估值也不會和最後結果相去太遠。

儘管預估中拉丁美洲和亞洲的人口成長要比非洲慢，但仍然足以把歐洲給比下去。在二〇〇〇至二〇五〇年間，拉丁美洲八個最大國家的人口成長率將是四〇%左右。這些國家的人口總和目前是四億二千九百萬，到二〇五〇年將會上升至六億。

據美國統計調查處（U.S. Census Bureau）預估，即使把愛滋病的因素考慮進來，好些國家的人口還是會在二十五年內增加一倍。這些人口成長最快速的國家要不是位於撒哈拉沙漠以南的非洲地區（烏干達、馬達加斯加、剛果民主共和國），就是位於亞洲（沙烏地阿拉伯、葉門、柬埔寨）。全世界生育率最高的國家是葉門、烏干達、阿富汗和安哥拉，它們的生育率介乎六・八到七・三之間，相當驚人。查德、伊拉克和玻利維亞等國家則緊追在後。當然，並不是所有非洲和亞洲國家生育率都如此驚人，像中國、泰國、印尼等國就呈現明顯下降，不過，大部分南方國家的生育率仍然強勁。⑥

在典型的歐洲國家，年齡六十五歲或以上的國民通常佔總人口的六分之一：法國、英國和西班牙的比例都是一六～一七%。反觀在大部分的南方國家，六十五歲或以上的國民都只佔總人口的三～四%。再來看這年齡光譜的另一頭。在歐洲國家，十四歲或以下的國民一般佔總人口的一六～二〇%。反觀南方，這個數值通常都高達三分之一上下，某些非洲國家還要更高。烏干達半數人口都是十四歲或以下，其鄰近國家（如剛果民主共和國）也低不了多少。現在世界人口最年輕的三個國家（烏干達、尼日、剛果）都位於非洲。這些國家的中位數年齡（medianage）是十六歲上下。反之，全世界最高齡的社會都是在歐洲和日本（義大利、德國、瑞典和日本的中位數年齡都是四十歲）。

這樣的趨勢將會使愈來愈多的人口生活在一直以來都是經濟較不發達的地區，也就是非洲、亞洲和拉丁美洲。表五—一顯示出，未來五十年上下，「南方」國家的人口將會大幅領先。

【表 5-1】

世界人口最多的國家

國　家	1975*	2000	2025	2050
1.印度	622	1,014	1,377	1,620
2.中國	918	1,262	1,464	1,471
3.美國	216	276	338	404
4.印尼	138	225	301	338
5.奈及利亞	59	123	205	304
6.巴基斯坦	75	142	213	268
7.巴西	109	173	201	206
8.孟加拉	76	129	178	205
9.衣索比亞	33	64	115	188
10.剛果民主共和國	25	52	105	182
11.菲律賓	44	81	122	154
12.墨西哥	61	100	134	153
13.越南	48	79	106	119
14.俄國（註）	134	146	136	118
15.埃及	37	68	95	113
16.日本	112	127	120	101
17.伊朗	33	66	88	100
18.沙烏地阿拉伯	7	22	48	91
19.坦尚尼亞	16	35	60	88
20.土耳其	41	66	82	87
21.蘇丹	16	35	61	84
22.烏干達	11	23	48	84
23.德國	79	83	85	80
24.葉門	7	17	40	71
25.泰國	42	60	71	70

說明：表中國家的排名順序是以它們在 2050 年的人口數為準。表中的數字皆以「百萬」為單位。

註：俄國 1975 年的數字指涉的是俄羅斯蘇維埃聯邦社會主義共和國（Russian Socialist Federated Soviet Republic），不是蘇聯。

到了二〇五〇年，全世界人口最多的二十五個國家中，會有七個在非洲。北方國家中，除美國外，就只有俄國和日本還會留在榜上，但這兩個國家看來都不會留太久。同樣令人瞠目的是，屆時人口破億的國家將會多到前所未有。在一九五〇年，全世界只有四個國家的人口在一億以上，分別是美國、蘇聯、中國和印度。但到了二〇五〇年，至少有十五個國家會入列，而這十五個國家的人口加起來就佔去全球人口三分之二。到了二十一世紀末，將有十四個國家會到達二億或以上，而其中，只有美國是現在先進的西方國家。

這種預估，與當代西方人的印象大相逕庭。如果你問全世界人口最多的國家有哪些，大部分的美國人或歐洲人可能會回答中國、印度、巴基斯坦或奈及利亞。但有多少人會想到衣索比亞、烏干達、坦尚尼亞，甚至葉門呢？宿怨也會扭曲人對現實的認知：對越戰記憶猶新的我們來說，「小越南」的人口不久後就會超過俄國，乃是難以想像的。

謊言與不可靠的統計數字

世界人口分布情況的變遷，除了會對全球權力平衡帶來翻天覆地的變化外，還無可避免會對世界的宗教結構帶來影響。問題是，宗教模式遠較生活的其他領域難以量化。我們可以預估二〇五〇年哪裡住著最多人，但我們也敢預估他們會屬於什麼宗教信仰嗎？當我們收集生育與婚姻的統計數字時，處理的是生物性或法律性的事實，多少有個進行預測的基礎。同樣地，我們也可以嘗試對經濟或環境的變遷作出預估，儘管在這兩個領域，專家們從未留下過任何很讓人動容的記錄。舉個例子，一九九〇年代，在南韓等四小龍和菲律賓等四小虎的領導下，環太平洋亞洲地區的經濟迅速崛起，而在一九九七至一九九八年的金融風暴發生前，很多專家都相信，這地區主導世界經濟的日子指日可待。宗教方面的事情比經濟方面的事情還要棘手，例如，我們憑什麼說某個國家擁有一億基督徒，或者說，極可能在接下來的二、三十年間倍增？

由於本書有相當大的部分是現在以及未來的宗教統計數字，所以我們必須先說明，手頭的證據可以讓我做到什麼，又做不到什麼。正如一句老話說的，你可以用統計數字來證明任何事情，甚至眞理。大部分的社會統計數字都是可以質疑或修正的，端視你怎樣定義用語和使用何種搜集資料的方法。碰到宗教方面的事情時，這些問題尤其尖銳，不說別的，光是「基督徒」的定義就大有爭議。這一點，可以從一九八〇年代我與一位美國五旬節派信徒的一番談話反映出來。當時我提到黎巴嫩基督徒團體所面臨的絕望處境，但對方卻糾正我，因爲黎巴嫩幾乎是沒有基督徒的。這讓我很驚訝，因爲據大多數的估計，當時黎巴嫩的基督徒佔全人口四〇%或五〇%，而且其傳統可上溯至羅馬帝國的時代。但在我那位朋友的觀點裡，「基督徒」一詞只有對那些經歷過再生體驗的人才是適用的，換言之，只適用北美福音教派一類的基督徒身上。也正是同樣的態度，福音教派中才會有人認定波蘭只有約十萬的「基督徒」，其他人口都是天主教徒。

這樣的設限無疑是過度狹隘或頑固的，但「基督徒」這個頭銜的適用性在其他情況下也是問題多多。全世界有不少宗派都認爲自己毫無疑問有資格稱爲基督徒，但它們卻受到攻擊，一些做法被視爲已經越出基督宗教的界線之外。例如，摩門教徒算基督徒嗎？⑦他們自己當然相當肯定。然而保守派和福音教派的信徒否認得同樣斬釘截鐵，因爲摩門教把一些附經的地位放在《聖經》的權威之上，而其傳揚的教義，也有一部分和傳統的西方基督宗教相牴觸。同樣的理由也足以把很多亞洲和非洲的獨立教會排除在基督宗教的大家庭之外，儘管它們的成長乃是今日基督宗教的重要支撐。同樣成疑問的還有數以百萬計的拉丁美洲人，他們雖自稱天主教徒，卻接受薩泰里阿教（Santeria）、巫般達教或坎東保教（Candomblé）等源出非洲原始宗教的儀式。否定摩門教是基督宗教並不會對全體的統計數字造成太大的影響，但排除了亞、非和拉美的新教會，卻會讓我們前面描繪的新世紀基督宗教圖像變得大大不同。

但如果說有些人因爲神學上的理由而低估基督徒的數字，另一些人卻剛好相反。其理由是再淸楚不過的。很多統計數字都來自教會團體自己，會過分樂觀在所難免。另外，即使教會一絲不苟地統計有多少人接受洗禮、堅信禮或舉行婚禮，它仍然無法得知有多少人脫教而去。

統計教徒人數的難題不只存在於新的基督信仰地域。在任何國家，只要你一度是某個天主教堂區的成員，就別想說服教會你已經改宗，哪怕你能夠證明自己已全心全意投入了另一個宗派。教會母親是不會拋棄她迷途的子女的。在很多歐洲國家，你同樣別想從國家教會的註册成員名單上除名。有些新教國家會用「以上皆非」的方式，把每一個受過洗的信徒算到自己帳本裡。「你不是天主教徒？不是穆斯林？不是猶太教徒？那好，我就把你算在信義會（Lutheran）的信徒裡。」換成別的國家，會把你算在聖公會或之類。這一點說明了爲什麼英國聖公會、德國福音教會或義大利天主教會的統計數字都是灌水的。英國教會宣稱它擁有兩千五百萬受過洗的信徒，但事實上，這兩千五百萬的所謂信徒當中，曾經出現在教堂周邊的，只怕一百萬都不到。

不同的教會有不同統計教友的方式。有些教會會把每一個襁褓時受過洗的人算成教友，有些則只會把成年後才決志的人算進來。有些教會會計算定期參加宗教儀式（如每個復活節或聖誕節領聖餐）的信徒，以致任何未達這個標準的人都會被剔除。又有一些教會（如天主教）則從來不刪除任一個信徒。我們不難想像有兩個宗派，它們有著大致相同的活躍教徒人數，但因爲一個勤於點算人數而另一個疏於記錄，以致兩者報出來的教友人數相差十倍。有些教會並不是刻意作假，它們只是不知道實際數字罷了。這也說明了，爲什麼非洲的本土教會常常自誇擁有好幾百萬信徒，那與其說是一個實質的統計數字，不如說是一種象徵，表示「有許多許多人」。

一般來說，沒有官方教會的國家，基督徒人口的統計數字較爲精確。在新興的基督宗教國家，人們會受洗往往不是出於社會習慣，而教會教友的參與度也積極得多，就此而論，烏干達和奈及利亞這些國家的教會統計數字，是要比英國或法國來得可信賴的。⑧

既然有那麼多的問題，有人可能會懷疑，宗教的統計數字是否有任何參考價值。我認爲是有參考價值的，但利用之前必須有些準則。首先，爲了實際可行，我們不能把基督宗教定義得太窄。自兩千年前基督宗教興起開始，把自己界定爲耶穌追隨者的團體就是很紛紜的。在本書裡，我對基督徒的定義如下：任何稱自己爲基督徒，並相信耶穌不只是個先知或道德導師，而是上帝兒子和彌賽亞的人。除此之外，我們不再問他所相信的細部教義是什麼，不管他是不是承認《聖經》的權威、是不是相信三位一體、是不是相信耶穌復活是歷史事實。目前，世界上絕大多數自認爲是基督徒的團體，都符合我這裡設下的標準，另一方面，我也不會爲不符標準的教派扣上異端的帽子。

同樣地，我們必須注意我們得到的統計數據的來源，比方說它們是官方以「以上皆非」的方式弄出來的，還是教會根據宗教參與度小心統計出來的。儘管如此，我在很多情況下還是會使用官方的統計數據，這表示我承認這些數字反映的一個事實：不管歐洲現在看起來有多世俗化，它仍然是以基督徒佔大多數、目前基督王國的中心。

我會採取這種態度，是因爲我認爲，人們儘管失去了參與的熱忱，但往往仍保留對原宗教的文化忠誠。久居在一個宗教傳統中的人，意識很自然會受這個傳統形塑，所以，一個即使不是很熱心的信徒，仍然可以是個文化上的基督徒（或穆斯林）。「文化基督宗教」這個觀念的有用性可以從天主教在美國的情況反映出來。不同的研究一再指出，儘管有好幾百萬美國人不同意很多或大部分梵蒂岡的官方見解（其中一些見解是天主教教義的本質部分），但他們仍自認爲是天主教徒。這些人「眞的」算是天主教徒嗎？答案端視你問的人是誰。我在本書的立場是，只要他們自認爲是天主教徒，就是天主教徒。

最後一個我們面對的困難是，宗教趨勢並不像人口趨勢那樣有邏輯性和可預測。以奈及利亞這個不久後就會成爲基督宗教的核心國家爲例，它目前全人口至少有四〇%是基督徒，亦即五千萬人上下，但我們怎知道這個比例不會在未來數十年內有所變動呢？沒有一個教會或宗教可以保證它的市場佔有率是不變的。如果該國的穆斯林多數發動迫害或聖戰的話，奈及利亞基督徒的比例難保不會下降至一〇%。反過來說，如果奈及利亞基督徒有一波基督宗教的復興運動，其比例也難保不會攀升更高。

未來的宗教人口分布

儘管上述的觀察讓人對預測宗教人口的可能性感到懷疑，但我們仍然看得到南方基督宗教發展的一些大趨勢，而不管在任何情況下，這些趨勢都意味著南方基督徒人口會大幅成長。特別是在非洲，過去半世紀的經驗顯示出，基督宗教人口比例在這個大洲的大部分地區都有了實質的提高。這個趨勢太顯著了，讓我們在這裡提供的任何預測數據都有可能顯得極端保守。宗教的版圖會改變，但南方基督宗教的長足成長卻是必然的。

爲了說明這一點，讓我們想像一下，**未來的二十五年或五十年，基督宗教世界會是什麼模樣。最大的基督徒社群會出現在哪裡？二〇二五或二〇五〇年最大的基督宗教社群是什麼樣子？**姑且假定基督徒在一個國家的人口比例裡是相對穩定的，那我們就會得出表五—二的預測。一個不確定因素當然是表內國家的政治整合度，例如剛果民主共和國有可能會不復存在，分裂爲兩個或以上較小的國家。儘管如此，同一地區仍會以基督徒佔大多數，這個事實，印證著基督宗教正在強力南移中。到了二〇五〇年，世界將有六個國家的基督徒總數在一億或以上。而這六國中，只有一個是現在的先進工業國，也就是美國。然而同樣令人吃驚的是，一些傳統的基督宗教核心國家（如英國、法國和義大利等），並未見於表內。⑨

換個方式看同一件事情，我們可以看看前面提過那八個撒哈拉沙漠以南人口最多的非洲國家。今天，這八個國家的基督徒人口約二億，相當於它們總人口的一半。若我們假定它們的宗教人口比例不變，那到了二〇二五年，它們將有爲數三億三千萬的基督徒。然而近期的經驗顯示，這些教會的信徒會因爲福音運動而大幅成長，所以有理由相信，這些國家最後的基督徒人口應該會更多，接近四億。這表示，只要再過二十五年，撒哈拉沙漠以南的非洲就會取代歐洲，成爲基督宗教的心臟地帶。

有一個非洲國家可讓我們把這件事看得特別清楚。烏干達是目前熱帶國家中人口成長最迅速的一個。⑩這個面積與美國奧勒岡州相當的國家，在一九五〇年時還只有五百五十

【表 5-2】

世界最大的基督宗教社群

國　　家	預估的基督徒人數（單位：百萬）年　份		
	2000	2025	2050
美國	225	270	330
巴西	164	190	195
墨西哥	95	127	145
菲律賓	77	116	145
奈及利亞	50	83	123
薩伊／剛果民主共和國	34	70	121
衣索比亞	36	65	79
俄國	90?	85	80
中國	50?	60	60
德國	58	61	57

說明：本表乃至本章的所有宗教數據，皆為美國政府的統計數字，分別來自《國際宗教自由年度報告》（*Annual Report on International Religious Freedom*）（http://www.state.gov/www/global/human_rights/irf/irf_rpt/irf_index.html）和《中情局世界各國報告》（*CIA World Fact Book*）（http://www.odci.gov/cia/publications/factbook/）。

萬人口，但自此以後，其人口每二十五年就增加大約一倍。這個驚人的人口成長速度與美國在殖民時代和建國早期相似。烏干達在一九七五年的人口是一千一百萬，二〇〇〇年是兩千三百萬。據聯合國估計，其人口到二〇二五年將是三千三百萬上下，到二〇五〇年將是六千五百萬。美國統計調查處的預測更大膽：到二十一世紀中葉，烏干達說不定會有八千四百萬的人口。這國家目前的人口年成長率是二・七%，如果我們記起這個數字不是出生率，而只是每年實際增加的人數的比率，就會更加目瞪口呆。它的**出生率**要四倍於大部分歐洲國家。要不是因爲愛滋病和國內衝突，烏干達的人口成長率只怕還要更高。

烏干達可說是西方傳教活動的一大勝利，因爲基督宗教是十九世紀中葉才移植到這裡來的。今天，其人口約四〇%是新教徒，三五%是天主教徒、一〇%是穆斯林，其他則是非洲傳統宗教的信仰者。如果我們假定基督徒的比例不會再膨脹，那麼，烏干達現在的一千七百萬基督徒，到二〇二五年將增至兩千四百萬，到二〇五〇年將增至四千三百萬（如果美國統計調查處的較高預測值是正確的話，則是五千五百萬）。不過，這種預估也許還是太保守了，因爲各個教會大有可能會繼續打進傳統信仰和泛靈信仰信徒的圈子。因此，烏干達基督徒人數在二十一世紀中葉會上升到五千萬上下，並不是不可能的。到時候，烏干達自認爲是基督徒的人將比德國或英國多，而其上教堂的人數也會比四到五個基督徒最多的歐洲國家加起來還多。

至於亞洲的例子，我們可以挑菲律賓來看。到了二〇五〇年，它將會是地球上基督徒第三或第四大的家園。⑪菲律賓目前人口約八千萬，因為人口成長率甚高（約每年二・一%），其人口勢將快速增加。菲律賓就像烏干達一樣，是個人口極年輕的國家，其國民有三七%是在十五歲或以下。到了二〇五〇年，可能會有一億五千萬菲律賓人。馬尼拉的人口約一百八十萬，但其周邊地區卻住著九百萬人。到了二〇五〇年，大馬尼拉地區的居民數將輕易超過一千八百萬或二千萬。

基督宗教在菲律賓歷史悠久，是十六世紀西班牙殖民者帶來的。全國有八五%人口或多或少認同天主教，有八%是不同派別的新教信徒（另有四~五%是穆斯林）。假定這個宗教人口比例不變，那到了二〇五〇年，菲律賓的基督徒人數會是一億四千三百萬上下。這種成長對天主教的全球分布意味深長。今天，菲律賓的天主教徒是六千一百萬，要比任何一個歐洲國家的天主教徒都多，而且繼續在快速成長中。目前，據報菲律賓每年有一百七十萬人受洗成為天主教徒，這個數字比歐洲四大天主教國家——法國、西班牙、義大利和波蘭——**加起來**還要多。⑫到了二〇二五年，菲律賓的天主教徒將成長為九千萬，到二〇五〇年是一億三千萬。

菲律賓將會繼續是一個天主教大國，這一點毋庸置疑，但另一個天主教大國巴西的情形就沒那麼肯定了。巴西的人口一直巨量成長，而且會繼續下去。它在一九五〇年的人口是五千三百萬，今天約一億七千萬，到了二〇五〇年將約二億零七百萬。正在竄升中的愛滋病死亡數字意味著巴西的人口成長率說不定會向下修正，儘管如此，它仍然是第三世界的典型例子。幾乎有三〇%的巴西人年齡在十四歲或以下。相較之下，巴西未來的宗教人口樣態遠不及世俗人口樣態清晰。今天，約有七五%巴西人是天主教徒，約有二〇%是新教或五旬節派信徒。如果我們用這些數字來概推，那到了二十一世紀中葉，巴西將有超過一億五千萬天主教徒和四千萬新教徒。但我們可以放心去做這樣的預測嗎？近年來，非天主教的人口膨脹得很迅速，因此，即使未來巴西有一半基督徒是新教徒，也不值得驚訝。巴西將會成爲基督宗教的世界中心是毋庸置疑的，但其確切的樣態仍是個未知數。

不世俗的城市

所有讓南方教會飛速成長的因素，看起來在不久的未來都會繼續存在。這些湧現中的教會之所以表現非凡，是因爲它們能夠吸引到很不同的聽衆，能夠照顧到年輕人和失根城市移民的需要。最成功的新宗派都把目標鎖定在窮人，更精確地說是一貧如洗的窮人。由於預估大都市的人口將會不斷成長，因此讓新興教會得以欣欣向榮的環境將會延續到二十一世紀。到了二〇五〇年，全球南方和全球北方的年齡對比將會前所未有的大，前者非常年輕且非常動態，後者非常老邁且非常靜態。

接下來幾十年全球人口的成長大部分會集中在城市。今天世界總人口中，約有四五%是住在城市地區，但到了二〇二五年，這個比例將躍升爲六〇%，二〇五〇年將超過六六

%。其結果就是，一些巨型大都會的人口將會穩定增加，而到了二〇五〇年左右，它們的人口將會是數以千萬計。在這些巨型大都會中，我們熟悉的包括開羅、孟買、達卡（Dhaka）、喀拉蚩（Karachi）、雅加達、拉各斯和墨西哥市。屆時，它們都將有三、四千萬的人口，而這些人之中，又有很多是生活和工作在合法的經濟體系之外。⑬但另外還有一些未來的超級大都市，是西方人迄今所不熟悉的，包括坎帕拉（Kampala）、金夏沙（Kinshasa）、達纍斯薩拉姆（Dar-es-Salaam）和薩那（Sana'a）等（譯註：這四個城市分別是烏干達、剛果民主共和國、坦尚尼亞和葉門的首都）。

另一個劃時代的改變是這些巨大的都會區幾乎都位於南方，而一九〇〇年時，世界上最大的都市全集中在歐洲和北美。時至今日，世界十大都市中，只有三個是位於傳統的先進工業國家，它們是東京、紐約和洛杉磯。到了二〇一五年，還會留在榜上的將只剩下東京（見表五—三）。目前，全世界最大的都市中，八〇%位於亞洲或拉丁美洲，但非洲城市到了二十一世紀中葉份量將變得非常突出。屆時非洲城市居民的比例，會從現在的四〇%左右增加到幾乎六六%。這些新增的都市人口將是任何宗教團體的豐美魚池，只要它們有本領能同時滿足人們身體與靈魂的需要。最豐收的宗教將會是基督宗教還是伊斯蘭教呢？如果是基督宗教，勝出的又會是天主教還是五旬節派？

【表 5-3】

2015 年世界最大的都會區

城　　市	人口（單位：百萬）
1.東京	28.7
2.孟買	27.4
3.拉各斯	24.4
4.上海	23.4
5.雅加達	21.2
6.聖保羅	20.8
7.喀拉蚩	20.6
8.北京	19.4
9.達卡	19.0
10.墨西哥市	18.8

資料來源：聯合國計畫（http://www.sru.edu/depts/artsci/ges/discover/d-6-9b.htm）。

單是人口的分布狀況不足以說明第一世界與第三世界愈來愈寬的鴻溝，因爲除人口因素以外，文化因素在其中亦扮演重要角色。南方的基督徒人數將不只遠比北方多，而且南方信徒不管在信仰和實踐上，都將比北方信徒更有熱忱。文化的轉變在歐洲至爲明顯，它目前聲稱擁有五億六千萬信徒。不說別的，單是這個數字就是大大地高估。過去一世紀以來的世俗化趨勢，嚴重削弱了歐洲基督徒的人數。長時間以來，教堂教友人數和參與度都呈現垂直下降趨勢，而且一點也沒有緩和的跡象。

英國是去基督宗教化的一個典型例子。它的人口大約六千萬，非基督徒的宗教人口迄今不多。猶太教徒、穆斯林、錫克教徒和印度教徒全部加起來也不會佔英國全人口的五％（這與美國非基督徒宗教人口的比例相當）。但這並不表示，我們可以心安理得地把其餘九五％的英國人歸入基督徒之列。根據二〇〇〇年的一項調查顯示，有四四％的英國人聲稱自己並無宗教信仰（這個比例在一九八三年是三一％）。但更值得教會憂慮的是，在十八至二十四歲的英國人之中，有三分之二自稱是沒有宗教信仰的：其中甚至有一半表示不相信歷史上眞有過耶穌其人。⑭

只有四〇％英國人自認爲是基督徒，但這種認同通常不強。英國根據受洗的記錄，聲稱英國教會一共擁有二千五百萬信徒。但我們前面已經指出過，這二千五百萬之中有二千四百萬是從來沒有上過教堂的，哪怕是在聖誕節或復活節。單是在一九八九至一九九八年之間，上教堂的人數（包括所有宗派）就從四百七十萬掉到了三百七十萬，換言之，十年間就掉了二二%。如果這種下降率維持不變，那一到兩代人之間，英國教會就會關門大吉。最近著名的工黨政治家哈村斯利（Roy Hattersly）才說過：「這是個無神論的國家。人們並未認眞看待宗教。」這話是對是錯不容易評估，但單從他的發言沒有掀起爭議這一點，就足以反映出美國與歐洲之間宗教文化的鴻溝變得多寬。⑮

英國是出現中的後基督宗教社會的一個淸晰例子。要評估英國有多少受過洗的信徒已經失去信仰並不容易，因爲他們大多是變得宗教冷漠而不是改投別的宗教。但從一些受教會譴責的做法（如火葬）愈來愈流行這一點，可反映出情況有多嚴峻。現在，平均有七〇%的葬禮是採取火葬，而有超過一半的婚禮並未舉行任何宗教儀式。

同樣的情形亦見於大部分西歐國家，以及東歐的前共產國家。在德國，聖公會的處境與英國相似。德國聖公會聲稱，總人口的三分之二，即這兩千八百萬的信徒中，只有一百萬左右是固定參加宗教聚會的。德國天主教徒的參與度明顯較高，但仍然只佔全部人數的一小部分。全德國有大約四分之一的人自認爲沒有宗教信仰，連半個基督徒都不算。⑯

宗教認同的式微在傳統的天主教國家也一樣明顯。以法國爲例，它雖然聲稱是以天主教爲主的國家，但只有八%人口（約五百萬人）會參加天主教徒的宗教活動。義大利的情形也一樣。由於天主教會在義大利長期獨尊的地位，大部分義大利人習慣上自認為天主教徒，而且會受洗為天主教徒。根據教會的統計，約九七％的義大利人是天主教徒，亦即約五千五百萬。以這個數字為根據，義大利就是全球五個信徒最多的天主教國家之一，也是歐洲唯一的一個。然而，有鑑於近年來上教堂的人數銳減，更合理的估計是，其實質的天主教人口只及上述數字的十分之一。⑰

由於聖公會與羅馬天主教都是全球性的教會，它們在歐洲損失掉的信徒，可以透過世界其他地方新增的信徒來彌補。但這個模式卻不適用於所有宗派。以東正教為例，有鑑於其信徒幾乎全集中在歐洲，所以歐洲人口的停滯將會對它帶來很大的影響。目前，東正教全世界的信徒是二億一千四百萬，但因為這些信徒幾乎全住在東歐或東南歐國家，因此未來五十年內，其信徒人數穩步下降是無可避免的。儘管後共產主義時代的俄羅斯出現了東正教復興現象，但人口大趨勢對這個宗派還是非常不利。最終來說，出生率下降對東正教的殺傷力，將會比過去的穆斯林或共產主義迫害尤有過之。即使採取最樂觀的預測，東正教的信徒到了二〇五〇年還是會萎縮到不及全球人口的三％，比它在二十世紀初的佔有率還要低。但如果採取最悲觀的預測，那二〇五〇年的東正教信徒將比墨西哥或巴西這些大國的基督徒還要少。⑱

高度世俗化的第一世界正面對著人口成長迅速、宗教蓬勃發展的「南方」：這樣的情景，只要拿烏干達與英國作對比，或巴西與西班牙作對比，就再清楚不過了。但這種對比並不限於隔著大洋的兩個國家之間，因爲「北」與「南」的反差，也會見於北美或歐洲的國家本身，而這是大量移民的結果。

歐洲目前的種族構成樣態基本上是冷戰的偶然副產品。當西歐工業在一九五〇和六〇年代蓬勃發展時，廉價勞動力的來源照理說應該是較貧窮的東歐和南歐（白人）國家，但因爲冷戰所築起的壁壘，卻讓西歐國家不得不轉向其他地方尋求廉價勞動力。西方工業國紛紛向非洲和亞洲招兵買馬，而且通常是在自己的前殖民地：英國從牙買加和巴基斯坦引進外勞，法國則從阿爾及利亞和西非引進。這些移民的重要性一直在穩步成長，而這是因爲移民的生育率遠高於所在國的原有居民。非裔和亞裔目前都在歐洲國家扮演關鍵角色，特別是在大城市。現在約有一半的倫敦市民不是白人，而到了二十一世紀末，白人在英國將變成一個少數。帝國被反擊回來了。⑲

在全歐洲，大舉引入移民的做法幾十年來都充滿爭議性，但除了這個方法以外，我們又實在看不出，歐洲國家還有什麼別的方法可以應付人口大幅下降（和老化）的問題。舉例來說，如果德國停止接受移民，那它目前的八千萬人口到了二〇五〇年將會萎縮掉約四分之一，勞動力也將從目前的四千一百萬上下，下降到只有二千六百萬。但不用等到二〇五〇年，這些問題就會變得尖銳化。歐洲的嬰兒潮世代將會從二〇一〇年開始退休，而到了二〇二〇年，社會保險支出的巨大壓力有可能會把整個歐洲的金融系統壓垮。法國政府最近公布的一份報告指出，**在接下來的半個世紀，歐洲除了接納七千五百萬的移民之外，別無選擇**。它也坦承，**這將意味著法國將成為一個高度混血的社會。美國情報部門視歐洲的人口衰落為全球經濟成長的一個抑制因素**：「歐洲和日本的人口將會快速老化，到了二〇一五年，它們將需要一億一千萬的新勞動力，來維持目前的勞動人口與退休人口的比例。」更長遠來說，比方以二〇五〇年來說，需要的新勞動力只會更多。[20]

我們再來看看供應者的一邊。由於貧窮與環境災難，南方人向北方移民的壓力將會持續增加。目前，單是西歐一地就有一千萬到兩千萬非洲和亞洲的非法移民，比合法的移民還要多。移民潮一個巨大而持續的驅力是水資源的匱乏，因爲目前人口成長最快速的地區，往往也是乾旱以及乾旱引起的饑荒威脅最嚴重的地區。到了二〇一五年，全世界將有近一半的人口（也就是超過三十億）是住在有「缺水壓力」的國家。[21]

人口樣態上的轉變自然會帶來宗教上的結果，因爲新移民社群總是靠攏家鄉的文化模式多於地主國的文化模式。肉眼可見的最大轉變就是清眞寺和伊斯蘭教團體在大部分西歐國家的湧現。目前，德國的穆斯林人數是三百萬，法國是兩百萬，英國至少一百萬，義大利大約七十五萬。被轉化得最徹底的城市之一是法國的馬賽，如今它散發著強烈的北非風味。在法蘭克福，移民佔該市人口約三〇%，大約每八個人中就有一個是土耳其裔的穆斯林；全市共有二十七家清眞寺。穆斯林佔維也納總人口的五分之一，這個數字比起一九八〇年代晚期增加了不止一倍。全歐洲加起來大約有一百五十萬穆斯林，很多都有古老的血緣，其中尤以歐洲大陸的東南部分爲然。㉒

看到清眞寺在歐洲大城市雨後春筍般的出現，我們很容易會推論說伊斯蘭教將是歐洲未來的宗教。然而，外來移民之中，也有很多是基督徒，他們看來有可能是基督宗教在歐洲土壤上復興的希望所寄。從事本書的研究工作期間，我去了阿姆斯特丹這個最世俗化的城市一趟。星期天早上走在阿姆斯特丹的街頭，一定會意識到那裡的宗教活動（不管是基督宗教還是其他宗教的）是何其的少。正因爲這樣，當我走入一個勞工住宅區時，眼前的光景令人饒富興趣。我看到一大隊人走在街上，顯然都趕赴同一個目的地，愈後來人數愈多。他們都是非洲人，看來不是十分富裕，但每個都穿戴整齊，人手一本《聖經》。有些顯然是全家動員，但大部分是單身男性，很可能是孑身一人移民到這裡來的。這批教衆說不定就是西歐基督宗教未來面貌具體而微的反映。

移民的影響力泛見於各個宗派。非洲裔和加勒比海裔的移民在大都會地區振興了天主教的生命力。其他教會則是一些相當不同於當地傳統的類型，包括了五旬節派、浸禮宗和獨立教會。就連在德國和瑞士，非洲獨立教會的數目也多得足以組成自己的聯盟或聯會。㉓

英國現在是非洲裔和加勒比海裔教會的一個重鎮，這些教會的崇拜都具有強烈的五旬節派色彩。目前，倫敦有一半上教堂的人是黑人。通常，外人都只會在這些教會爆發醜聞時，才意識到它們的規模有多大，如安妮・克利馬比（Anna Climbie）事件就是一個例子，但這些醜聞絕不是常見的。相當有代表性的一個新教會是「金斯威國際基督宗教中心」（Kingsway International Christian Centre，簡稱 KICC），由奈及利亞傳教士阿希木羅瓦（Matthew Ashimolowo）創立於一九九二年。儘管初創時只有三百個教友，但現在其主教堂「神蹟中心」的五千個位子總是座無虛席，此外尚有不少衛星教堂。KICC 自稱是一八六一年以來成立於英國的最大教會，而「神蹟中心」的座位容量也兩倍於西敏寺或聖保羅大教堂。阿希木羅瓦牧師會透過有線電視和廣播，向英國、奈及利亞、迦納和歐洲其他地區佈道。他引起相當大爭議的一點是他呼籲英國聖公會應該「優雅地死去」，把教堂贈與其他新興的教會（包括他自己的一個）。㉔

加拿大的情況一如歐洲，上教堂人口下降的大趨勢都是靠移民支撐才得以減緩。㉕在一九八八與一九九八年之間，每月至少會參加一次宗教聚會的加拿大人，從四一%掉到三四%。最嚴重的下滑發生在一度是天主教重鎮的魁北克省，該省在上述的十年之間，上教堂的人數從全人口的四八%驟降至二九%。要不是加勒比海裔和亞洲裔移民旺盛宗教熱忱的支撐，這個數字將會更加難看。而要不是有越南裔和海地裔的新加拿大人支撐蒙特婁（Montreal）的天主教堂將門可羅雀。

很難預估這些新的族群將會怎樣影響地主國的宗教面貌。預估移民的宗教傾向，除了通常困難外，還有同化上的問題要考慮，也就是必須評估移民的下一代將在多大程度上接受歐洲人更世俗化或更「現代化」的思考方式。以美國爲例，社會學家就認爲，第一代的移民通常比其家鄉的父祖輩更有宗教熱忱，這樣的模式說不定也會在歐洲重演。另一方面，我們也看到英國穆斯林的子女主要是把伊斯蘭教視爲一種種族和文化上的認同標誌，而不是一種有驅策力的意識形態。女孩子特別對伊斯蘭教的諸多限制感到惱火。所以合理的預測是，移民第二代對宗教的態度，將會像他們的白人鄰居一樣，半冷不熱。只不過，世俗化目前還沒有發展到這麼深的程度，接下來幾十年，黃面孔和棕面孔的人多半仍有宗教熱忱。在觀察基督宗教於歐洲的下降趨勢時，我們不可忘記的是，要不是移民和他們的子女這些新歐洲人的支撐，歐洲基督徒的比例將更加低。

美國

幾乎沒有什麼比歐洲與全球南方的人口趨勢對比更顯著的現象。不過，美國卻提供了更複雜的圖像。儘管美國在大部分意義下都是西方的心臟，但其人口樣態反而與發展中國家相近，而與日本或西歐相遠。美國的人口在二十一世紀將會繼續大幅成長，幅度儘管沒有烏干達可觀，仍足以把任何歐洲國家遠遠拋在後頭。美國今天的總人口爲兩億八千萬。

到了二〇五〇年，這個數字將成長爲四億，二一〇〇年是五億七千萬。

隨著人口的成長，白人的比例卻會愈來愈少，而這一點也會造成宗教和文化上的後果。綜觀美國歷史，種族問題基本上是環繞兩個族群展開的：黑人與白人，也就是非洲和歐洲移民的後裔。在一九三〇年，美國一共有一億一千萬白人、一千二百萬黑人，只有六十萬人是「其他人種」，也就是印第安人和亞洲人。然而從一九六〇年代開始，美國的「其他人種」開始大幅成長，這部分是移民限制放寬所造成的。從現在回顧起來，一九六五年通過的移民改革法案，說不定是大受吹捧的六〇年代最重大的單一事件。二〇〇〇年美國移民的總和是三千萬，約佔全人口一一%。單是一九九〇年代就來了超過一千三百萬移民，換言之，現在幾乎有五%的美國公民是來了這個國家才十年或不到的。

美國正穩步從黑白二色的社會邁入一個多色譜的社會。在二〇〇〇年，有三千五百萬美國人被歸類爲西班牙裔美國人，而其中幾乎六〇%是有墨西哥血統的。近一千兩百萬美國人是亞洲裔，分別來自中國、日本、菲律賓、越南和韓國。今天，亞裔和西裔的美國人共佔全國人口一五%，預估這個比例到二〇二五年將達二五%，二〇五〇年達三三%。在一九七〇年，亞裔和西裔的新生兒數不過是全國新生兒總數的八%，但如今已躍升至二五%以上。這種轉變的其中一個原因是拉丁美洲移民一般都比地主國原居民年輕許多。二〇〇〇年的美國人口統計數字顯示出，西裔美國人的中位數年齡是二十六歲上下，要比美國任何一個族裔都要年輕，其中又遠比盎格魯白人低，後者的中位數年齡是三十八・五歲。

㉖到了二十一世紀中葉，將會有一億美國人擁有西裔的血統。他們將會構成世界其中一個最大的拉美裔社群，人口要比除墨西哥或巴西以外任何一個實際的西裔國家要多。屆時，也將會有五到六千萬美國人具有墨西哥血統。

儘管種族比例的變遷最終將會影響美國的每一部分，但它已經在一些地區顯示出來。一九九〇年晚期，加州成了美國歷史上第一個「多數的弱勢」（majority-minority）州，也就是說，它的白人居民不再是人口的絕對多數。十年之內，拉美裔就會成爲加州的多數族裔。拉美裔目前也佔美國的第二大州德州人口的三分之一——最快在二〇〇五年，德州非西裔的白人就會淪爲「多數的弱勢」。在一九六〇年，休士頓的市民中，在外國出生的還不到三%，但今日卻高達二五%左右。㉗這些變遷難免會讓我們對美國的歷史產生不同的看法。十九世紀的時候，盎格魯人（Anglos；譯註：即非西班牙裔的白人）打著「上帝所命」（Manifest Destiny）的口號而占領整個北美（譯註：美國的擴張主義者爲鼓吹把美國的疆界從大西洋開拓到太平洋而提出的口號，認爲此舉乃「上帝所命」，結果美國兼併了德州、奧勒岡州、新墨西哥和加州這些原屬西班牙人的土地。這裡作者所謂的「占領整個北美」，只是修辭上的誇大），讓盛極一時的西班牙文化社群萎縮成爲新美國邊界內的一些孤島，僅餘觀光意義。但現在回顧起來，這些孤島倒更像是橋頭堡，只等時機成熟就會發動攻勢。

一九六五年移民改革法案通過的當時，任誰都不會預見到它對宗教的深遠影響。一如歐洲的情況，接下來數十年美國各宗派的成長，相當大的部分都是靠來自「南方」的移民支撐。以美國東岸爲例好了，今日波士頓—劍橋地區的教會，有大約一半是用英語以外的語言進行禮拜的。當然，這個數字並不表示波士頓—劍橋地區有一半信徒是非英裔的白人，因爲移民教會規模通常都很小，但這個數字卻足以反映移民教會活力十足。現在，大波士頓地區浸聯會（Greater Boston Baptist Association）張貼在地鐵裡的福音海報，所使用的語文包括英文、法文、西班牙文、葡萄牙文和韓文。今天住在麻省的黑人之中，有約三分之一是在外國出生的（包括加勒比海和非洲國家），而這一股黑人人口潮，也從新一波黑人教會的湧現反映出來。「美國黑人」的定義正亟待修正。㉘

西裔美國人的大幅成長，業已徹底改變了美國天主教的特質。在一九九〇年代中期，美國用西班牙語進行彌撒的堂區約三千五百個。㉙換成是一個世紀以前，如果西裔的人口大肆膨脹的話，有可能會被視爲一個來自天主教的威脅，因爲西裔白人一向被認定非天主教徒莫屬。但實際的情況遠較此複雜。只有大約七〇%的拉丁美洲裔是天主教徒，而二〇%以上是福音教派的新教徒。剩餘的人數則爲若干較小的宗派瓜分。這個分配比例在未來數十年將會有何種變化目前尚難預測，但有些觀察家相信，福音教派的比例將會大幅增加。在移民美國的第一代拉丁美洲人之間，天主教徒與新教徒之比是壓倒性的七四%比十八%，但在移民的第三代之間，天主教的優勢卻萎縮了，與新教徒之比降爲五九%比三二%。爲了對治教會的失血現象，美國的天主教會試了許多菲律賓和南美洲教會用過的方法，比方效法五旬節派的做法，在彌撒時使用傳統的音樂與樂器，和鼓勵教徒自發地感恩

和讚美。這些方法會不會奏效尚不得而知。但不管宗派消長的情況如何，美國全體基督徒的人數都只增不減。㉚

要預測亞裔美國人的宗教取向也會碰到相似的難題。他們有些人信仰的是傳統的亞洲宗教（如佛教），但也有很多人是基督徒。這些亞裔的基督徒，有些來自基督宗教國家（如菲律賓），有些來自基督徒人口不少的國家（如越南和南韓），其他則是來美國後才信主的。這些亞裔除了會強化美國基督徒的人數以外，由於他們與祖國互動頻仍，所以也把一些美國的觀念回傳本國。五旬節派在南韓或菲律賓得以日益壯盛，靠的就是這種管道。就像歐洲的情況一樣，移民的教會也有可能會把南方新興教會的一些觀念與實踐傳入地主國。像是「全能天主」這個泛國家的組織，在美國就有堅實的基礎。儘管過去十多年來有不少探討環太平洋亞洲地區文化與經濟上的重要性，卻少有人指出過，這地區將可能愈來愈變成一個基督弧形帶（Christian Arc）。㉛

在北美的任何亞裔社群裡，基督宗教都是個強有力的存在。以溫哥華為例，它的亞裔人口那麼龐大，乍看之下就像個錯放到太平洋彼岸的中國城市。無可避免地，溫哥華也出現了一定數量的東方宗教建築，比方說佛寺、道觀和印度教的廟宇。這些都是遊客想感受一下東方宗教風味時會去的地方。然而在大溫哥華地區，同時也有約五十個基督教會，其名稱是帶有亞裔標記的（如「中國五旬節教會」或「韓國浸信會」），而這個數字還不包括那些主流教會（如天主教和新教）為亞裔專設的母語禮拜。溫哥華的這些亞裔教會和母語禮拜，大約有一半是爲中國人而設，其餘爲韓國人、日本人和菲律賓人而設。此外，溫哥華還有數千亞裔居民是直接參加主流教會的英語崇拜的。同樣的情形也泛見於全美國的唐人街和小西貢（譯註：越南人的聚居區）。

韓裔的情況很能說明。㉜儘管韓國人移民美國始於十九世紀晚期，但現在一百萬的韓裔美國人，幾乎全都是過去三十年間才到達或出生的。美國的韓裔社群對基督宗教情有獨鍾：其基督徒與佛教徒的人數比是十（或十二）比一。很多韓裔移民在來美國前就已經是基督徒，因此，第一代移民的基督徒比例相當高，而且通常都是積極的教徒。除參與主流教會以外，韓裔基督徒也發展出一些超教會的小組網絡，很多這樣的細胞組織假以時日都會發展爲五臟俱全的教會。從歐裔教會在美國的先例觀之，隨著時間的邁進，韓裔教會的民族味道將會愈來愈沖淡。早在一九九〇年代，很多韓裔教會就已經意識到，想要留住年輕一代信徒的心，就應該使用更多的英語。

基督宗教的美國？

美國基督宗教的強度在現在以至未來，都與一般人的刻板印象不同。美國人習慣認爲他們的國家充滿了多樣性，甚至是世界上最多樣性的國家。但別的不說，至少在宗教上，這種觀點與事實相去甚遠。今天的美國就像它歷來的那樣，是一個不折不扣的基督宗教國家。有人也許會認爲這個斷言是一偏之見，因爲有些人相信，如果美國要稱得上基督宗教國家，就應該有一個虔敬基督的政府，學校裡也有聖經課。我並不同意這種認定，因爲我相信，宗教最繁榮之時，就是政府干預得最少之時（哪怕是出於善意的干涉）。㉝無疑，美國是個宗派多得令人眼花撩亂的地方，但基本上，這些宗派都隸屬基督宗教的大框架之下。

美國的非基督宗教人口少得驚人。把美國的猶太教徒、佛教徒、穆斯林和印度教徒全加起來，也不過佔總人口的四～五%。即使我們把摩門教排除在基督宗教之外，非基督徒也不過提升爲七%左右。根據《世界基督宗教百科全書》預測，即使到了二〇五〇年，不包括摩門教的話，非基督徒仍只增加到七%左右。美國的宗教多樣性程度和大部分歐洲國家不相上下，但稍低於其中一些。目前，法國的非基督徒是總人口的一〇%，英國是四%，德國和荷蘭都是五%。

與很多非洲和亞洲國家相比，美國的宗教多樣性都要瞠乎其後。因爲在那些國家，宗教少數在總人口的比例通常都有一〇～二〇%，高於這個比例的亦所在多有。諷刺的是，世界上其中一些宗教多樣性最高的國家，就是中東地區，而西方人常常以爲那裡是穆斯林獨大的。事實上，埃及和敘利亞的宗教多樣性都比美國高。以色列的情況也一樣，儘管它公開自稱是個猶太教國家。在一九六七年，以色列只有八〇%人口是猶太教徒，如果把占領區算進去，這個數字還會大幅往下掉。

政治因素可以解釋爲什麼美國人常常會搞不清楚他們國家的宗教實況。對於美國宗教未來情況的評估，已成爲辯論改教是不是應該分離的重要武器。例如，當保守派人士要求政府規定學校要舉行禱告時，自由派人士的反對理由就是基督宗教在美國的獨大現象將不會維持太久，因爲目前的人口成長模式將會讓伊斯蘭教或佛教發展迅速。他們認爲，我們正見證著的，正如埃克（Diana Eck）最近一本著作的副書名：「**基督宗教國家**」**如何變成世界更宗教多樣化的國家**。㉞其政治的意涵是昭然若揭的。換成美國是個伊斯蘭教國家或佛教國家，基督徒會樂於被迫參加穆斯林的禱告，或是在公共場所看見一尊佛像嗎？部分出於這個政治目的，自由派人士才會大大高估美國穆斯林或佛教徒的人口（這些樂觀的數字又反過來得到這些宗教的積極份子附和）。

事實上，信仰基督宗教以外宗教的新移民人數，要遠比一般以爲的低。基督宗教在亞洲人中間的興旺現象，意味著佛教徒與道教徒的人數要比乍看的少，而美國的穆斯林人數也是同樣誇張的。儘管有人估計目前美國有八百萬穆斯林，但實際的數目應該遠少於此：大約是四百萬左右，也就是全國人口的一・五%。雖然美國人習慣假定來自中東的移民都是穆斯林，但許多阿拉伯裔美國人事實上是基督徒。美國一直都是巴勒斯坦、黎巴嫩、敘利亞等地較富裕基督徒的熱門移民地。㉟即使美國的穆斯林人數會因爲移民的增加而增加，但其數目與從非洲、亞洲、拉丁美洲（特別是拉丁美洲）源源湧入的基督徒相比，仍然瞠乎其後。模仿埃克教授的副書名的語氣，我們正見證著的是：**大量移民如何讓一個**

基督宗教國家變得更基督宗教。

不管是好是壞，至少就信徒人數上來說，美國現在不折不扣是個基督宗教國家，而基督宗教獨大的現象，在接下來幾十年只會更爲顯著。過去兩百年來領風騷的基督宗教國家之中，只有美國在二十一世紀仍能保有這種身分。

6 | *The Next Christendom*

調　和

Coming to Terms

Cristianizar no puede ser equivalente de occidentalizar

〔基督宗教化不能等於西化〕

——西馬諾克斯（Vitalino Simalox）〔馬雅人〕

Ecclesia semper reformanda

〔教會需要經常改革〕

——金恩博士

即使基督徒人口分布的變遷只會影響不同人種基督徒人數的消長，而不致影響基督宗教目前的調性，這變遷本身就已深具歷史性。然而看起來，接下來幾十年的變遷應該會更加全面性。目前在全球南方最繁榮滋長的那些基督教會，其形態相當不同於被多數歐洲人或美國人視爲主流的教會。南方的模式要比北方更激情，更相信超自然的力量，更擁抱預言、異象、降靈和宗教治病。由於這些特徵與北方是如此大異其趣，有人甚至懷疑這些非洲人只是藉基督宗教的名義振興其傳統宗教信仰。這種觀點公然質疑非洲基督宗教的眞僞性——韓國和拉丁美洲的教會當然也受到同樣質疑。

這個眞僞性的問題，並不只是個學界的議題。因爲如果有龐大的基督徒人口是住在非洲、亞洲或拉丁美洲，那麼，這些地區所流行的宗教實踐，也勢必具有更廣泛的全球性影響力。他們的宗教模式極有可能會移植到北方，或是透過移民，或是透過傳教士。如果在我們生活的世界裡，每五個基督徒中只有一個是非西班牙裔的白人，這少數人將愈來愈難聲稱他們代表主流地位。今日巴西的五旬節派或是非洲的獨立教會，很可能就是下一世代基督宗教的正格。有人也許會擔心，這樣的基督宗教會不會是不純的呢？會不會爲了適應在地文化而做得太過了頭？

那些聲稱南方教會已經逸出基督宗教定義之外的人大大誇張了。不管南方形態的基督宗教現在與舊的正統有多大分歧，它們幾乎全都維持在可辨識的基督宗教傳統之內。非洲或韓國的新興教會不但不是從本土文化裡發展出來的新宗教，它們所傳布的反而是一種更強烈甚至更質樸的基督宗教信息。這種方法對未來的傳教努力意味深長。雖然目前我們很難想像一個非洲形式的基督宗教怎麼會有全球性的吸引力，但說不定它們其中一些能發展出跨種族和跨國家的形態。一個新的「傳教士世紀」也許就要來到，儘管這一次，傳教士是從南往北走的。

誰的文化？

在現代的基督宗教文獻裡，我們常常會碰到「本土化」（inculturation）這個字眼，它指的是以一種能配合在地文化的方式來解釋基督教義。①調整宗教實踐向來無傷大雅，是傳布福音所不可缺的。不同的文化有不同的表述方式，而在一個文化裡行得通的方式不見得在另一個文化裡也行得通。舉個顯著的例子，歐洲人認爲在宗教儀式或其他肅穆的場合，唱歌跳舞有所不宜，但非洲人卻認爲這些肢體動作完全正常。再者，非洲教會的唱歌跳舞也不只是獨唱或幾個人跳舞，而是一種眞正的團體活動，全體教衆都會參與其中。②這種態度泛見於黑人分布圈，包括巴西、古巴和美國。那些想把「自家」做法強加於在地人的教會，只註定會被更具彈性的教會所取代。「文化適應」對教會來說是很根本的生存之道，只要不在信仰的基本眞理上有所妥協，就很少會受到批評。

但接下來的問題爲怎樣決定哪些是基督信仰的核心成分，哪些是文化變數。舉一個現代西方顯見的例子：禁止女性當神職人員是一種核心成分還是文化偏見？同性戀者有沒有資格當牧師？這個有關本質與偶有屬性的爭論，可以溯源到基督宗教的最初期。據〈使徒行傳〉記載，早期的基督徒曾就外邦人信徒是不是也應該接受猶太律法（包括行割禮）有過激烈爭論。最後，教會（至少是大多數的一邊）認定這些做法對基督信仰來說並不是本質性的。這個議題以不同的形式迴響於基督宗教的整個歷史，而且會在教會每一次接觸到陌生文化時浮上枱面。十七世紀的中國禮儀之爭只是無數例子的其中一個。在維多利亞時代的南非洲，傳教士科索倫（J. W. Colenso）拒絕教會的要求，聽任祖魯族信徒繼續實行多妻制，其原因是多妻制明顯是非洲文化的一個基本構成部分（還具有減少通姦的功能）。科索倫的態度自然受到強烈的譴責，而這個爭論至今仍懸而未決。③誠如沃爾斯所說的，「這個問題對今日的非洲信徒來說，一如對古代希臘化世界的希臘信徒來說，都是活生生的。難道我們成為基督徒以後，就非得否定我們的全部歷史與文化嗎？」④

因為西方人長期主宰著基督宗教，因此有關信仰與文化的爭論，焦點往往集中在一些非歐洲的做法上。當一群傳教士接觸到一個新文化時，他們很自然會認定，歐洲和北美哪一套才是正確的，可以作為一個衡量其他做法的準繩。然而，我們對披著歐洲文化外衣的基督信仰觀察得愈深，就愈發現歐洲的基督宗教不過是一種「本土化」的產物，只是歷史悠久得多罷了。這並不表示沒有不變的「基督信仰」這回事，而只表示在區分什麼是核心成分和偶然成分時，我們務必非常小心謹慎。⑤

建築於熱帶地區那些英國或法國殖民時期的大教堂，把歐洲傳教士和帝國建造者的文化偏見反映得尤為明顯。那是一種與非洲的氣候和環境極不協調的建築。為什麼要捨戶外的艷陽，而走進一個幽暗的哥德式空間呢？儘管如此，維多利亞時代的建築師卻深知，一棟「宗教性」建築物必須遵循某種文化規範，而這種文化規範不是別的，就是哥德式的風格——一種當初為了模仿中世紀歐洲北方大森林而發明的風格。那些熱愛哥德式大教堂的人逕稱它為「基督宗教建築」。但如果當初基督宗教的歷史不是那樣走，如果當初繼羅馬之後執基督宗教牛耳的不是歐洲而是別的文化，那這個文化也一樣會信心滿滿地認定，它所使用的意象才是唯一適合傳達基督宗教眞理的載體。舉例來說，假如中美洲曾經是早期基督宗教的一個心臟地帶，那基督宗教文獻與建築用得最多的意象將不會是獅子而是美洲豹。但誰又知道，在接下來的一或兩個世紀，美洲豹不會成為數以百萬計信徒的主要基督宗教象徵？

大部分今日的評論者都會同意，哥德式大教堂不過是西方文化的產物，而非基督宗教的核心成分。不過，除了哥德式大教堂以外，很多所謂傳統基督宗教的成分也可作如是觀。西方基督宗教本身在過去幾世紀以來已歷經很大的轉變，而其成長與繁榮，正好就是吸納了來自不同文化的觀念。沃爾斯稱基督宗教爲一種「可無限迻譯」（infinitely translatable）的宗教，可謂入木三分。基督宗教在不同的社會裡實現本土化，而它們也反過來壯大了基督宗教。在基督宗教歷史的最初幾世紀，埃及的信徒都是用女神伊希斯（Isis）和她兒子何露斯（Horus）的形象去揣想聖母瑪利亞與嬰兒耶穌的樣子。在整個地中海地區，無數本土神祇的職司也被嫁接到了不同基督宗教聖徒的身上。這種吸納異教成分的做法是衆所周知的，就連教皇的其中一個頭銜——「大祭司」（pontifex）——本來也是羅馬傳統宗教的職稱。基督宗教在吸納異教成分一事上，一向表現出極大的彈性，而如果它在五世紀或十世紀的時候可以這樣做，就沒有理由不能在二十一世紀這樣做。⑥

歷史上基督宗教本地化最成功的其中一個例子，發生在羅馬帝國覆滅以後的黑暗時代，當時，以地中海爲根據地的基督宗教擴張到了北方蠻族（譯註：指日耳曼人）的領土。⑦爲了轉化這些歐洲的北方人，來自地中海的傳教士告知，他們所接受的新宗教，是與本土的舊宗教有銜接性的。公元六百年前後，教皇大格列高里（Gregory the Great）在寫給赴英國的傳教士的信上說：「供奉偶像的神廟在任何情況下都不應加以摧毀。偶像可以摧毀，但神廟必須保存，應該給它們遍灑聖水，設立祭壇，並把聖物收納進去。……由於他們過去有殺牛向妖魔獻祭的習慣，所以應該用一些肅穆的典禮取而代之，像是奉獻典禮之類的，或者是紀念殉教聖徒的節日。」⑧這些被轉化的神廟，有些後來變成著名基督教堂的基址，儘管那時人們早已把這些教堂的前身忘得一乾二淨：像是倫敦的聖保羅大教堂，幾乎就可以肯定是建立在一個古代異教神廟的地基上。十九世紀很多前往非洲和亞洲傳教的傳教士，他們所從出的教堂，本來也是古代的神廟。現在輪到這些傳教士擔心，他們將要碰到的異教文化，有多少是可以調合到新信仰來。

大格列高里不但認爲異教的建築應該保留，還在信中建議傳教士應該與在地的舊宗教達成妥協，其中包括吸納舊宗教的節日。在英語裡，最重要的基督宗教節日——復活節（Easter），其名稱本來也是異教女神的名字（譯註：Easter 爲日耳曼的黎明女神的名字）。這種吸納也解釋了爲什麼許多源出古代異教的節令，常常會被冠以基督宗教聖徒的名字，像歐洲現在的施洗約翰節（Midsummer Day），其前身就是異教的夏至日。在取代了異教神祇的同時，基督宗教的聖徒也無可避免地染上這類神祇的一些特徵。

十六世紀向外輸出的歐洲基督宗教本身就是一種本土化的產物，而同樣情形也再次在兩大洋之外上演。一五三一年，一個墨西哥印第安人胡安・迭戈（Juan Diego）聲稱一位聖女向他顯現。西班牙的傳教士經過驗證以後，認定他看到的就是聖母，名之爲瓜達盧佩聖母（Our Lady of Guadelupe；譯註：瓜達盧佩位於墨西哥中部。天主教徒認爲，聖母瑪利亞不時會在世界各地顯靈，他們會以顯靈的地點爲她命名，加以供奉）。未幾，這位聖母就獲得了印第安人的熱烈崇拜，視之爲墨西哥的守護神。在解釋她爲什麼能造成風靡時，學者們認爲，印第安人最初並非視她爲那個被西班牙人供奉在瓜達盧佩神龕裡的聖母瑪利亞，而是視之爲Coatlaxopeub〔踏碎毒蛇頭顱者〕——這原是阿茲特克（Aztec）女神圖南特絲（Tonantzin）所擁有的一個頭銜，她在基督宗教傳入很久以前就受到印第安人的崇奉。在拉丁美洲的其他地方，聖母崇拜也與異教信仰糾纏不清。像是古巴人所崇奉的慈悲聖母（la Caridad），就被很多從西非輸入的黑奴視爲非洲女神，時至今日，她還是薩泰里阿教（Santeria；譯註：薩泰里阿教爲古巴黑人信奉的一種宗教，其宗教儀式結合了非洲原始宗教與天主教的成分）的一個核心部分。

這些事例會讓我們以爲，拉丁美洲或非洲的土著只是假借天主教之名來行原始宗教之實。最初的情形也許眞是如此，但經過一段時間以後，聖母崇拜卻發揮了潛移默化的作用，讓土著民族接受了全部的天主教信仰與儀式。不管在種族上還是宗教上，瑪利亞都不折不扣是**他們的**聖母。就像瓜達盧佩聖母的聖像總是有印第安人胡安・迭戈在旁邊一樣，慈悲聖母的聖像也常常刻劃她現身搭救黑人或梅斯蒂索人水手的樣子。在厄瓜多爾，與瓜達盧佩聖母等值的是埃爾金切聖母（Virgin of El Quinche），她非常受到愛戴，因爲她的膚色與當地的梅斯蒂索人同一顏色。爲了達成傳教的目的，教會對前基督宗教時代的宗教文化作出很大的讓步——但也沒比一千年前對歐洲北方人所作的讓步大。一如早期的歐洲北方那樣，拉丁美洲的教會很快就站穩腳跟，成爲人民宗教心聲的代言人。⑨

隨著基督宗教愈來愈南方化，爲了保持自身的強大，它無可避免會吸納所在地的習俗與思想觀念。大部分這種採納都是無意識的，就像當年基督宗教廣披歐洲時那樣。拉丁美洲的基督徒並沒有討論過哥德式建築是否適用於當地的問題，只是自然而然採用了最適合他們自然文化環境的教堂樣式。很多西方基督宗教認爲是「常態」的東西，其實都是透過同樣無意識的吸收過程得來的。

白人基督徒會把耶穌想像爲白人，並不是種族主義或排他主義作祟，同樣地，非洲人和亞洲人在他們的宗教藝術裡，也喜歡使用自己熟悉的形象。這種吸納過程最早可溯源至古代的衣索比亞教會，它的耶穌像都是穿著當地的服飾。十七世紀的剛果金屬匠人也製造了一些式樣非常非洲的十字架。過去一世紀以來，來自非洲和亞洲的耶穌肖像在西方的畫廊裡大肆增長，以致一個長得像非洲人或亞洲人的耶穌如今幾乎不會引起參觀者的驚訝。⑩

也許最重要的同化是發生在語言的領域，因爲信徒很容易會把基督宗教的觀念翻譯爲自己聽得懂的語言。西方人很容易明白這種需要，因爲《聖經》的文化對我們是非常陌生的。《新約》源出於一個東地中海的社會，它所使用的語言與隱喻，是當時羅馬帝國境內的許多社會都能了解的。稍加修飾後，它的觀念仍然大部分來自農業社會，對現代的城市人來說，《新約》的語言已失去了意義。透過註釋的幫助，一個現代讀者固然明白何謂「把麥子和糠分開」、何謂「嫁接葡萄藤」、何謂「把新酒裝到舊皮袋裡」，不過經過這一道手續，這些比喻原有的力量就失去了。想要扭轉這種情勢，我們必須創造一些我們聽得懂的新意象和新比喻。

同樣道理，新興的基督宗教社會也熱中於創造一種協調於在地環境的宗教語言。薩內（Lamin Sanneh）認爲，單是願意用在地語言翻譯《聖經》典籍的決定，就是對在地文化的一大讓步，而這一點，是連最頑固的北方傳教士都願意通融的。但這等於是承認，沒有一種語言可以獨尊爲救贖的載體。當代的後殖民主義者常常批判歐洲語言的專橫性。根據這種觀點，強逼一地的人民去說英語或法語，無異於要他們內化殖民者的世界觀，要他們完全接受自己的臣服。然而這個問題卻沒有出現在宗教的領域，至少沒有像其他領域一樣嚴重。薩內寫道：「當我們開始實施語言本土化原則以後，很多抨擊傳教活動是西方文化殖民主義的聲音就消散了。」⑪

透過翻譯時使用一些本地人熟悉的語彙與概念，《聖經》的內涵就會變得與在地的文化有關切性。舉一個最淺顯的例子，對一些完全沒有見過雪的人來說，使用「像雪一樣白」的句子是不知所云的，倒不如說「像棉花一樣白」。這樣的小改變會帶來強大的效果。耶穌曾在《聖經》裡宣稱：「我是眞葡萄樹」，但一些非洲翻譯者卻寧願用「無花果樹」來代替「葡萄樹」。這樣的轉換會帶來一整個全新的神學意涵，因爲「這種非洲樹木代表的是我們的祖先，有時會被種在墳墓上。」透過無花果樹，耶穌眞的成爲死亡與復活的象徵了。⑫迦納作家庫馬女士（Afua Kuma）爲耶穌以五餅二魚餵飽五千人的故事提供了一個新版本：

他是廚師
在碩大的棕櫚油鍋裡烹調食物
數千人被餵飽
剩餘的食物裝滿十二個籃子⑬

這段文字所從出的那部文集很恰如其分地名爲《密林裡的耶穌》（*Jesus of the Deep Forest*）。另一篇她所撰的祈禱文這樣說：

祂是大草屋，是蔭庇老鼠的棚屋
透過搗杵的砰砰聲，祂打敗我們的飢餓
祂是硬木的鋤柄，會為我們帶來飲食
上帝是供養者。

繼本土化祈禱文和禮儀之後出現的是本土化的聖地，而這些新聖地往往原是傳統神龕或烈士墓的所在地。非洲南部的獨立教會，非常熱中於透過大型集會與朝聖活動使一個地點神聖化。其中一個這樣的聖地是南非的埃庫帕卡曼尼（Ekuphakameni），是由先知申貝所挑選的「巍然聳峙之處」。這個地點在各方面都營造得像《聖經》裡的錫安山，是拿撒勒浸信會的讚美詩的一大主題：

我追憶埃庫帕卡曼尼
那裡的泉源是
活水泉源
會流淌直到永遠。⑭

儘管使用的是《聖經》的語言，但它的聯想卻是純非洲性的。假以時日，難保埃庫帕卡曼尼不會像盧德（Lourdes）或沃爾辛厄姆（Walsingham）那樣，成爲重要的基督宗教聖地（譯註：沃爾辛厄姆爲英格蘭諾福克郡一地區。在中世紀，該地的小沃爾辛厄姆聖母堂吸引了歐洲各地的朝覲者，該堂至今仍是朝聖中心）。

一旦基督信仰融入一個文化以後，它很自然會使用一些本土化的意象，因爲一個長得太像外國人的耶穌是會引起猜疑的。前面我們已經看到過，愛麗絲・倫希納在一九五〇年代創立的獨立教會有多成功。她的追隨者受吸引的其中一個原因，就是她用當地語言創作的許多讚美詩，遠比傳教士教會的悅耳動聽。

在翻譯《聖經》的時候，譯者因爲有忠實於神聖文本的義務，可以自由發揮的地方比較少一些。但崇拜的文本與儀式就另當別論了。特別是一九六〇年代起，創新的禮儀紛紛湧現，使用的是與在地文化有關切性的語彙和習尚。這些創新當然不乏牽強或造作者，但有的卻使人動容。像以下這篇紐西蘭教會的禮文，就照顧到當地的自然環境與種族平衡⑮：

海豚與澳鱸，海獅與峭壁，
珊瑚與銀蓮花，蟾貝與小蝦，
當向上帝獻上感謝與讚頌。
汝等毛利人與白人，女人與男人，
住在同一片長雲下面的，
當向上帝獻上感謝與讚頌。

自一九六〇年代的第二次梵蒂岡會議鼓勵使用本國語言和習尚以後，禮儀上的創新就屢見不鮮。這些創新有些非常有創意，能與在地文化密合在一起。例如在薩伊／剛果，根據古代的習俗，貴賓光臨的時候，主人會派一些持矛者在門外迎接，所以，現在該國的天主教會在儀式上會用到矛這種道具，以象徵上帝的到臨。有些天主教會在聖餐禮上會嘗試使用本地的食材，以粟和玉米製作聖餅，以棕櫚或香蕉釀酒；或是請一個有權勢的酋長舉行一場盛宴，招待教衆，讓聖餐禮顯得不是只有象徵意義的舶來品。巴西的情形亦復如此，有進步意識的天主教神父會在彌撒中引入擊鼓和舞蹈，好讓最貧窮的信徒（一般都是非洲裔）有親切感。⑯

信仰的法則

古代教會有一句格言：祈禱的法則就是信仰的法則（lex orandi, lex credendi）。意指我們怎樣崇拜，就可反映出我們相信什麼。隨著崇拜模式的改變，信仰的內容也會改變，所以，目前正在南方教會所冒起的那套崇拜方式，勢將帶來信仰及神學上的影響。正如一位非洲天主教大主教所說的：「我們納米比亞人接受了基督，但這個走在我們中間的基督卻太常穿著歐洲的服飾了。」又說本土化「必須要進行到比音樂、鼓聲和拍掌更深的層次。」⑰近些年，我們已看得見一些創新的神學在南方出現的端倪。

耶穌的第一批巴勒斯坦門徒都是在猶太教傳統裡浸潤過的人，所以喜歡把耶穌描寫得像個猶太教的祭司長。今日的非洲人則反之，喜歡把耶穌想像爲一個大祖靈，覺得這樣可以讓他顯得更有力量和關切性。這個耶穌是對所有人都表現出關愛的，一如某個特定部落的祖靈會照顧好自己部落的福祉。把這種祖靈觀念整合到禮儀中，一直是非洲天主教努力的主要目標。在當代非洲的主餐禱告裡，父上帝是被緊緊放在這個「祖先」的脈絡中的：

父啊，大祖靈，我們找不到足以感謝你的言詞……

大祖靈啊，他住在壯麗的群山……

父啊，我們齊聚一起來讚美你，以牲禮來感謝你。

獨立教會也強調耶穌的先知與醫治者角色，賦予他「大醫師」（Great Physician）的頭銜。儘管這種觀念對現代西方人來說有點陌生，但它卻與最早世紀的地中海基督信仰思想產生共鳴。⑱聖靈的觀念在非洲也經歷了微妙的變化。非洲教會一個引人注目的趨勢就是把聖靈稱爲「保存大地之靈」（the Earth-keeping Spirit），這是個深具環保意涵的觀念，對很多其他地區的人士同樣散發出巨大的吸引力（包括北美洲印第安基督徒）。⑲

拉丁美洲以其特有的文化經驗，一直在神學的創新上表現出蓬勃的創造力。⑳拉丁美洲嚴重的社會不平等讓這地區的神學特別關心解放、苦難、社會正義和種族等議題（又以種族的議題居於最高位置）。其中一些最活躍的神學思想家是住在美國的拉丁美洲人，而這個圈子裡一個關鍵性的觀念是「混血」（mixedness），也就是作爲混血兒（mestizo；譯註：

一般譯作「梅斯蒂索人」，指拉丁美洲的歐印混血兒，但它的本義就是「混血兒」）的身分。當代神學之所以那麼看重混血兒，是因為他們超越了傳統的種族界線。因此，混血兒所組成的社會非常接近《新約》所嚮往的社會——一個沒有種族特權和宰制的社會，一個沒有猶太人與希臘人之分、沒有拉丁美洲人與盎格魯人之分的社會。混血兒傳統上都是受到社會所鄙夷的邊緣人，但新的神學卻認為他們得天獨厚。

混血社會一大優勢就是可以從不同的文化裡吸取資糧。「混血兒在承認自己雙重身分的同時，又會為這雙重身分帶來一些新的東西。」混血兒是唯一有資格質疑國族純正論者的人。因為沒有固定的祖國，混血兒效忠的對象既非種族也非國家，而是基督王國，是朝聖者的教會。混血兒的重要性，可以從美墨混血的神學家埃利松多（Virgilio Elizondo）一本著作的書名來概括：《混血兒是未來的主人翁》（*The Future is Mestizo*）。這些觀念對其他種族混合進行到不同階段的社會同樣重要，其中尤以歐洲為然，在接下來的幾十年，它們的重要性很可能與日俱增。在一個移民和流浪者與日俱增的世界，這種神學將會舉足輕重。借吉爾羅伊（Paul Gilroy）的話來說，這些人是以旅途（routes）而非根源（roots）來自我界定的。㉑

這種思路也深深影響著對《聖經》的解讀，像是埃利松多就把加利利解讀為一個混血而邊緣的社會，而耶穌本身就是混血兒，他進入耶路撒冷，是為了挑戰血統純正的菁英階級的財富和驕矜。埃利松多認為，世界上的窮人和邊緣人在上帝的神聖大計裡是佔有一個突出角色的。他的加利利原則斷言：「大凡人所排斥者，都會被上帝納爲最私己的。」這個觀念，和從其他一度被鄙夷的人群（如印度的賤民）中間發展出來的拒絕神學（theologies of rejection）多有相通之處。㉒

南方之后的興起

當代拉丁美洲神學也起而爲那種常常被貶稱爲「俗民天主教」（folk Catholicism）的宗教辯護。一向以來，民間的宗教儀式活動都被神學家看輕，然而，在拉丁美洲歷史的脈絡裡，這一類的實踐對宗教認同又是具有關鍵性的，以歐洲人高高在上的眼睛視之爲眞正基督宗教的「稀釋」是行不通的。因此，「民間的宗教表達方式」成了「活的教義和神學的主要源頭」。㉓以歐洲人的標準衡量，這些實踐也許是有瑕疵的，啓人疑竇的，但誰又敢說歐洲的判準是放諸四海而皆準的呢？歐洲的宗教同一性也是經過漫長時間才得以建立的，其中充滿了融合與吸納。

強調民俗信仰的一個重要結果就是聖母崇拜的抬頭。在拉丁美洲的天主教裡，瑪利亞經常被刻劃得就像上帝女性的一面。一如慈悲聖母之於古巴人一樣，瓜達盧佩聖母對墨西哥人而言乃是一個核心性的象徵。埃利松多一類的現代神學家都相當自豪地爲這種崇拜辯護，又徵引〈啓示錄〉（〈默示錄〉）裡那個身披日頭的婦人以爲佐證。（譯註：〈啓示錄〉十二章：「天上現出大異象來：有一個婦人身披日頭，腳踏月亮，頭戴十二星的冠冕……婦人生了一個男孩子，是將來要用鐵杖轄管萬國的；她的孩子被提到上帝寶座那裡去了。」）埃利松多認為，瓜達盧佩聖母乃是世界上被壓迫種族——他稱之為「加利利人」——復興的一個象徵。「胡安・迭戈這個人物所代表的是被打敗和屠殺的印第安民族，但現在他們卻重新獲得了生命。」在任何意義下，聖母都是所有跨越邊界者之母。㉔墨西哥的民眾運動和革命運動都反覆聲稱他們是奉瑪利亞之名而戰，認為她是個能抵抗征服者的弱女子。但現代的作家不只為這種崇拜辯護，而更進一步剖析北方人為什麼對這種崇拜會那麼害怕。古茲維塔（Roberto Goizueta）力陳，純粹是因為種族主義作祟，北方人才會反對「瓜達盧佩聖母所象徵的種族、文化與宗教上的混血……就像耶穌一樣，聖母至今還在問我們：『為什麼要害怕呢？』」㉕

在這個特殊的神學領域，基督宗教的南移是有全球性的影響的。在現代的天主教義裡，聖母的角色一般都與較傳統和保守的宗教實踐相連，所以在崇尚自由的北方國家，聖母受重視的程度並不高。然而，這種趨勢卻被保守的教宗若望・保祿二世逆轉了，使得大眾的目光在新的千禧年之始轉向聖母的聖堂與異象。一九九八年，這位教宗訪問古巴時，特地去了埃科伯（El Cobre）的聖母堂，向慈悲聖母致敬，又宣稱她是古巴的女后與主保聖人。現在開始出現一些議論，主張應該把聖母視同耶穌一樣，是上帝與人的中介者，是個協同救主（co-Savior），甚至是三位一體中的第四位。這種雄心勃勃的計畫會引起爭議自不待言，但有鑑於天主教徒人口分布的演變趨勢，事情會在未來幾十年內落實亦未可知。高揚聖母的地位是符合拉丁美洲、菲律賓這一類聖母有核心地位的天主教國家的傳統。而樞機主教團的成員會愈來愈多拉丁美洲臉孔，也是可以預見的。

聖母崇拜的趨勢在美國本身就看得見。美國天主教會因爲意識到全球基督徒分布的轉移趨勢，早先就宣布了瓜達盧佩聖母是全部美洲人的主保聖人。一九八八年，這位美國之母的慶典被提升到節日的高度，美國所有教區都在同一天舉行慶典。㉖儘管本書無意預測任何將要發生的重大事件的確切日期，但有一個日期我可以信心滿滿說出來：二〇三一年的十二月十二日，也就是瓜達盧佩聖母向胡安·迭戈顯現的五百週年紀念日。那一天，格蘭德河（Rio Grande）的南與北都勢必會出現極盛大的慶祝活動（譯註：格蘭德河爲美國德州與墨西哥的界河），把墨西哥人與奇卡諾人（Chicano）的天主教認同推到新高點（譯註：奇卡諾人即墨西哥裔美國人）。這一年，有可能將成爲貨眞價實的美洲五百週年慶。與之相比，一九九二年爲紀念哥倫布登陸美洲五百年而舉行的美洲五百週年慶會顯得像是贋品。

最近，我在一場聖母巡遊活動中，有機會親身感受到瑪利亞這位「南方之后」的聲勢。這類聖母巡遊活動，在安地斯山脈的村莊地區一年總會舉行許多次。活動的核心是一個裝飾富麗的聖母像，除了穿著華麗的服飾外，其四周還堆滿鮮花。聖像放在一個擔架上，由該地區的頭面人物負責扛抬。鑾駕有穿著傳統服飾的婦女作爲前導，她們一面走一面拋撒鮮花。尾隨聖母像後面的是樂隊，再後面是幾百名的祕魯人，五官清晰地顯示出他們的血統可以上溯至印加帝國誕生以前。這個慶典不尋常之處在於它的舉行地點不是安地斯山脈，而是在美國馬利蘭州的山丘。遊行隊伍的目的地是位於埃米茨堡（Emmitsburg）的聖母堂。埃米茨堡大有權利宣稱它是美國天主教的其中一個發源地，因爲它不但自十九世紀開始就是天主教傳教活動的中心，還是第一個獲封聖的土生土長美國人伊麗莎白・塞頓（Elizabeth Seton）的家。二〇〇一年夏天看著這支祕魯朝聖隊伍前進時，我彷彿看到了北美洲天主教最老與最新的臉孔正在打照面。

聖母崇拜的復興不只見於美洲。它一直是非洲天主教的重要動力，而且自最早期皈信者的時代就是如此。撒哈拉沙漠以南最早的其中一個天主教殉道者是巴坎亞（Isidore Bakanja），他是一九〇六年在比屬剛果皈信的，後來因爲狂熱的聖母信仰而被世俗心靈的白人殖民者殺害。一九八〇年代，盧安達、肯亞和喀麥隆相繼傳出聖母顯靈的消息。同樣的事情也見於科普特教會：一九六七和六八兩年，開羅附近的扎東（Zaytoun）都有許多人聲稱看到過瑪利亞的異象和神蹟，讓因爲六日戰爭舉國陷入消沈的埃及人士氣爲之一振。扎東吸引了數百萬的朝聖者，包括穆斯林與基督徒（瑪利亞在《古蘭經》裡也一個重要和受鍾愛的角色）。㉗聖母的地位在一個由拉丁美洲人或非洲人主導的天主教會裡勢必會大幅提高，而一個黑皮膚或棕皮膚的瑪利亞也會是興起中的南方基督王國一個有力而適切的象徵。儘管這些新的神學觀念將會引起北美人或歐洲人的困擾或反感，但隨著時光的推移，北方人在宗教事務上的意見將變得愈來愈沒有份量。

迄今，我們看到的吸納都是建立在熟悉的基督宗教傳統之上，然而，有些新興教會的做法，卻讓人懷疑它們是不是已經超過了吸納所許可的範圍之外。本土化的終點在哪裡？要過了哪一點，本土化就會淪爲宗教糅合主義？

近些年來，有好些第三世界的教會和神學家被指控爲宗教糅合主義者。一九九一年，世界基督教協進會的年會上爆發了一場激烈的爭論。事件的主角是南韓神學家鄭賢璟（Hyun Kyung Chung），她相當不拘一格地在基督宗教的禮儀裡加入儒教和薩滿教的成分。儘管飽受抨擊，鄭賢璟卻認爲：「在我的文化裡，上帝會透過佛陀、薩滿巫師和基督說話。」她也曾經說過：「我的腸子是佛教徒的腸子，我的心臟是佛教徒的心臟，我的右腦是儒家的腦，我的左腦是基督徒的腦。」雖然被指控爲宗教糅合主義者和異教徒，但鄭賢璟卻辯稱，包括基督宗教在內的所有宗教都是建立在一系列的文化妥協上，而她之所以顯得與別人不同，只因爲別人不敢承認，而「我敢承認。」㉘

鄭賢璟這一類知識份子也許可以對學界或媒體發生影響力，但對一般信徒的影響力並不大。更有影響力的是那些保持更古老基督宗教成分的新興教會，它們掌握著千百萬信徒的忠誠，而且信徒人數在未來的幾十年將會繼續膨脹。在南部非洲，有些獨立教會保留了全套的傳統習尙，包括多妻制、占卜、牲禮、成年禮、割禮和祖先敬拜。並不是所有獨立教會都接受這些習尙的全部，但大部分都接受先知和異象這兩個在西方早就過時的觀念。而靈力醫治和預言的觀念也反過來滲透到更多的主流宗派去，包括天主教、聖公會和路德會。

有時，一些獨立教會的異教成分看起來會相當強烈。以祖魯錫安教會爲例，其領導者都是有神授能力的先知，會爲人禱告，斷定病因，找出特殊的對治方法。就算是最有同理心的西方觀察者，也會認爲這些所謂的先知，充其量只是舊日部落巫師的翻版。㉙這些基督宗教的新先知就像古代的部落巫師一樣，擁有超自然的力量，可以爲人治病和作爲人與祖先的媒介。有些時候，這些先知看似超人，成爲彌賽亞般的角色。欽班古一些追隨者就是這樣看他的，而申貝的信徒則把他描繪得像是上帝的再次道成肉身，死後還會向他們現身。㉚有些極端的教會則把它們的先知高揚到近乎基督的高度。

談論南方基督宗教時，西方評論者很喜歡環繞一些「奇風異俗」打轉，這也是南方基督宗教在西方人的印象中怪誕不經的部分原因。二〇〇一年其中一期《新聞週刊》（*Newsweek*）以〈教會改變中的面貌〉（The Changing Face of the Church）爲題，專文報導了基督宗教向南方轉移的趨勢，然而此文卻暗示，南方的新興教會本質上是一種宗教糅合主義的產物。其作者伍德華特（Kenneth Woodward）指出：「一如往昔，今日的新基督徒喜歡從《聖經》裡擷取任何符合他們需要的東西，但對任何不能與其本土宗教起共鳴的部分則置之不理。……台灣台中的陳世光主教表示，在農曆新年，『我們會先望彌撒，然後祭拜祖先。』這是西方基督宗教完全陌生的觀念。在印度，罪被認爲是人在前世今生所種惡業的結果，很多信徒把耶穌基督在十架上的自我犧牲，視爲幫助他們除去惡業，不用再次輪迴轉世。」從這種觀點看來，南方的基督宗教不過是個門面。㉛

有時候，質疑南方教會的眞僞性是有辯難目的的。其中一個例子發生在一九八八年舉行於蘭貝斯（Lambeth）的世界聖公會主教會議。會議上，西方的主教提議發表一份支持同性戀者權利的聲明，但卻受到亞洲區和非洲區的主教反對（非洲的主教反對得尤其激烈），結果作罷。這件事讓美國的自由派主教火冒三丈。紐華克（Newark）的主教斯龐（John Spong）就忿忿不平地表示，非洲區的主教「走出了泛靈信仰的同時卻又走進了一種非常迷信型的基督宗教。」斯龐表示自己被整個第三世界的「宗教極端主義」嚇壞了：「我從未料到聖公會聯盟——它一向是以理性自詡的——會淪落到這種非理性的五句節派式歇斯底里的層次。」他這話等於認定「五句節派式」的熱情是古代異教的稀薄僞裝。㉜

福音的準備階段

很多南方教會都被指控爲披著稀薄僞裝的異教，是「非常迷信型的基督宗教」，甚至是「後基督宗教」（post-Christianity）。㉝無疑，南方的基督宗教有一些特徵與古老的傳統宗教頗爲雷同，但這一點事實可以另作解釋。因爲傳統宗教裡本身就包含很多基督宗教的元素，新興教會想從中汲取資糧是再自然不過了。

基督宗教對傳統宗教的借用爲時久遠。當公元初的傳教士發現地中海的古代宗教實踐和基督宗教多有相似之處時，就認定那是上帝所撒下的基督宗教種子，只需要加以正確的詮釋，就會開花結果。以這種觀點來看，傳統宗教乃是 preparatio evangelica（福音的準備階段）。有鑑於非洲傳統文化有著很多與基督宗教具有潛在相通性的觀念，過去一世紀的新興教會廣泛吸納它們，就不足爲怪了。而當這些觀念越出基督宗教的雷池時（例如把先知加以神化），獨立教會往往會主動加以約束或壓制。㉞

當歐洲傳教士在撒哈拉沙漠以南發現土著文化與基督宗教的觀念多有呼應時，爲之興奮不已。例如非洲社會很多本來就有一神論的觀念，崇拜一個最高神。傳教士韋斯特曼（Diedrich Westermann）在一九二六年如此寫道：「撇開行巫術不論，非洲人是相信上帝的。祂不是部落的上帝，而是全宇宙之主。所以，在大部分的情況下，基督宗教的傳教士只要告訴非洲人他是他們上帝派來的大使就可以。」㉟這段文字固然也提及了「行巫術」這個問題，但卻只是輕輕帶過，似乎那不是什麼棘手的問題——事情當然沒有那麼簡單。

與現代歐洲和北美不同的是，基督宗教的佈道者根本不用費力去說服第三世界的聽眾相信超自然事物、靈魂和靈力這些觀念。在很多亞洲和非洲地區，靈魂觀念（特別是祖靈觀念）本來就是文化中的一個重要成分。人們認爲，祖先如果受到冒犯或忽略，子孫就會遭殃。在遇到不幸、疾病、死亡時，人們往往會歸因於惡靈作祟，而且會懷疑是不懷好意的鄰居所作的法。二十世紀初，在朝鮮的美國傳教士注意到，「朝鮮原有宗教的許多特徵都讓朝鮮人能夠輕易接受基督宗教。由於本來就相信靈魂無所不在，要叫他們相信上帝的屬靈本質一點都不難。」㊱儘管這些觀念在早期傳教士眼中是迷信的，但它們卻與更早期的基督宗教觀念吻合，也與《聖經》本身的思想吻合。

如果說有哪一個問題最讓南北基督宗教分道揚鑣的話，那就是有關靈力和它與日常生活關係的問題。這個議題直達世界觀的心臟。在傳統的非洲社會，有各種占卜方法可以斷定人遭禍事的原因，而要破解一個巫術，第一步就是要判別出施法者是誰。但這個解釋架構的每一階段都傷害到歐洲傳教士的感情，而教會又怎麼可能會接受這些觀念嘛！

一如在早期的中國禮儀之爭那樣，敬拜祖先的議題也引起了激烈的爭論，造成相當大的相互誤解。在傳教士譴責敬拜祖先的同時，非洲人和許多亞洲人卻認爲此舉只是爲了表示對先人的崇敬。有幾十年時間，白人主導的教會對於這一類傳統觀念的韌性感到困惑不解。誠如沃爾斯指出的：「祖先和巫術是兩大議題。西方學院派的神學家也許覺得巫術不是個多緊迫的問題，但它卻是非洲基督徒每天都得面對的。」巫術指控（譯註：即指控別人對自己下巫術）不但沒有在現代化的城市裡式微，反而大行其道，如果剛好碰到經濟和政治動盪，更是會演變爲普遍現象。哪怕是今日，巫術恐慌也有可能在幾星期或幾個月之間導致幾百人被謀殺。很多人有所不知，現代非洲獵巫風氣最盛的國家之一就是這大洲最進步的國家南非。白人傳教士不了解的是，他們拚命要扳倒的巫術信仰，事實上乃是非洲社會的基石，是非洲人了解世界的最基本方法。當傳教士執意要挑戰成年禮、通過儀式這些傳統社會的基石時，非洲人和歐洲人的衝突就會變得無可避免。㊲

姆比蒂的一個虛構故事很能說明歐洲人教會所面對的這種兩難困境。話說有一個優秀的非洲學生得到機會到歐洲進修。進修過程中，他「除了學習德文、法文、希臘文、拉丁文、希伯來文以外，還學習了英文、教會史、系統神學、佈道學、解經學和牧養學。」他也遍讀了包括布特曼（Rudolf Bultmann）在內所有著名歐洲神學家的作品。回到本村時，這個學生受到了盛大歡迎。但接著，他的妹妹卻病倒了，情況危殆。以那個學生所接受的西方訓練，他知道妹妹需要現代醫學的治療，然而家族裡所有人都一致認定他妹妹的病是一個伯祖母的靈魂作祟。為此，那個學生與家人激烈爭論。家人吼道：「幫幫你妹妹吧，她被附身了。」他吼回去說：「布特曼早已把鬼附身去神話化（demythologized）了！」但家族裡的人不為所動。㊳

大部分教會最後都認定，舊信仰已經根深柢固得無可拔除，唯一的辦法就是與之和平共存，要不就是把它整合到自己的系統。有影響力的非洲先知就是因為承認精靈的存在，把它吸收到基督宗教裡而贏得大量的追隨者。他們的做法受到非洲本土教會的熱烈仿效：「他們的生活與崇拜都是環繞著醫治、異象、夢兆與對抗邪惡力量運轉的。」「南非錫安基督教會」相信祖靈會照顧活著家人的福祉。精靈信仰也是西非的阿拉杜拉會的基本成分。基路伯與塞拉芬會相信「邪靈會撒播不安的種子、帶來惡運、疾病，招致貧瘠、不育。」一般的對治方法是舉行驅魔儀式。這個教會也有自己的先知，他們會在狂迷狀態中獲得靈視和解釋夢境的能力。㊴

醫治

相信屬靈能力的最直接結果就是相信疾病可以透過屬靈的方法來醫治。大部分南方教會最重要的一個相通之處——也是他們最大的賣點——就是強調信仰可以治病。但這種強調當然不能視同於對異教的妥協，因爲它是徹頭徹尾整合到基督教義和當地文化之中。沃爾斯指出：「醫治是針對個人而發的，它把個人視爲複雜影響力的輻輳點，視爲會受到外來攻擊的靶子、有害遺物的受害者。醫治在非洲具有長遠的傳統，人們深知其性質與目的。但基督宗教的不同之處在於它把『基督』這個核心象徵視爲醫治的泉源。」㊵

從最早歐洲人展開傳教活動開始，醫治的應許就一直是基督宗教獲得成功的核心原因。原教旨主義的基督徒當然不會懷疑《聖經》記載那些神蹟醫治的可靠性，但相信這一類神蹟會延續到今日又是另一回事。然而，皈信的南方信徒卻非常願意接受現代的神蹟。在十九世紀的中國，有個叫席子直的信徒透過驅魔儀式和以靈力爲人治療鴉片煙癮，吸收到許多信徒。他的做法在歐洲人中間引起了激烈的爭議，認爲他比巫醫好不到哪裡，是基

督信仰的最末流。這事件在傳教機構內部激起的煙硝持續了好長一段時間。㊶

另一方面，神蹟醫治的吸引力又是無可質疑的。在非洲，一九〇〇至一九二五年所湧現的醫治運動與新先知，是與一連串可怕疾疫的流行時間重疊的。今天，非洲新興教會的成敗往往繫於它們在醫治一事上的成功程度。醫治活動經常包含複雜的儀式。以阿拉杜拉上主會爲例，受治者需要先行告解，「繼之以驅魔或斥逐邪靈的儀式，教士的祝福和蒙受聖言。」很多教會都使用聖水或之類的物質。教會爭論了許多年，信徒是不是應該使用現代或西方的藥物。同樣的習俗也能在傳教士的教會裡看見。在坦尙尼亞，近年來最活躍於從事靈力醫治的其中一個教會是路德會，它的主教自稱具有先知力量。㊷

靈力醫治在許多拉丁美洲的新興教會同樣重要。當切斯納特（Chesnut）試圖解釋巴西貝倫市的五旬節派教會何以那麼興旺時，他把健康與疾病的因素放在首位，因爲這是信徒自述信教經過時常常提到的。切斯納特指出「在各種原因中，讓巴西男人想要皈信五旬節派的最大動力是戒除酒癮。」醫治（不管是醫治肉體還是心靈）是窮人的教會每天都要面對的工作。因此，「在一些教會，醫治在禮儀中是那麼重要的一部分，以致整個聖所看起來儼如醫院。」㊸現代醫學在南方大部分地區都不是靈力治療師的重要對手，因爲醫療保健對大部分窮人而言遙不可及。而一般人也不願意上公共醫院看病，因爲在那裡遭到新感染的機率比獲得妥善照顧的機率還高。

醫治的承諾正是基督宗教和其他宗教競爭的最大本錢，不管是非洲的各種泛靈信仰還是韓國的薩滿教。在巴西，以窮人為吸收對象的五旬節派的最大競爭者是巫般達教這一類也是應許醫治和驅魔的宗教。「上帝王國普世教會」的創立人貝澤拉就原是巫般達教的信徒，自立門戶後爭取的也是與巫般達教相同的對象。近年來突飛猛進的韓國五旬節派教會也提供靈力醫治，而且特別喜歡在可以容納數千人或數萬人的超級大教堂裡舉辦醫治儀式。不過韓國的新教會也受到指控，被認為是披著基督宗教偽裝的本土宗教：薩滿教。就連考克斯這個一向將心比心的觀察者也指出：「我們毫無疑問可以在漢城尤伊都純福音教會（Yoido Full Gospel church）所舉行的儀式裡找到大量薩滿教的痕跡。」㊹儘管中國的情形比較難觀察到，但基督宗教在此區的勁敵無疑也是有治病取向的宗教性組織。一個近年來發展得非常快速的組織是法輪功，它的最大吸引力來自治病。

有鑑於新興教會那麼強調醫治，我們很自然會好奇，在非洲和一些第三世界國家大肆蹂躪的愛滋病對這些教會帶來了何種影響。在已知的愛滋病病例中，撒哈拉沙漠以南的非洲地區就佔了超過三分之二。在這個大洲的一些地區，有四〇%是愛滋病的帶原者。據預測，到了二〇一五年，非洲將有一千六百萬孤兒。自一九七〇年代晚期起，非洲死於愛滋病的人數加起來說不定有一千七百萬。單是肯亞一地，死於由愛滋病引起疾病的人數就有一百萬，另有兩百萬是帶原者。㊺

南方基督宗教的重鎮也是受愛滋病打擊最慘重的地區，其中包括了剛果民主共和國、烏干達、南非以及巴西。在西方人的想法裡，愛滋病會是阻礙宗教成長的一個重要因素，因爲再多的禱告和靈力治療，對愛滋病都是無濟於事的。但事實上，這種病疫完全不起這種效果。西方的藥物並未成爲禱告的代替品，因爲在北美證實有效的療法，對於非洲和亞洲的窮人來說是遙不可及的。沒有教會敢自稱可以醫治愛滋病，但有些五旬節派教會因爲強調忠於伴侶，對病情的散播起到若干抑制作用。另一方面，卻因爲有些教會大力反對使用保險套，而讓事情雪上加霜。功過相抵，基督教會總的來說在對抗愛滋病一事上貢獻並不大。這倒不是說教會對這場浩劫漠不關心，很多教會在疫情最嚴重的地區都發揮了其他方面的功能。以烏干達爲例，該地的教會就把重心放在安慰垂死者與幫助死者家屬上。㊻

最古老的基督宗教

看到靈力醫治與驅魔儀式在南方教會的中心角色時，西方人很可能會認爲它們是源出於一些古老的異教傳統，並納悶南方教會要怎樣去自圓其說這些實踐的正當性。無可否認，南方教會之所以欣欣向榮，其中一個原因就是吸納了一些傳統觀念，但這並不代表它們背叛了基督信仰，更不是借基督宗教之名行原始宗教之實。南方新興教會都宣稱它們的做法是基於基督宗教創立時代以來的文獻，而這個說法也是可信的。《聖經》本身就足以支持一種由靈魂、靈力醫治和驅魔儀式所構成的世界觀。㊼當耶穌被問到他是不是彌賽亞時，他的回應方式並非大談玄奧的神學，而是指出一些他行過的具體神蹟奇事：「你們去把所聽見、所看見的事告訴約翰，告訴他我怎樣讓瞎子復明、瘸子行走、生大麻瘋的得潔淨、聾子聽見、死人復活、窮人有福音。」㊽而保羅之所以決定要把基督信仰傳入馬其頓（此舉讓他成爲第一個到歐洲傳教的基督徒），就是來自一個夢中異象的啓示。㊾

想要了解第三世界教會的「奇風異俗」，我們就得記住一個基本而讓人吃驚的事實：這些教會對《聖經》說的話都是極其認眞的。沙烏爾（Richard Shaull）指出：「在五旬節派教會裡，窮人和傷心者發現福音書的內容正在他們中間上演。」對所有南方基督徒而言，《新約》所描寫的那個使徒世界，絕非只是對古代黎凡特（Levant；譯註：指地中海東部諸國及島嶼，涵蓋自希臘至埃及之間的地區）的一部歷史記載，而是一個對現代信徒敞開的當下眞實，是一個包含著各種徵兆與奇蹟（sings and wonders）的永恆現在。那些會讓西方人微感尷尬的《聖經》段落，在非洲或拉丁美洲新教會信徒的眼中是截然不同的，是與自身的處境息息相關的。馬丁（David Matin）談到另一個在近年基督信仰繁榮茁壯的地區時指出：「韓國的五旬節派教會強調的『王國』是**同時**存在於現在與未來的，這一點顯示在王國的徵兆上，特別是顯示在靈力醫治和『聖靈的洗』（baptism of the Spirit）上。」㊿

有鑑於此，我們有必要精確思考當我們說某某人「相信」《聖經》記載的事情時，到底是什麼意思。要知道，眞正相信《聖經》記載的事情眞的發生過是一回事，相信同樣的事情仍然會發生在今日又是另一回事。在南方的五旬節派教會和獨立教會裡，「相信」的層次要深上許多，也就是相信奇蹟仍然會發生在今天。據說，先知哈里斯在皈信基督以後，曾這樣說：「《聖經》裡有關摩西或以利亞做過什麼的記載，或是有關耶穌說過和做過什麼的記載，都不再是問題。現在眞正重要的問題是我們能不能與祖先一道，參與到摩西、以利亞和天使長加伯列之中，又特別是參與到耶穌基督之中。」㊿

神蹟與醫治在《新約》裡是那麼重要，以致對許多南方基督徒來說，任何不能顯示出這些神授能力的教會，都是值得懷疑的。《舊約》是一個神蹟相對稀少的時代，誠如一個《舊約》段落所怨嘆的：「在那些日子，上帝的言語稀少，不常有異象。」非洲先知馬紹那（Johane Masowe）的一位信徒曾這樣抱怨：「我們在這些聚會所〔指傳教士的教會〕常常讀耶穌基督行過的事……他使瘸子走路、死人復生……惡靈被驅逐。……這些都是從前在耶路撒冷發生過的。但白人卻吩咐我們非洲人不要做任何類似的事……我們被教導讀《聖經》，卻從未做過《聖經》裡的人所做的事。」52

南方基督宗教與早期基督宗教的相似處還清楚反映在強調先知的領導權上。在大部分西方文化裡，「預言」（prophecy）一詞都已受到扭曲，與原意有很大出入。今天，「先知」（prophet）基本上是指一個預言未來事情的人，而他是不是有名，端視他的預言夠不夠準確。但在公元一世紀，先知所指的是一個受上帝靈啓而說話的人，至於他所說的話是不是和世俗關懷有關，並不相干。過去一如現在，一個受過靈啓的先知身上都會帶有記號。申貝就是在被閃電擊中時領受到神啓的，他大腿上留下一道焦疤。53預言在當代南方的活躍正反映出新興教會對《聖經》的解讀是遠較北方人有同理心的。在〈使徒行傳〉

裡，預言的恩賜被認定是眞教會的表徵。如果這種事二千年前發生過，爲什麼二千年後就不能發生在欽班古或申貝身上？預言能力是耶穌所應許門徒的，而他可沒說過這種恩賜自公元一世紀以後就會中輟。

屬靈的爭戰

相信有神授能力，通常意味著相信有屬靈爭戰（spiritual warfare）這回事，也就是相信人需要對抗和打敗邪惡的魔鬼力量。對非洲基督徒來說，《聖經》裡意義最重大的一段文字出現在〈以弗所書〉（〈厄弗所書〉），保羅宣稱：「我們要與之爭戰的，並不是有血有肉的人，而是天界的邪靈，就是這黑暗世代的執政者、掌權者，和宇宙間邪惡的勢力。」㊹不管西方信徒覺得這段文字有多迷信和不重要，但對大部分非洲、亞洲和拉丁美洲的信徒而言，它都是攸關重大的。從這一點，我們可以再一次看到崛起中的南方基督宗教與古代基督宗教的相似之處。布朗（Peter Brown）教授在論及古羅馬世界的時候指出：「史家固然可以找到許多有力的社會和文化理由，去解釋〔古代〕基督教會的勃興，但有一個事實仍然是不爭的：自《新約》以降的許多基督宗教文獻都顯示出，傳教大業的節節勝利，主要是因爲透過驅魔儀式與神蹟治療證明了人類看不見的敵人，也就是魔鬼，有多麼不堪一擊。」㊺

在堅持應該照字面去理解《聖經》所說的驅魔和靈力治療一事上，米林戈大主教（Emmanuel Milingo）是個代表性的例子。二〇〇一年，這位非洲大主教幹了一件惡名昭彰的事，那就是他違反獨身的誓言，與一名女子結婚，猶有甚者，他的婚禮是在統一教教長文鮮明的見證下進行的。不過我們若只記得他做過這件怪事，那是不公允的，因爲許多年來，米林戈都是天主教在非洲的關懷的縮影。米林戈在一九六九年成爲尚比亞首都盧薩卡（Lusaka）的大主教，自此以後，他就把職志放在與各種眞實的邪惡力量戰鬥上。「在我的傳統裡，社會是深知邪靈可以在社群裡帶來靈性失序的，這樣的情形，甚至早在基督以前的時代就存在。」他把靈力治療與驅魔儀式放在中心位置。這當然使他被抨擊爲異端和行巫術者，何況他本來就因爲嚴厲譴責政治腐敗而樹立了許多敵人。梵蒂岡在一九八二年撤去他的大主教職位，後來，他卻成功反駁掉大部分指控，重新獲得教宗若望・保祿二世的喜愛。儘管他的觀點是遠在西方宗教思想的光譜之外的，但毫無疑問有其《聖經》上的根據。談到許多因爲被鬼附身而尋求他幫助的人時，他這樣說：「我認爲身爲基督徒，不對他們伸出援手是可恥的。耶穌基督給了我們權柄與力量去處裡這些問題。〈路加福音〉第九章淸楚記載耶穌曾授予衆門徒制服一切惡鬼與醫治各種疾病的權柄。」56

另一個能說明北方與南方教會鴻溝的人物是泰摩西（Moses Tay），他是聖公會新加坡暨東南亞教區的大主教。一九九〇年代初，泰摩西曾造訪加拿大的溫哥華。在走訪該市的史丹利公園（Stanley Park）時，泰摩西看到了園中的圖騰柱，深感憂慮。這些圖騰柱一直是溫哥華旅遊業的重要賣點，但泰摩西卻斷言它們是異教之物，是有邪靈依附著的偶像，需要接受驅魔儀式。此說讓溫哥華的聖公會大爲恐慌，因爲該會一直努力與當地原住民社群保持良好關係，而且視驅魔儀式爲一種迷信。不過，我們如果採取泰摩西本人的標準，則不能不對他的立場有些同情。他認爲圖騰柱是一種宗教象徵物而不只是觀光物事是相當正確的。歷來有那麼多論及驅魔和鬼附身的基督宗教文獻，他要找多少證據來支持自己的立場都不成問題，而且絕對會比加拿大聖公會能找來支持其文化多元主義的多上很多。57

《新約》與《舊約》

當南方教會把《聖經》視爲有切身關係的文件來閱讀時，他們接受的並不只有《新約》，而是還包括《舊約》。這使得他們的信仰與實踐常常看起來更像猶太教而不是基督宗教：衣索比亞教會那些色彩鮮明的猶太教特徵就是一個例子。南方人對《希伯來聖經》（譯註：指《舊約》）的喜愛是不難理解的，因爲它裡面的父權制世界，是許多南方社會（特別是非洲社會）所熟悉的。《聖經》開始幾卷所呈現的，乃是一個以父系宗族爲基礎的世界，行多妻制和割禮，人們會定期以牲血祭拜上帝。非洲基督徒特別難以明白爲什麼我們應該照字面去理解《聖經》的某些部分（如基督復活），卻應該視摩西或所羅門王的記載爲有教益的寓言。誰有權做這種裁斷？

當一個現代教會追隨古代猶太人的習俗時，我們難免會心生疑問：它到底是在靜悄悄復興一種異教信仰，還是只想鉅細靡遺地遵守《舊約》的規定。今日非洲很活躍的其中一個組織是「穆沙馬基督教會」（Musama Disco Christo Church），由先知阿皮亞（Joseph Appiah）創立於一九二〇年代。爲了追隨〈創世記〉中雅各的榜樣，這群人豎立了一根聖柱；又設有一個約櫃和至聖所，每年只有一位大祭司可以進入至聖所一次。「穆沙馬基督教會」也行牲祭，在每年一度仿效踰越節舉行的儀式上會使用牲血。58其他非洲教會有些定星期六爲安息日（譯註：猶太教的安息日是星期六），有些喜歡稱上帝爲「耶和華」，有些禁止吃豬肉。即使是古老而絕對正統的衣索比亞教會也吸收了《聖經》中猶太教的某些成分。

這些現象很自然會引起一個疑問：追隨《舊約》習俗之舉的許可範圍在哪裡？二〇〇〇年，南非布隆方丹（Bloemfontein）的大主教主張，不只應容許信徒用牲血奠祭祖先，彌撒的程序中也應該包含殺一頭羊或牛的儀式。這位名叫塔夾（Buti Tlhagale）的大主教認爲，他的建議是「邁向本土化意義重大的一步」。驚恐的反對聲浪當然接踵而至，有人認爲此舉是對動物權的侵犯，也有人認爲這是異端的表現。在塔夾以前，牲祭曾經受到一些德高望重的非洲基督宗教領袖公開譴責，包括後來殉道的烏干達大主教盧武姆。儘管如此，塔夾的意見絕不是無的放矢，因爲自一九六〇年代起，在聖事中使用牲血，就泛見於許多非洲的獨立教會。例如，剛果教會爲了符合傳統的獻祭精神，在立誓信教禮上會要求受信者把一滴血滴在祭壇布上。這類做法對非洲人來說完全可以理解，而且輕易就可以從《聖經》

裡找到佐證。《新約》的整個「神人和合」（Atonement，譯註：基督宗教神學術語，指基督用生命做贖罪獻祭，平息上帝的義怒，使人類與上帝重新和好）觀念，就是奠基在血祭的思想上，也正因爲這樣，很多現代西方基督徒才會覺得這個觀念隔閡，甚至反感。儘管在崇拜儀式上割破一頭羊的喉嚨頗爲怪誕，但它至少把本土化的臨界點何在之問題逼到一個高點。[59]

過去和未來的教會

在西方人眼中，新興教會的一些行爲和儀式，毫無疑問超過了基督宗教的許可範圍。另一方面，在很多關鍵點上，獨立教會又無可否認是隸屬於基督宗教的大傳統之下。即使它們有些做法古怪而離異，仍然沒有古怪和離異到離開基督宗教的程度。

要判定新興教會不夠資格被稱爲基督教會，最好的做法也許就是找出一些眞正是宗教糅合主義的例子，看看它們和南方的新興教會相差有多遠。一個這樣的例子就是住在墨西哥北部的塔拉烏馬拉人（Tarahumara），他們把一些基督宗教的成分吸納到傳統的神話中。他們相信上帝和祂的妻子聖母瑪利亞分別是對應於太陽和月亮的，相信耶穌是他們兒子。所有的印第安人都是這個聖家庭創造的，而所有非印第安人則是魔鬼及其妻子的子孫。全年最重要的日子是「聖星期」（Holy Week）因爲那是一年中魔鬼唯一可能打敗上帝的時間。在整個聖星期，塔拉烏馬拉人都會聚在教堂，進行各種儀式，保護上帝夫妻。塔拉烏馬拉人自認爲他們是「住在馬德雷山脈的上帝的拯救者」（譯註：馬德雷山脈〔Sierra Madre〕：墨西哥山脈群的總稱）。[60]

我引用這個例子，不是爲了嘲笑或批判塔拉烏馬拉人的信仰，而是要用它來充當一個回答怎樣才算基督宗教的問題的參考座標。在塔拉烏馬拉人的信仰裡，基督宗教的成分當然是少之又少，有的只是一些從基督宗教借來的神名和若干的天主教儀式。這種信仰和絕大多數獨立教會的反差當然是很明顯的。後者保存著所有最基本的基督宗教信條，包括嚴格的一神論、承認基督獨一無二的角色、對神、人的領域的堅定二分法。這些元素，在歷史上基督宗教的每一個發展階段都是可看見的。

獨立教會從不懷疑自己是貨眞價實的基督教會。這種自我肯定，從它們所取的名稱就可見一斑：錫安基督教會、亞拉臘山使徒會、十一使徒聖靈醫治會，等等。很多教會都喜歡用「使徒」兩個字，用以暗示它們和新約時代的使徒是前後相承的，也傳承了他們的非常能力。在西非的阿拉杜拉派教會之中，名稱不是帶有「使徒」二字（基督使徒會）就是帶有天使的名字（基路伯與塞拉芬會）。這些教會都堅定相信基督的神性、他行過的神蹟與他的復活。這樣教會的信仰聲明全都是典型的基督宗教信仰聲明，像波扎那的聖米迦勒使徒會（St. Michael's Apostolic Church）便宣稱：「本教會由一群有信仰的人組成，他們宣講上帝的話語，按照基督的規定行聖事。」[61]

在很多方面，南方獨立教會對基督宗教的文本和信條要遠比西方心領神會。西方教會也許會教導「聖徒相通」（譯註：Communion of Saints；基督宗教神學術語，指信徒通過洗禮與耶穌基督合成一體，也與全體的信徒——包括已死信徒——達成團契）的教義，並想像教會是活著的信徒與已死信徒靈魂的結合。而對非洲基督徒來說，他們與祖先的世界具有連續性的觀點不但是可信的，更是他們信仰體系的基本元素。對很多西方基督徒而言，死後生命或復活是很難接受的觀念，他們往往視之爲比喻。然而，非洲和亞洲的信徒卻是按照字面意義了解這些觀念的，而且認爲人會在夢中或異象中看到已逝先人這一點，足證這些先人與上帝同住一起。[62]

這些信仰是會對禮儀和崇拜方式帶來影響的。就連非洲的天主教會也挖空心思要找出一些可以對祖先表示敬意卻不會流爲崇拜的方法。在其中一個這樣的儀式中，教士會對著一個象徵歷代祖先的花瓶獻上一個聖餅，一面說：「我們要參與到你們之中，以便你們可以在新天堂裡獲得全部的生命。」葬禮也重新安排，以突顯出死者與祖先的關係。在不經心的觀察者眼中，有一些儀式看起來就像是爲已逝的先人進行死後洗禮。[63]

新人

出於實際的需要，有些新興教會恢復了古代基督宗教的一些習俗。其中之一是慕道友制度，它要求新入教的信徒經過一段考核期才能獲得全面的成員身分。在古代的教會，這是個重要的制度，結合了嚴格的訓練與漸進式的奧祕揭示。到了中世紀，因爲教會理所當然認定所有信徒都是出生於基督徒家庭，慕道友制度爲之式微，而它之所以在現代重新復活，是因爲許多非洲和亞洲的新信徒往往來自異教的背景，有必要以慕道友的身分接受嚴格的訓練和預備。十九世紀的時候，樞機主教拉維日里和他的非洲傳教會要求信徒要經歷爲期四年的考核期，而這個嚴格的要求也影響到新教的做法。一個慕道友並不是在考核期結束就會自然而然成爲正式教友的，另外，只要有任何道德或紀律上的差池，他都得把整個過程從頭來過。㊽

在剛果的一些教區，從慕道友轉變爲受洗基督徒的程序，有許多地方都與傳統宗教的成年禮相仿。候選人需要離群索居幾星期，學習宗教知識和一些世間的技能。而在復活節的洗禮上，受洗者要先戴上一個面具，再換上另一個，以象徵脫下異教徒的身分。洗禮會伴隨驅魔儀式，但這個驅魔儀式並不像西方那樣，徒具象徵意義。二十一世紀的非洲就像二世紀的羅馬一樣，洗禮都是極肅穆的事，象徵信徒從一個異教世界中脫離，是得救與否的決定性行動。㊿

慕道友制度的振興反映出，南方基督宗教與其所處社會的關係，相當類似於羅馬帝國時代。新興教會的興起與沒落，理由也往往與古羅馬時代相仿，就連他們面對的敵人也多有相似之處。當代南方基督宗教的研究者常常指出它與古代基督宗教的相似之處。沃爾斯就說過：「對三二五年尼西亞會議（Counil of Nicaea）之前早期教會的樣子，我們所知都是片段的，但這些片段卻透露出，當日的很多關懷都與今日非洲的教會類似，其中包括該怎樣區分眞先知與假先知的問題，該怎樣處理行爲不端的教會成員的問題。就連措詞方式也往往類似。……憑著現代的非洲經驗重讀前尼西亞時期的文獻和歐洲皈信時代的文獻，我們可以得到大量的光照。非洲和亞洲基督徒是可以大大照亮『我們的』教會史的。」沃爾斯甚至說他「永遠感激……二世紀的基督宗教仍然可以（在當代非洲）得到見證和分享……」⑥⑥

教會與教派

勃興的南方基督宗教顯得像是使徒時代的再現這一點，很容易讓人又敬又畏，當成超自然的神蹟看待（我絕未暗示沃爾斯一類具有批判性的學者已掉入了這個陷阱）。虔誠的信徒也許相信上帝正在爲一個充滿奇事神蹟的新時代揭開序幕，給予基督宗教一種重生。我沒有資格肯定或否認這種見解，然而，除了超自然的解釋以外，對目前南方教會的勃興，也可以用一些世間的理由來解釋。把南方教會放在社會的脈絡來了解，並不會讓它們的成功史變得較不迷人，但卻有助於理解它們爲什麼會呈現出目前的信仰與實踐。更重要的是，從這種角度切入，將可讓我們評估出它們在接下來數十年，將會朝何種方向演變。因爲這些教會目前採何種取向，並不表示它們在未來一定也是這樣。

很多新興教會的成功，無疑都是吸納了當地傳統與思想模式的結果。正因爲這個原因，非洲教會的非洲風味才會愈變愈濃，而韓國教會的韓國風味也與日俱增。然而，這種與本土習尚的協調，並不能解釋各個南方新興教會的一些共通之處：比方說它們都極相信上帝會插手人的日常事務。事實上，很多乍看之下是非洲或拉丁美洲特有的崇拜方式，其實也可以在北方找得到，而這種南北的共通性是無法用地域傳統來加以解釋的。看到非洲本土教會那麼強調靈力治療，我們難免會認爲那是跟非洲社會的傳統習尚有關的來加以說明。另一方面，靈力治療過去幾世紀以來常見於歐洲和北美的新興宗教運動，因此，這個特徵說不定可以視爲民眾宗教的一個普遍元素。不但非洲教會常常會尋求有神授恩賜的領袖和先知，世界上任一地區基督信仰的新宗派莫不如此。

事實上，南方教會一些被認爲「原始」的特徵（包括相信眞有「屬靈爭戰」這回事），也在白人世界的福音教派和五旬節派中穩定流行起來。[67]這種信仰的一個方面表現在屬靈勘察（spiritual mapping），也就是判別出哪些教徒比較容易受魔鬼誘惑，以便爲他們多禱告和進行驅魔儀式。並不是只有南方人才會認眞對待保羅的〈以弗所書〉，和相信他們要與天界的邪靈作戰。別的不說，派瑞提（Frank Peretti）的《黑暗世代》（*This Present Darkness*）——近年來美國的一本暢銷書——其書名的靈感就是得自保羅那一段話。就連驅魔儀式（這是屬靈爭戰觀念的核心部分）也在當代西方大肆復興起來，特別是在那些有歐洲血統的美國人中間。[68]有鑑於這些觀念影響力的廣披，要在「北方」或「南方」的宗教經驗模式之間畫一條嚴格的地理或文化界線是很困難的。

從相似性出現在發展於千差萬別地區的不同教會這一點，反映出這種相似性是不能單憑文化或種族上的原因加以解釋的。這些相似性所反映的毋寧是新教會的**新**（newness）。想了解基督宗教的新性格時，我們不妨援引「教會」（church）與「教派」（sect）這個宗教研究常用的二分法。[69]一世紀前，社會學的先驅韋伯（Max Weber）試圖界定歐洲不同宗教組織之間的不同，他的分析今日讀起來猶如是分析南方教會和北方教會的差異。根據韋伯之見，「教會」乃是一種正式的組織，擁有一套知性化的教義，避免在崇拜儀式上流露情緒。它們會提供信徒定型化的禮儀與祈禱文，把上帝描繪爲遠離人的日常生活。但「教派」則反之，鼓勵情感流露和自發性，重視個人的神祕體驗，傾向於原教旨主義，並視知性爲一個可能的危險泉源。「教派」的禱告文顯示出，上帝是無所不在的，隨時準備好插手人的日常生活。

社會學家特勒爾奇（Ernst Troeltsch）進一步發展了這個二分架構，運用它來解釋新興教會和主流教會的差異性。兩者一個關鍵分別在於成員的構成上。大部分「教派」的信徒都是自願的皈信者，他們的生活很大程度受到組織的控制，組織的規模也因此比較小，排他性較強。「教會」則比較大與有規模，其成員的父母本來就是信徒。與「教派」相比，「教會」會吸引到社會地位和教育程度較高的成員。另外，就領導權來說，這兩類組織也有很大分別。「教派」要求的是一些能證明自己有屬靈恩賜的領袖，「教會」則是由一些受過正規訓練的神職人員在一個科層架構中負責運作。

南方的教會儘管在其他方面相當分歧，但在一個方面卻有著驚人的相似性，那就是第一代和第二代的皈信者都非常多（譯註：指它們的信徒大都不是來自基督宗教家庭）。正因爲這樣，慕道友制度對它們顯得特別重要。以宗教社會學的術語來說，這些南方教會都是些典型的「教派」。它們本質上都是原教旨主義的，神學上相當保守，對超自然的向度、異象和靈力治療深信不疑。像欽班古和申貝這一類聲稱擁有先知身分的人，完全和「教派」領袖的典型面貌吻合。在五旬節派教會和獨立教會裡，領導權是對任何有屬靈恩賜的信徒開放的，而不管他們有沒有接受過正式教育或神學訓練。

「教派」這個社會學觀念對於我們了解整個南方的五旬節派教會和獨立教會極其有用。用它來觀察南非或奈及利亞的獨立教會時，就會發現它們某些乍看之下相當獨特和非洲風味的特徵其實不是那麼回事。沒有錯，這些特徵是與歐洲或北美的主流教會格格不入，但與發生在白人之間的無數小型和邊緣性宗教運動相比，差異並不顯著。

研究教派—教會關係的社會學文獻不只讓我們可以理解目前南方一些教會的面貌，或許也可以預測它們未來的發展。隨著時光流轉，一些成功的「教派」會變得愈來愈像「教會」，也就是更正式和更科層化。關鍵的一點是，它們也許會要求神職人員接受正規的學院訓練，而不單單是「受到聖靈召喚」。衛理公會自十八世紀以降的歷史發展爲這種趨勢提供了一個典型的模型。隨著一個「教派」離開它的源頭愈遠，新一代對靈恩和靈力深具熱忱的份子就會尋求脫離，自成一個新「教派」。「教會」會孕育出「教派」，而「教派」又會演變為「教會」，然後又孕育出新的和更熾烈的「教派」。這個循環會反覆許多次，甚至無止境地繼續下去。

隨著南方教會步入成熟，它們的「教派」性格無疑會消失一部分，變得與大型教會愈來愈相似，導致領導風格和崇拜風格的轉變。它們有可能會變成主流，就像衛理公會和貴格會（Quakers）在西方經歷過的那樣。一個有指標性的例子是欽班古教會，這個非洲最大的本土教會之一在一九六九年加入了世界基督教協進會——當時一如現在，世界基督教協進會都是由自由派和主流派的新教教會主導的。阿拉杜拉會在一九七五年採取了同一行動，哈里斯會與其他幾個非洲獨立教會在一九九八年相繼加入。如果歷史多少是可以借鏡的話，那南方的基督宗教組織應該會愈來愈正式和像「教會」，而且說不定會對靈力治療和異象一類的事情慢慢敬而遠之。

「教派」轉變為「教會」可以加速其所在社會的現代化，而現代化又會提高國民所得，讓人們愈來愈買得起西方藥品，並因此對西方醫藥愈來愈信任。非洲和亞洲說不定將會經歷歐洲在十八世紀所經歷過的那種世俗化，當時，巫術和預言逐漸失去市場。⑰新興教會本身會成為現代化的關鍵催化劑，並不是不可想像的。對拉丁美洲五旬節派的研究顯示出，信仰可以讓人產生自尊和責任感，變得節儉、節酒和雅好文化教養。同樣的情形也應該適用於非洲。成長中的五旬節派教會可以為民主資本主義創造一個更大的人員基礎，長遠來說，說不定會帶來更大的世俗化。⑺不過，隨著教會成爲建制的一部分，更新和更極端的團體將會從它們中間分離出來。在接下的幾十年，目前的新教會所孕育出的新教派，說不定會像中世紀或歐洲現代早期的情形一樣，紛紜多樣得讓人眼花撩亂。

但是，這樣的轉變可能需要歷經好幾代人始克完成。至少在可預見的未來，南方教會仍將繼續發揮巨大的吸引力——不管是對北方人還是南方人。它們可以把自己呈現爲不受地域、種族或文化囿限的使徒信息現代傳遞者，而其號召力則會是來自奇事神蹟的應許。一旦這些教會把注意力轉向北方，說不定會找到深感興趣的聽衆，願意接受它們以出人意表方式重新包裝過的古老訊息。

7 | *The Next Christendom*

上帝與世界

Good and the World

別害怕，我看得見在這一切之中有主的旨意。

——烏干達大主教盧武姆（Janani Luwum）

以主之名，以那些哭聲震天的受苦難者之名，

我央求你，我命令你：停止暴行。

——薩爾瓦多大主教羅梅羅（Oscar Romero）

我們可以對南方基督宗教的信仰與實踐作出若干預測，但上帝與世界未來的關係又會是怎樣呢？在深受啓蒙運動影響的西方人的想法裡，基督宗教未來最大的轉變應該是單獨成爲生活的一部分，與日常生活無涉。在這種西方式的觀點裡，靈性生活主要屬於私領域，只與個人的心靈有關。特別是在美國，人們普遍相信教會與國家、神聖與世俗的領域應該像油與水，完全脫離開。不過，這種二分法卻是西方歷史大部分時期都不存在的，甚至是人們無法理解的。歷史學者指出，在中世紀的歐洲，任何在「宗教」與日常生活之間畫一條界線的嘗試都會受到嚴厲譴責，也沒有中世紀的歐洲人能夠明白教會與國家這種現代的二分法。

就此而言，全球南方的許多社會要更靠近中世紀的歐洲而非現在的西方。近數十年來，非洲、拉丁美洲、亞洲許多地區的政治局勢，都深受教會中人態度的影響，神職人員

一再站在政治舞台的中央。這種現象在現代西方不是未嘗見的，如金恩博士和朋霍費爾（Dietrich Bonhoeffer；譯註：德國基督宗教神學家，因爲反納粹而被處死）就是代表性的例子，只不過這類人的出現頻率要遠低於南方。南方的基督徒社群裡，樞機主教和主教往往是全國性的精神領袖，而類似的情形自十七世紀以後就沒有在西方發生過。一如中世紀的歐洲那樣，南方神職人員對政治的干預具有明確的宗教泛音，他們會援引古代的先知傳統和透過對《聖經》的重新解釋，佐證自己的政治立場。①由此可知，並不是只有伊斯蘭世界才會利用宗教的意識形態來爭取政治上的效忠者。

儘管不容易想像，但在五十年後，不只基督信仰會在第三世界繁榮昌盛，基督信仰的政治力量也會如此。既然接下來幾十年基督徒人口與文化影響力勢必大增，我們就有理由去問，這種信仰是否也將爲世界大部分地區提供主導的政治意識形態。我們甚至可以想像會有新一波基督宗教國家出現，它們的政治事務是與宗教事務緊密聯結在一起的。如果眞的是這樣，南方很快就需要面對一些傳統基督信仰中心爭論已久的問題，諸如政教關係的問題和敵對教會的法律地位的問題。其他在這種環境下無可避免會出現的問題還包括寬容與多樣性的問題、少數宗教社群與多數宗教社群的關係的問題，以及應不應該用宗教性的法律來規範個人道德或行爲的問題。不管這些問題是以什麼方式解決，南方教會的政治向度都一定會進一步拉大北方與南方之間——也就是世俗化社會與宗教化社會之間——的巨大文化鴻溝。

在全球南方，教會與國家攜手同行的歷史爲時久遠。在殖民統治時期，教會享有國家的扶助，而它們則用強烈的政治保守立場來回報國家。這時期的教會，事實上是政府的武器。在拉丁美洲，天主教會的獨尊地位一直持續到各國獨立以後許久，在一些國家甚至持續到現在。以智利爲例，要晚至二〇〇〇年，政府才立法廢除了天主教會在文化和教育領域的法定霸權，哪怕該國的新教只是拉丁美洲最大的一個少數派。此前，只有天主教徒才能被任命爲軍中的神父，也只有天主教的組織才享有財產稅和捐贈稅的豁免，而學校裡的宗教課程教的清一色是天主教的教義。在二十世紀初，天主教的思想家曾引入過「整體論」（integralism）的觀念，這是一個中世紀天主教觀念的翻版，主張天主教的社會思想應該應用到國家包括社會、經濟和政治在內的每一方面，換言之是主張神職人員在世俗事務上發揮廣泛的影響力。後來，這個主張雖然因爲與極右思想和狂熱反共主義靠攏而受到摒斥，但仍繼續存活在枱面下。②

在拉丁美洲的政治衝突中，天主教一向都站在統治階層那邊，甚至到達贊成鎮壓的程度。在一九七〇與八〇年代的阿根廷危機期間，天主教會因爲默許當局的暴力而臭名遠播。③站在衝突另一邊的往往是些強烈反對天主教的激進派。在墨西哥，天主教會於二十世紀前半期激進派當權時曾受到激烈的迫害。非洲的情形也一樣，曾經受殖民當局扶持的傳教士教會在群眾起義期間一再受到攻擊。

然而，自二十世紀開始，第三世界教會認同改革大業甚至革命大業的情況卻愈來愈多。儘管教會的意識形態傾向變得與以前大大不同，但一個傳統的觀念仍然繼續發揮作用：教會應該全面介入政治，甚至領導國家。二十世紀初，政治立場激進的教會主要都是從傳教士教會分離出來的，其領導者多是奇倫布韋和哈里斯一類的非洲先知，或者像巴西傳奇的西塞羅神父（Father Cicero）一類極端派天主教教士。然而，自五〇年代開始，同樣的觀點滲透到了包括歐洲、北美和第三世界在內的主流教會。新教信徒對於該教會未能奮起抵制納粹德國的記憶猶新，爲了補贖前愆，推動反種族主義與反南非隔離政策的運動不遺餘力。這些觀念也在世界基督教協進會裡找到一個要塞。自一九七〇年起，該會開始幫助一些激進和左翼的政治運動。然而，對於該會應該支持反對不義國家至何種程度，卻引發了激烈的內部爭論。爭論在一九七〇年代白熱化，當時世界基督教協進會定期用該會的特別基金資助反羅德西亞白人政權的游擊隊。在批判者看來，這樣的資助是過頭的做法，讓該會從積極份子一變而爲好戰份子。④

在羅馬天主教，自第二次梵蒂岡會議（一九六三至六五年）之後，各種解放神學就廣爲盛行。至少有一段時間，教廷不只容許激進的政治行動，甚至爲之背書。一九六七年，教宗在其通諭《民族發展》（*Populorum Progressio*）中呼籲教徒應該「大膽轉化」全球財富分配不公的現象。天主教和主流的新教教會都分享相同的觀念，認為教會反對高壓的政權，既是權利也是義務，認為教會應該為改變種族與經濟的不公義而戰。兩者的政治積極主義在基督宗教的歷史上都有豐富的先例可援。他們視〈出埃及記〉（〈出谷紀〉）為一部奴隸的解放史，又以阿摩斯（Amos）一類的《舊約》先知為執行正義的榜樣。同樣地，在《新約》裡，解放神學派也找到豐富的彈藥，可供進行激進的社會批判之用。其中一個觀念是「時辰」（Kairos），意指上帝終將審判人類的不公義和剝削性的社會結構。⑤

解放神學以不同的形式鼓勵信徒投身政治鬥爭，清楚表明教會不再是站在壓迫者一邊。這個運動在一些高壓社會帶來了實質的政治後果，而這是因為神職人員要比一般人有較大的行動與發言自由。如果一個一般工會會員說出反壓迫或反酷刑的話，他很可能會被繫獄或殺害，換成是一個教士說出同樣的話，當局的表現會節制許多。把一個教士（特別是天主教的教士）下獄，是會招來西方媒體的譴責的，而且會有與梵蒂岡發生衝突之虞。於是，神職人員成為了反對運動無價的發言人。如果一些抗議或聚會是在教會的主導下進行，當局也會表現出類似的節制。教會提供了某種的安全地帶，而激進派的教士也把「避難所」這個中世紀的基督宗教觀念重新闡釋、運用。一九七三年智利軍事政變的血腥餘波中，被迫害者的家屬求救無門，唯一顯著例外是受天主教保護的組織「團結代管協會」（Vicaría de la Solidaridad；譯註：聖地牙哥樞機主教席爾瓦於一九七六年成立，是一個協助受政治迫害者、酷刑受難者、失蹤者及其家屬的重要組織）。在一九七〇年代的巴西，最有力的一個反對陣營就是由聖保羅大主教阿恩斯（Paolo Arns）領導的天主教會：他盡情地利用軍事獨裁者不敢碰他這樣地位宗教人物的自由。

當然，教會的免疫力是有局限性的，只會在其所在國的政府在乎世界的意見時才會發生作用。例如，「避難所」的原則雖然在威權主義的南韓行得通（這是因爲南韓與西方關係密切），在孤立和偏執的北韓就行不通。⑥即使是北半球，一些受到垮台威脅的政府還是會對教會作出反擊。正因如此，大主教羅梅羅（Oscar Romero）才會仍不免一死：一九八〇年，他因爲挺身正面對抗薩爾瓦多的極右政權而遇害。一九八九年，另有六個耶穌會教士在該國持續的血腥鎮壓中被殺害。瓜地馬拉的情形也類似：一九九八年，一個身兼教區人權辦公室主任的輔理主教遭到殺害。⑦不過，這種現象反而讓教會的威望更加提高，被視爲受剝削者的保護者。在二十世紀的最後二十五年，很多國家的教會都因爲勇於反抗高壓的政權而獲得了讓人艷羨的聲望。

拉丁美洲與解放運動

解放神學在不同地區的發展方向相當不同。解放神學觀念最初開花結果的地方是拉丁美洲，但在某些方面，它的影響卻不如其他地方長遠。自一九六〇年代以迄八〇年代，天主教激進主義與拉丁美洲的歷史都密不可分，因此，想要在這裡鉅細靡遺地介紹，幾乎是不可能的。⑧

天主教的政治積極主義在一九六八年催生出某種憲章般的東西，當時，拉丁美洲的主教在哥倫比亞的麥德林（Medellín）舉行會議，會後發表了一份形同「美國獨立宣言」的文件。這篇宣言大量借用馬克思主義的語彙，譴責新殖民主義、富國對貧國的剝削、資本主義的制度性暴力，又呼籲各國進行根本性的經濟與社會改革。⑨一九七一年，祕魯神學家古提雷茲（Gustavo Gutiérrez）出版了《解放神學》（*Teología de la Liberación*）一書。⑩接下來二十年，很多拉丁美洲的教會領導人都極看重「優先選擇與窮人爲伍」（preferential option for the poor）的呼籲。天主教激進主義的其中一個代表人物是卡馬拉（Helder Cámara），他在一九六四至一九八五年間擔任巴西累西腓（Recife）和奧林達（Olinda）兩省的大主教，被稱爲「貧窮者的主教」。卡馬拉神父也是位整體論者，這反映出，左翼思想與這個古老的神權政治觀念有多相容。天主教的激進派透過發展「基要社群」（base communities）而獲得相當多的群眾擁護，有些分析家曾認爲，它們將是未來人民教會的原子。這些組織採一種鬆散的列寧主義模式，有如新社會的種子般寄生在舊社會的外殼中，只等成長茁壯，就會把舊的殼丟棄。在一九七〇年代晚期，據說單是巴西一地，就有八萬個這種基要社群。⑪

天主教的激進派始終與馬克思主義團體保持活潑對話，有一些天主教教士甚至加入了革命的行列。早在一九六〇年代中期，那些在窮人之間工作的教士就開始變得具有強烈的政治傾向，有一些甚至全心期待革命的到來。其中一個有代表性的人物是哥倫比亞的教士托里斯（Camilo Torres），他一直與一支左翼游擊隊並肩作戰，後於一九六六年在一場戰鬥中被政府軍殺害，成爲極左派的國際烈士。他不介意與左翼結盟，因爲「甚至連共產黨自己也不知道，你們中間有很多人都是信實的基督徒。」在托里斯看來，「革命是取得政權的方法，而只有取得了政權，才能餵飽窮人，讓不蔽體的人有衣服穿，教導文盲，實現仁慈和愛人如己的理念。因此，對基督徒來說，革命不但是被允許的，而且是責任，是唯一可以有效而完整達到愛所有人的方法。」⑫

解放主義者的希望在一九七〇年代晚期到達一個新高點。桑定游擊隊在一九七九年成功推翻尼加拉瓜政權，好些前任和現任的教士都被延攬到政府裡去。翌年，羅梅羅大主教的遇刺創造了一個話題，也使中美洲成了全世界左翼基督徒的焦點。⑬不過，後來的歷史發展顯示出，這些事件已是解放運動的強弩之末。一九七八年，若望・保祿二世當選爲新教宗，而這位波蘭出身的教宗對任何形式的馬克思主義都深感不信任。貫穿整個一九八〇年代，梵蒂岡的新領導階層都致力於系統化地讓激進派的神學家消音，其中包括巴西的岡博夫（Leonardo Boff）。與此同時，中美洲的革命前景也因爲大環境的改變（包括美國的介入和蘇聯的解體）而破滅。桑定政權也在一九九〇年下台。⑭

接下來二十年，一系列新的主教人事任命讓拉丁美洲天主教會走入了一個保守得多的階段。新作風的一個代表性例子是祕魯主教西普尼亞里（Juan Luis Cipriani），他是祕魯阿亞庫喬（Ayacucho）教區的主教，也是性格高度保守的天主教組織「主業會」（Opus Dei）的一員。他的位子特別具敏感性，因爲阿亞庫喬正是毛派游擊隊「光明之路」（Shining Path）的風暴中心，整個一九九〇年代，「光明之路」游擊隊都受到政府軍的血腥鎮壓。西普尼亞里選擇站在政府這邊（這也是梵蒂岡的立場），力陳祕魯的政權是正在爲基督宗教和文明而戰的。他反覆爲政府軍的殘暴行爲辯護，主張「大部分的人權組織不過是政治運動的，成員幾乎都是馬克思主義者或毛澤東主義者。」儘管立場偏頗，西普尼亞里還是在二〇〇一年被提升到樞機主教的地位。⑮

在這樣的領導下，那些在前一代教會領導人的澆灌下欣欣向榮的大衆組織走進了政治冰河時期。很多「基要社群」都枯萎了，無法充當激進天主教改革運動的原子，只有少部分生存下來。很多當初懷著改革理想而進入天主教的人都改投到五旬節派，因此，五旬節派的勃興，部分可說是天主教無法兌現早期的革命憧憬的結果；在好些拉丁美洲國家，五旬節派發展得最快的時期，都是一九八〇年代政治鎮壓大行其道之際。

與一九七〇年代過度樂觀的希望相左，拉丁美洲並沒有成爲被左翼神權政治統治的地方。儘管如此，如果把近期的轉變視爲拉丁美洲天主教會完全拋棄理想主義的表現，則是不確的。雖然該地區有向右轉的趨勢，但天主教神職人員仍然是重要的政治角色，常常站在民主與人權這邊。其中一個與西普尼亞里形成鮮明對比的是宏都拉斯的羅德里格斯（Oscar Andrés Rodriguez Maradiaga），他是特古西加爾巴（Tegucigalpa）教區的主教，與西普尼亞里一樣，都在二〇〇一年被拔擢爲樞機主教。儘管顯然不是梵蒂岡所樂見的，羅德里格斯仍然放言高論社會正義的議題，而且成爲促使取消第三世界債務運動的主要發言人之一。在宏都拉斯國內，他鼓吹政治民主不遺餘力，爲了表揚他的功勞，國會甚至有點誇張地選舉他爲新任的警察總監。雖然羅氏婉拒了，但這個插曲可以反映出，教會並未完全棄守它在世俗生活中的恰當位置。⑯

非洲的革命

在世界其他地方，基督宗教與政治的關係也變得空前密切。在非洲，宗教是從一九六〇年代開始與解放運動連在一塊的。大部分第一代非洲獨立國家的領導人都是基督徒，而且通常出身於教會學校，又往往是熱心的教友。尚比亞總統卡翁達（Kenneth Kaunda）是長老教會牧師的兒子，塞內加爾領袖森格霍（Leopold Senghor）曾經受過神職訓練，坦尚尼亞總理尼雷爾（Julius Nyerere）和迦納領導人克魯瑪（Kwame Nkrumah）都在教會學校教過書。尼雷爾是天主教徒，與教會的關係密切，而儘管秉持激進的民族主義，仍然高度讚揚傳教士的工作，認爲他們「把所知最好的東西帶到非洲，也就是他們的教會與生活方式。」在構築自己一套非洲社會主義時，他對天主教思想和語言仰賴甚深，並認爲他的社會主義可溯源到〈使徒行傳〉裡記載那種早期基督宗教的共產制度。⑰

在接下來的三十年，隨著有愈來愈多教會領袖投入反對南非白人政權的行列，基督宗教與民族主義的關係更見強化。在這個過程中，各教會都熱心地吸納來自解放神學的信息，努力抵抗邪惡的政權。一九八五年，天主教與新教領袖共同發表了一篇稱爲〈時辰〉（Kairos）的聲明，把激進神學技巧地應用到現代政治。這聲明首先喚起一個古怪而駭人的情景：白人與黑人「坐在同一間教堂裡，但在教堂外面，基督徒警察和士兵則正在毆打或殺死基督徒孩子，或是虐待基督徒犯人至死，而其他基督徒只是站在一旁，發出微弱的和平呼籲。」這文件又宣稱：「當我們在《聖經》裡尋找有關壓迫的訊息時，發現壓迫是一個貫穿《舊約》和《新約》的中心主題。」聲明又指出，在南非的情況裡，鎮壓就是一個末世的徵兆：「南非國家的神不只是個偶像或假神，而且是個僞裝成全能上帝的魔鬼，也就是反基督（Antichrist；譯註：僞裝成上帝在地上散布罪惡的魔鬼，會在基督復臨前被消滅）。」因爲全心擁抱反抗的觀念，使得這兩個教會於白人政權在一九九四年倒台後享有極高的聲望，而聖公會大主教圖圖也理所當然成爲全國性的精神領袖。爲了化解這個國家的舊對立和宿怨，圖圖創立了「眞實與和解委員會」（Truth and Reconciliation Commission），意圖把懺悔與寬恕這些本來只與個人關係有關的基督宗教觀念，應用到世俗政治的層次。⑱

教會在南非黑白衝突的涉入是西方衆所周知的，但西方人還是不明白，教會和神職人員在這個被稱爲「第二次非洲革命」的事件中，扮演的角色有多麼關鍵。很多在一九六〇年代獨立的國家都變得腐敗和高壓，反過來對抗改革的壓力。在最糟糕的情況裡，這些獨立的政府變成了如同怪獸般的暴虐政權：一九七〇、八〇年代接連統治烏干達的幾個獨裁者即是明證。烏干達大主教盧武姆便是在一九七七年被阿敏（Idi Amin）下令殺害的。同年，發生在剛果共和國的政治動亂導致了樞機主教比亞延達（Emile Biayenda）遇害。⑲

有別於西方人的印象，大主教圖圖的群衆號召力在非洲並不是特例。有些個案裡，主教或神職人員甚至是反對獨裁運動的主導者，像是馬拉威反班達（Hastings Banda）和肯亞反莫伊（Daniel Arap Moi）的運動都是如此。在貝南、多哥和剛果共和國（譯註：非洲有兩個稱爲剛果的國家，一是剛果共和國，首都位於布拉薩，一個是剛果民主共和國，其前身爲薩伊），高級神職人員都是國家從獨裁走向民主的監督者。即使在那些基督徒不是佔多數的非洲國家，天主教會仍然會被希望站出來扮演忠實中間人的角色。與拉丁美洲不同的是，非洲的天主教政治活躍份子並不會與梵蒂岡發生衝突，因爲當地教會追求的是溫和的民主改革，而不像拉丁美洲教會那樣，嚮往掀天變地式的馬克思主義革命。杭廷頓在研究一九八〇年代全球民主化趨勢的著作中指出，天主教會乃是這個進程的一個主要引擎。⑳

橫跨整個非洲，高級神職人員都是群衆的希望和忠誠之所繫。這現象與中世紀歐洲的教會很類似，因爲這兩個不同歷史時期的高級教士都得把面對凶險視爲其日常工作的一部分。以英國爲例，在一〇〇〇年到一六五〇年間，有不少於五個坎布雷特大主教是慘死的，不是被處決就是遭暗殺。類似的情形在現代歐洲要罕見得多，不過基督宗教與共產主義的對抗倒是產生了一些當代的烈士，其中一個例子是一九八四年被波蘭軍事執政團謀殺的波皮魯司科神父（Jerzy Popieluszko）。

不過，以所面對危險的兇險程度而論，卻很少有可以與現代的非洲神職人員相比的。對他們來說，像貝克特（Thomas Beckett，譯註：十二世紀英國坎布雷特大主教，因反對亨利二世被殺害）之類殉道的高級教士絕不只是些遙遠的歷史人物。舉一個西方媒體有過大幅報導的例子：一九九六年，天主教大主教蒙青海華（Christophe Munzihirwa）被湧入其省區（當時屬於東薩伊）的盧安達部隊殺害後棄屍街頭。這位大主教遇害的前幾年都公正不阿地譴責發生在這地區的暴力，屢屢讓獨裁者蒙博托（Mobutu Sese Seko）尷尬。蒙博托政權垮台後，蒙青海華是數以萬計可能會遭屠殺的盧安達難民的最後希望。讀他最後日子的記載，會讓人油然憶起羅馬帝國崩潰時，試圖保護成千上萬難民的主教的事蹟。㉑當時一如現在，沒有了教會，還有哪裡是人們可以求助的呢？

像蒙青海華或羅梅羅的英雄業蹟勢必會長駐人心。基督宗教一向有崇拜殉道者英雄的傳統，因此，如果他們會被人設祠供奉，是不值得驚訝的。目前已經出現了一個推動羅梅羅封聖的運動，但群衆的熱忱總是走在梵蒂岡的前頭。在未來的世代，天主教會將會從人們對於這些新聖徒的追懷中獲得強大的力量。生前，羅梅羅、盧武姆、蒙青海華就已經是讓獨裁者頭痛的人物；死後，他們更會是獨裁者消滅不了的死敵。

中世紀歐洲與今天非洲的相似處是獨裁者面臨教會譴責時的反應。當一個中世紀的國王被斥責爲教會的敵人時，爲了證明自己的虔誠，通常會發動一場聖戰或朝聖活動。現代非洲的情況也類似。當肯亞總統受到來自主流教會（天主教、聖公會和長老教會）的攻擊時，他的回應是不是斥責教會或指責宗教不應干預政治，而是想辦法證明自己是獨立教會和五旬節派教會的熱烈支持者。他的這個做法，反映出在非洲的基督宗教國家裡，政治的宗教性質有多麼根深柢固。當薩伊的天主教徒批評蒙博托時，這位獨裁者發起了一個反基督宗教的運動，要求人民把教名棄而不用（他自己原來的名字是約瑟・蒙博托）。儘管如此，他對與天主教有競爭關係的教會（新教和欽班古教會）相當友善。㉒

亞洲的局面

神職人員積極介入人權運動之類的政治活動，是可以大大提高教會的威望的，而這種威望又會反過來助長教會的政治份量。這樣的循環不只發生在非洲和拉丁美洲，也發生在亞洲。菲律賓的天主教會一直活躍於社會正義的議題，聲譽卓著。早在二十世紀初的反殖民鬥爭中，天主教的神職人員已嶄露頭角，而他們後來在推翻獨裁者馬可仕的革命運動中再次大出風頭。最著名的是樞機主教辛海棉（Jaime Sin），他是反馬可仕的全國性運動的象徵人物。最近期，在要求罷免總統艾斯特拉達（Joseph Estrada）的運動中，他再次扮演了類似角色。隨著反艾斯特拉達的浪潮在二〇〇〇年達到高峰，反對運動的宗教調子更是一清二楚，而這種調子是中世紀或早期現代歐洲所熟悉的。由辛海棉和其他主教主持的「抗議聖餐禮」有大批天主教的社會團體、勞工團體和天主教大學參加。在這個運動中，天主教絕不是孤軍奮戰，因爲新教和五旬節派也出了相當大的力，但是這個群衆運動的主力是誰仍然一清二楚。就像肯亞的情況一樣，四面楚歌的艾斯拉特達總統並沒有透過攻擊基督宗教本身來還擊，而是拉攏一些主流之外的宗教團體來粉飾自己。他最有力的支持者就是「全能天主」的貝拉爾德。㉓

韓國是教會另一個大獲成功的故事。自一九七〇年代開始，南韓的基督徒人數就急劇膨脹。而南韓基督宗教持續上升的聲望與規模部分是拜其神職人員願意爲人權和國家獨立大業挺身而出和犧牲所賜。韓國基督宗教成功的另一個理由是它屢屢遭到官方迫害，哪怕一個主教不是被處決，而只是被下獄，仍然足以促進基督徒的團結和吸引到新教徒。自十七世紀以還，韓國的基督宗教史就是一部動盪的歷史。因爲拒絕祭拜祖先，韓國的基督徒反覆受到迫害和殺戮。迫害斷斷續續維持到二十世紀，更近期的迫害是日本占領軍所發起的，他們想要滅絕韓國人的文化記憶。這使得基督徒躍升到愛國烈士的位置。對一般韓國人而言，加入基督教會就等於宣示自己的民族認同。當韓國的民族主義者在一九一九年發出一份象徵性的獨立宣言時，署名的人之中有幾乎一半是基督徒，儘管當時基督徒的人數只佔總人口的一%。㉔

儘管近數十年來韓國基督徒所受的迫害不如日據時代激烈，我們還是可以看到古老模式的延續。自一九七〇年代中期出現反對軍事政權的民衆運動之後，基督教會就是呼籲改革的一股有力聲音。新教與天主教聯合起來發動全國性的抗議運動，而很多主教和俗家信徒都成了知名的政治犯。韓國教會發展出來的民衆神學，可說是解放神學的本土變體。著名的異議份子領袖金大中本身就是天主教徒，而他形容自己的宗教是「反朴正熙獨裁政權屬靈鬥爭的一個向心點。」反對運動在一九九二年獲得勝利，南韓第一次出現了民主選舉；一九九七年，金大中當選南韓總統。基督徒數目的急升反映出教會透過犧牲奉獻所積聚的巨大聲望。㉕

基督宗教國家

現代基督宗教的政治積極主義是一個振奮人心的故事，但歷史也顯示出，這個故事潛藏著令人不安的一面。其中一個顯著的副作用就是當教會幫助一個新政府成立以後，教會領袖通常會希望國家承認他們的特權，甚至希望可以分享政府裡的職位。以菲律賓爲例，那位取艾斯特拉達而代之的女總統就受到嘲笑，認爲她對天主教當局表示得太過禮遇。一個新聞記者這樣非難艾若育（Gloria Macapagal-Arroyo）：「〔她〕一直忙於爲她的天主教樞機主教粉刷：不是指責其他宗派是壞的，就是發出各種敬虔的飭令。」㉖這樣的措辭在菲律賓也許不會引起撰稿者的人身安全，但在別的國家就說不定了。

一個教會從展現實力到要求壟斷政治權力並不是太大步的跳躍，而其最大的願望當然是被宣示爲國教。但這種宣示會對非基督徒團體（穆斯林、傳統宗教的信仰者和世俗主義者）帶來實質的刺激，被排除在新政權外的其他基督宗派也不會高興。有時候，這種刺激是出於蓄意的。太平洋國家斐濟就是一個例子。土著斐濟人只佔人口一個勉強多數，印度裔直逼其後。多年來，這兩個族群都爲爭逐政治與文化的主導權而衝突不休。土著斐濟人大都是基督徒，他們反覆推動斐濟成爲一個基督宗教國家，爲的就是要邊緣化該國的印度教徒。㉗

大部分非洲國家因爲宗教構成樣態複雜，其當權者一般不敢貿然奉基督宗教爲國教。但也有例外的時候，例如尙比亞就在一九九一年宣布成爲基督宗教國家，其副總統指出，國人應該對這個改變極認眞看待，並在「所有的領域和所有的層次採取一種基督徒的價值取向。」同樣地，在象牙海岸，其政府也受到批評，認爲不應該在財政上資助基督宗教的教會、組織和活動，因爲該國的穆斯林要多於基督徒。這種偏袒最誇張的表現是興建大教堂「和平聖母堂」（Our Lady of Peace）的計畫，該計畫是一九八〇年代由時任總統的博瓦尼（Felix Hophuet-Boigny）推動，建於其家鄉亞穆蘇克羅（Yamoussoukro）。完成後，這大教堂將會是全世界最大的天主教堂，比羅馬的聖伯多祿大教堂還要大。㉘

這些大而無當的計畫除了不符經濟現實外，還會引起一些嚴重的問題。以下我們將會看見，現代非洲最引起爭議的事情，就是蘇丹和奈及利亞這些國家推行伊斯蘭教法之舉，因爲基督徒佔多數的國家爲了報復，說不定會透過立法，把基督宗教強加給全民。政教分離對非洲國家來說是完全陌生的觀念，而它們的政教關係，一向都是追隨前殖民宗主國

（如英國、法國和葡萄牙）的模式。根據這些舊有的模式，教會的建制化是完全熟悉的觀念。因此，在未來，說不定我們將會看到更多的「基督宗教國家」出現，而且是一個宗派獨大的——歐洲學者稱爲的「國家教會」（Staatskirche）。

但這些新的基督宗教政權並不一定會像圖圖和金大中時代的南方教會那樣，對民主和憲制充滿熱情。在熾烈的先知傳統與解放神學在最近結合以前，基督宗教的政治思想常常受到保羅的〈羅馬書〉第十三章影響，默認既有政權的正當性。（「在地上有權柄的人，人人當順服他，因爲沒有權柄不是出於上帝的。凡掌權的都是上帝所命的。」）這樣的觀念一般也是獨立教會和五旬節派教會所秉持的，因爲它們不但是《新約》的信徒，也是《舊約》的虔信者，而《舊約》又是認定地上的王國常常是爲上帝的意旨服務的。（「整體論」的觀念當然不是天主教獨有的。）未來，有一些配合度高的教會高層會被延攬而成爲政府要員，並非不可想像。高壓的政權可從教會的支持巨大獲益，因爲教會可以透過它的巨大網絡把不反抗的思想廣泛傳播出去；反過來，教會也可對政府支持以換取特權。㉙

基督宗教國家的一個流弊是教會很容易對當權者的瑕疵視若無睹，縱容政府的腐化和暴力。賴比瑞亞是非洲極少數從一開始就把基督宗教奉爲國教的國家之一，但當局這樣做，不過是要藉教會來掩飾領導階層嚴重貪污腐化和壓迫原住民的事實。更近期，那個把基督宗教奉爲國教的尚比亞總統奇魯巴（Frederick Chiluba）做了很多令人憂心的不合法舉措，甚至計畫在二〇〇〇年尋求違憲的三連任。在接下來必然會引起的爭議中，他當然少不了溫馴的五旬節派教會支持。史密斯（R. Drew Smith）告訴我們：「當反對奇魯巴的人在一九九七年十月發動的一次政變被粉碎後，五旬節神召會的祕書長就宣稱：『上帝不會容許尚比亞被有私心的個人所搞亂，因爲祂自己是全面掌控著這個國家的。』之後又說：『感謝與讚美主讓尚比亞的士兵敉平了政變的企圖。』」如果有什麼是掙扎求存的第三世界國家最不需要的東西，那一定就是爲當權獨裁者的美言粉飾了。[30]

此外，那些曾經在革命中出過力的教會還會面臨一個誘惑，就是對新政權表現出無批判性的支持，會用雙重標準去對待舊政權和新政權。正是因爲意識到甫獲民主的南非面對著這樣的試探，圖圖大主教才會說：「反對是容易的，但想弄清楚我們**贊成**些什麼，卻不同樣容易。」[31]南非教會會變成南非新政府的順手工具並非不可想像。有鑑於此，圖圖才會想到要創立「眞實與和解委員會」，這個機構不但要檢視革命者的罪行，也要檢視舊政府的罪行，與此同時，又承認兩者的罪行都應該加以寬恕。另一些教會的革命主義者就沒有這樣睿智了。

基督徒鬥基督徒

在其他方面，基督宗教的成長也會潛藏政治的隱憂，並偶爾導致流血事件。我們先前已經看到，在日益基督宗教化的世界裡，彌賽亞、先知或末世論傾向的組織有多麼稀鬆平常。通常，這些群體都是愛好和平的，但也有少數表現得極端狂熱，最後帶來暴力和死亡。有個惡名昭彰的例子發生在二〇〇〇年，當時一個淵源自天主教的烏干達教會發起了教徒集體自殺，導致一千多名信徒死亡。據報，是一個叫「復興上帝十誡」（Restoration of the Ten Commandments of God）的教會把信徒聚集到卡農古（Kanungu），等待聖母顯靈。接著，信徒引火自焚，報導中把卡古農形容爲非洲的瓊斯敦（Jonestown；譯註：圭亞那西北一個村莊，由人民聖殿教領袖瓊斯所建，一九七八年十一月，包括瓊斯在內的九百多位居民被發現全部死亡，既可能是自殺也可能是被殺）。但後續的報導卻強烈質疑這個解釋的正確性，懷疑信徒不是自殺而是被集體謀殺。㉜

通常，這一類千禧年主義和彌賽亞主義的宗教運動是內戰的副產品。近數十年來，非洲內戰頻仍，導致許多人流離失所，社會上普遍瀰漫絕望情緒。在烏干達過去二十年來的內戰中，其中最冷血無情的一支游擊隊是「聖主抵抗軍」（Lord's Resistance Army），因誘拐兒童而惡名昭彰。這支游擊隊衍生自一個彌賽亞主義的反巫運動「聖靈動力」（the Holy Spirit Force），始創者爲艾麗絲·拉奎娜（Alice Lakwena）。它的信徒相信，只要把一種神油塗在身上，就可以刀槍不入，結果有數千人爲此喪命。一如歐洲歷史所顯示的那樣，最嗜血的行動都是那些最深信自己是神啓先知的人所發動。㉝

宗派間的競爭也會引起嚴重後果。通常，只要有足夠的發展空間，各個擴張中的教派是可以和衷共濟的，至少是相安無事。目前，在大部分的非洲地區，基督宗教不同宗派間的關係都保持良好，甚至會發展出會議或聯盟之類的組織。然而，當一個新興宗派試圖打入向來被另一個宗派視爲其專屬地盤時，嚴重的衝突就會發生。如果這一類衝突剛好與民族或部族的疆界吻合，後果尤其要命。所以，宗教是可以帶來另一個暴力的誘因的。很多非洲南部的獨立教會的領域都是和部族的領域密合的，因此，任何宗教性的挑戰會自動轉變爲政治性的威脅，逼得對方非以暴力手段回應不可。

部族主義與宗教狂熱的結合被認爲是非洲近期多起衝突的肇因。其中最駭人的一件發生在一九九四年的盧安達，那是自二次大戰結束以來最嚴重的單一屠殺行爲。這個暴行徹頭徹尾以部族衝突爲本質，施暴者是胡圖族（Hutu），被施暴者則是處於少數的圖西族（Tutsi）。施暴者之中有一些是基督宗教的神職人員，包括天主教和聖公會的主教、教士，甚至修女（不過也有些胡圖族的教士冒死阻止謀殺發生）。據報導，這場屠殺是天主教會高層中的胡圖族教士所發起的，用以清洗圖西族的教士和信衆。㉞

由此觀之，宗教狂熱是會帶來不穩定和流血事件的，那些本來就問題重重的國家尤爲容易。歐洲的歷史表明，除非宗教戰爭告一段落和彌賽亞式的人物被逐出政治舞台，否則工業化和國家的建造是無法推展的。這是一個需要歷時幾世紀、點點滴滴完成的過程，而看來一個類似的轉變不可能在非洲或亞洲以快得多的速度完成。

宗教結構的轉變會帶來政治不穩定的例子，在拉丁美洲屢見不鮮。隨著新教與五旬節派在過去三十年的快速成長，天主教當局愈來愈感到怨尤。由梵蒂岡作後盾，拉丁美洲的主教定期會站出來譴責「宗派」（cult）的成長。（「宗派」是天主教喜歡用來指稱離經叛道的宗教運動的用語，一如美國媒體喜歡用它來指邪教。）一九九二年，教宗若望・保祿二世在拉丁美洲主教會議上提出警告，要大家慎防那些「貪婪的狼」。他也說過，福音教派「像一片油污般」在這個地區漫延開，「對多個國家的信仰結構帶來了威脅」。諷刺的是，這是天主教激進派與教廷保守高層少數有志一同的見解之一，因為激進派對五旬節派的節節推進也非常有戒心。不過，從他們的觀點來看，五旬節派和新教的最大罪行是宣傳一種政治的無為主義，從而窒息了革命的火焰。誠如切斯納特所說的：「天主教會選擇了窮人，而窮人選擇了五旬節派。」前者當然會一肚子怨氣。㉟

宗派恩怨最強烈的地區之一是中美洲，一九七〇年代，這個地區看似已處於將要發生普遍民眾革命的邊緣。在瓜地馬拉和薩爾瓦多等國家，起義受到政府的強烈鎮壓，手段包括屠殺和施用酷刑。新教和五旬節派的教會正是在這些骯髒的戰爭中取得最長足的發展。當時的分析家普遍認為，軍政府是故意扶植五旬節派的，一方面是因為痛恨天主教會，另一方面是因爲五旬節派較聽話，不會散布反政府的言論。因此有人形容五旬節派的傳道者「比飛機大砲有用」，更不用說比飛機大砲便宜得多。㊱人們也懷疑，政府扶植五旬節派的做法是受到美國的資助的，資金來源是美國的福音教派團體。從這個觀點來看，新教和五旬節派在一九八〇年代的成長，不過是反起義的一種工具，本質上是中情局分而治之策略的結果。對拉丁美洲觀察有素的伯利特（Virginia Garrard-Burnett）指出：「在很多人看來，五旬節派在拉丁美洲的繁榮滋長，正是美國文化征服本地區的明證，一種由金錢、政治影響力和消費品帶來的征服。」新教與反起義的結合具體表現在瓜地馬拉獨裁者里奧斯（Efraín Ríos Montt）身上。他本身是個新教徒，曾經在一九八〇年代初期發起一些最血腥的反游擊行動。很多被謀殺的異議份子領袖都是天主教徒。以宗派衝突的血腥程度而論，一九八〇年代的瓜地馬拉看起來有一點點像一五八〇年代的法國和德國。㊲

因此，很多西方人都把拉丁美洲的五旬節派視爲是保守主義的特洛伊木馬。不過事情沒有這麼簡單。現在已經有了大量研究拉丁美洲（特別是中美洲）的作品，而這些研究也有力地證明了，五旬節派包含各種政治色譜的信徒，其中包括了少數的激進份子，甚至桑定主義者。巴西又尤其是五旬節派左翼的一個重鎮。即使那些不是政治激進派的五旬節派教會，也常常參與社會運動，所以，把他們視爲政治無爲主義者或順服主義者是不公允的。儘管有些政府確實爲了削弱激進天主教的勢力而扶植五旬節派，但他們的如意算盤很少會打得響，因爲五旬節派的皈信者都會依自己的性向和興趣去理解該教派的教義。因

此，五旬節派絕不是全球化最壞的一個示範，它的茁壯是透過涵容不同的旨趣和回應社會需要而得來的。㊳

不管原因爲何，新教確實已發展爲拉丁美洲一股新的群眾力量，讓原來的社會結構變得不穩定。在好些國家，新教和五旬節派信徒已形成了一支龐大的投票部隊，而教會則成了有效率的拉票機器。通常，信徒都會樂於投票給眞能帶來社會改革的候選人，但同樣重要的原則是「弟兄投票給弟兄」。在祕魯一九九〇年的總統大選中，一支五旬節派的投票大軍突然冒出，讓藤森（Alberto Fujimori）得以當選，另外好些五旬節派的議員候選人也附藤森的驥尾勝選。幾個月後，艾利亞斯（Jorge Serrano）當選爲瓜地馬拉總統，成爲拉丁美洲第一位新教徒總統。在接下來的日子，新教與天主教的政黨說不定會在整個拉丁美洲競逐權力，讓這個原本就充滿對立的地區再加添一種對立。㊴

如果選戰再加上街頭或村莊裡的戰鬥，宗教衝突的風險將會大大提高。類似的情境事實上已經生在一些地區。其中特別麻煩的一個地區是墨西哥的恰帕斯州（Chiapas），過去三十年間，有數萬名新教和五旬節派信徒被他們的天主教鄰人趕走（大多發生在過去兩三年間）。反過來，五旬節派教徒又是政府打擊當地薩巴塔游擊隊（Zapatista）行動最熱烈的支持者。雖然不管就時間長度還是殘忍程度而論，恰帕斯州的衝突在拉丁美洲都是非典型的，但它卻不是拉丁美洲唯一以「守望相助」和「蒙面夜襲」方式鬥爭的地區。㊵

在歐洲的宗教改革時期，宗派間的衝突常常肇因於一些外人看來無足輕重的象徵性行爲，例如羞辱聖母或聖徒的聖像等。在拉丁美洲的脈絡，這一類的「搗毀偶像」行爲不但被認爲是正面的宗教挑釁，還會被看成對民族或部族尊嚴的羞辱。有一次，「上帝王國普世教會」的領袖因爲在電視上踹了巴西的主保聖人阿帕雷西達聖母（Nossa Senhora Aparecida）的畫像一腳，該教會的教堂隨即受到攻擊和炸彈恐嚇。在厄瓜多爾，五旬節派信徒有一次到埃爾金切的聖母堂進行嘲諷性的朝聖，天主教徒隨後以焚燬一家當地的新教小禮拜堂作爲報復。在拉丁美洲，攻擊新教教會的行動本來就時有所聞，並不新鮮，但現在有所不同的是新教信徒已經強大得足以保護自己，反擊的次數愈來愈多。㊶

要預測這種宗派恩怨將會走向哪個方向並不容易，但英國的例子說不定可以作爲借鏡。十九世紀初期，當政治革命的希望完全落空以後，英國的城市與工業群衆紛紛改投衛理公會一類新興的宗派。有些評論者認爲，這正是英國之所以不像同時代的法國那樣，反覆爆發革命的原因。但到了十九世紀末，紀律井然和企圖心強的衛理公會信徒卻成爲工會運動的有效大軍。這樣的發展，說不定也是五旬節派未來在拉丁美洲會走的路。另外，五旬節派和天主教在今日拉丁美洲的擦撞，也讓人回想起十九世紀時英國國教與各種新教新興宗派的衝突。不過，兩股勢力的衝突並沒有演變爲暴力，而是轉入了議會，成爲英國的兩大政黨：一方是代表國教的保守黨，另一方則是由各新興宗派主導的自由黨——其後是工黨。如果拉丁美洲能夠循這種不流血的模式發展，將會是一大幸事。不過在目前，很少人預期事情會朝這個方向發展。

觀察宗教在全球政治所扮演的角色，我們會發現南北半球的情形相當不同。宗教在全球南方的政治舞台相當活躍，反觀在北方則相當不活躍，而這種分歧在新的世紀會愈拉愈大。在許多南方地區，宗教的議題將帶來政治上的效忠者，而教會和神職人員會扮演政治領袖的角色。（在這一點上，美國的處境將介於宗教狂熱的南方與宗教冷感的歐洲之間。）當一個基督宗教國家面臨內部危機或與基督宗教鄰國（譯註：指信仰不同宗派的鄰國）發生衝突時，很自然會想向相同信仰的國家尋求奧援。我們正在邁向的，說不定是一個合縱連橫的梵蒂岡外交大時代。

正如下一章將會看到的，接下來幾十年，國際事務的漩渦之一將會是宗教性的衝突，特別是基督宗教和伊斯蘭教之間的衝突。但這種衝突卻是北方人愈來愈不能理解的，在這個意義下，北方國家將會慢慢淡出歷史的中心。北方人將與那股正在形塑新世界的宗教力量愈離愈遠，變得與新基督宗教的信仰者無法溝通。

我早聲明過自己無意在這本書裡預言些什麼，也無意在此猜測接下來三、四十年的國際權力消長和政治議題。然而，宗教和人口的雙重趨勢卻明顯得讓人無法視而不見。迎面而來的世界，將會是一個人口與財富的分配愈來愈不成比例的世界。不需要太大的想像力，我們就可以預見南與北的經濟失衡，以及衝突的宗教化，將是新世紀的重要問題。過去幾年來，要求先進國家取消第三世界欠債的運動都是南方的宗教人物主導的，其中包括宏都拉斯樞機主教羅德里格斯和南非的恩加內（Njongonkulu Ndungane）等。儘管參與政治性的事務，但與接下來一、二十年將要冒出來更激烈的宗教領袖相比，他們顯得相當溫和。雖然在若望·保祿二世的帶領下，梵蒂岡經歷了一段相當長的保守主義時期，但也許歷史將會證明，這不過是漫長教皇史的一個過渡階段，而我們在有生之年就可以看到七〇年代那種激進主義的復興。

另外，自蘇聯解體後就不復見的全球性意識形態對立也可能只是曇花一現，不必多久，革命勢力就會在全球南方捲土重來。在美國情報部門對二〇一五年世界政治情勢的預估中，宗教激進主義被認爲攸關重大，而且不限於我們熟悉那種伊斯蘭教的激進派。該報告認爲：「基督宗教與伊斯蘭教這兩大宗教將會繼續大肆成長。兩者都將廣泛分布於幾個大洲，利用資訊科技來傳揚信仰，憑靠依附者的資金資助非牟利團體與政治計畫。這些宗教的政治積極份子將會在基因工程、女權和貧富差距這些議題上互相角力。」就目前來說，這些議題中最重要的是貧富差距，全球財富亟需重新分配。㊷

在即將來臨的那個世界，坐擁巨大財富但人口嚴重萎縮的北方大概還會繼續傳揚人道主義的價值觀，並以自由派的基督宗教和猶太教作爲粉飾。（儘管就整體而論，美國的宗教性格將比歐洲強烈，但北美菁英階級的世俗化程度不會輸他們的歐洲同伴。）與此同時，北方將要面對更窮和更多的全球群衆，不過這些群衆高舉的將不再是紅色的革命大旗，而是基督宗教或伊斯蘭教的旗幟。這種情景聽起來和冷戰時代的夢魘類似，但關鍵的分野在於這些窮人的精神資糧不是馬克思和毛澤東的文本，而是《聖經》和末世論的語言。在這樣的世界裡，西方將會是最後的巴比倫。

這個前瞻也許太過頭，但世俗化的西方將被迫去處理一些它根本不了解的宗教衝突，還是大有可能的。美國及其盟友在二十世紀後期處理伊斯蘭教基本教義派的表現，讓人對未來感到憂心。我們應該還記得，美國政府因爲低估宗教力量而制定的錯誤政策在伊朗和黎巴嫩等地區造成了何種災難。一般都同意，美國的政策制定者都是對伊斯蘭教沒有多少了解的人。然而，二十一世紀最重要的一個政治變數也許不是伊斯蘭教，而是那種神祕的、非西方的意識形態，也就是基督宗教。

隨著北方媒體開始認識到南方國家與日俱增的重要性，就會嘗試去解釋它們的價值觀，只不過，他們用來解釋南方基督宗教的，大有可能仍然是他們用來解釋原教旨主義或狂熱宗教的同一套種族與文化的刻板印象。兩個相關的過程將會在其中起作用，一是一種熟悉的東方主義，另一是有種族偏見的第三世界原始主義。隨著南方基督宗教在北方人的眼中變得愈來愈陌生，它將會受到過去年間伊斯蘭教所受過的對待。在一九八〇年代，伊斯蘭教什葉派被西方媒體形容得像神話中的怪獸。將來，說不定新興的南方基督宗教也會被貼上「狂熱」、「迷信」、「蠱惑人心」這些標籤，被認定是政治反動和性壓抑的。

即使是今天，媒體對第三世界難得一見的報導仍是集中在與死亡或狂熱有關的事情上，例如二〇〇〇年發生在烏干達的集體自殺。㊸一開始，儘管證據薄弱且不合情理，但媒體都相信那是集體自殺，之所以如此，只因爲那是西方人認定原始的非洲人會幹的事。隨著基督宗教與非洲和黑人分布區的關係愈來愈密切，這個宗教說不定會被貶斥爲一種來自黑暗之心（Heart of Darkness）的東西。〔儘管「黑暗之心」一語原來是形容中非的，但二十世紀的歷史卻證明了它更適用於從柏林到莫斯科之間的一片歐洲區域。〕（譯註：「黑暗之心」是英國作家康拉德一部小說的名字，描述一名海員駕駛商船沿剛果河上溯的經歷。）

西方媒體對宗教事情的報導一般來說都表現差勁，哪怕是有關它們自己社會的宗教事務。儘管福音教派和其他的基督宗教基本教義派在北美洲相當流行，但媒體還是會把他們低貶爲反動無知的一群人。前不久，媒體才發起過一項反對阿什克羅夫特（John Ashcroft）出任司法部長的戰役。阿什克羅夫特有沒有資格當司法部長，當然是可以討論的，但令人側目的是，相當多批評他不適任的理由，都是指向他相信超自然事物、相信五旬節派教義這一點。反對他出任司法部長的頭號理由就是他是神召會的成員，哪怕這個教會在拉丁美洲和非洲已蔚爲大宗。

如果把這種偏頗的態度用在全球性的事務，再加上種族偏見，那危險性將會是空前的。如果北方人最後竟然把基督宗教定位爲一種叢林宗教，那這種全球有三分之一人口信仰的宗教就會顯得愈來愈陌生和危險。尤有進者，北方將會以對比的方式自我定義：北方是世俗的、理性的、寬容的，而南方是原始的和基本教義派的。換言之，北方將會用基督宗教的反面來界定自己。

8 | *The Next Christendom*

下一波十字軍

The Next Crusade

胡拉伊拉（Abu Huraira）說：「安拉的使者如是說：『當瑪利亞的兒子復臨時，你們要怎麼辨呢？要知道，他將會以《古蘭經》的律法而非《福音》的律法審判人。』」

——《穆罕默德言行錄》（*The Hadith of the Prophet Muhammad*）

在時序轉入第三個千禧年的今天，世界上很多持續進行的內戰和政治動盪，都是以宗教衝突爲其根源。而在大部分的情況裡，宗教衝突的兩造都是基督宗教與伊斯蘭教這一對累世宿敵。**會讓一或兩代以前的政治分析家驚訝的是，目前政治鬥爭的前鋒並不是階級，而是對上帝概念持不同見解的人。**①**在新世紀人口將是最多的地區，大規模的宗教衝突與競爭業已在進行中，但西方的媒體卻鮮少聞問。**過去二十年來，發生在蘇丹或印尼的流血衝突得到的報導，從不能與西藏或緬甸相比；基督徒受到的迫害，也很少在大學校園裡受到夠多注意。從一九九〇年代晚期起，美國政府就開始改弦易轍，對世界宗教自由的議題投以密切的關注，但大眾媒體卻依然故我。②

西方大眾媒體的目光總是偏狹得讓人咋舌。當一起有種族或宗教動機的謀殺案發生在歐洲或北美，媒體就會窮追不捨、刨根究底，但換成有數千人因爲信仰理由而在奈及利亞、印尼或蘇丹被屠殺的時候，媒體卻鮮少聞問。有些人的命就是比別的人值錢。宗教偏見也有助於解釋這個現象：自由派的西方人不願自己顯得是反穆斯林或反阿拉伯人的。

人口的預測數字顯示，宗教的對峙不但會繼續下去，而且會變本加厲。**未來世界的人口中心主要是一些兩大宗教壁壘分明的國家**。通常，這種對立又會在其中一方推動本教國教化時劇化。**從今日發生在亞洲和非洲的宗教戰爭，我們也許已預見了新世紀的政治輪廓，而且大抵預見了未來各強權合縱連橫形勢的雛型**。

了解數字

在嘗試了解新世紀的宗教態勢時，我們必須先要明白什麼是能夠明確知道的，什麼又不能。預測宗教的未來困難，不管對象是基督徒社群還是非基督徒社群。有關這一點，我們可以用印尼當例子。印尼聲稱是全世界穆斯林人口最多的國家。雖然大部分人都會同意印尼是個伊斯蘭教取向極強的國家，但能夠解釋其穆斯林人口為什麼會在六〇年代以後大幅攀升的，卻是政治上的理由。在一個狂熱反共的時代，如果你信的不是官方喜歡的宗教，政治立場就很容易被懷疑，正因如此，數以百萬計的人才會迫不及待表態自己是個穆斯林。八五%是穆斯林，亦即一億八千萬強。相同的情形也見於其他地方。根據印度的法律，除基督徒、穆斯林、拜火教徒或猶太教徒以外的印度公民都會自動被歸類為印度教徒。這種定義方式明顯無視於錫克教徒、佛教徒、耆那教徒的存在，儘管他們明明認為自己是屬於有別於印度教的宗教。③

另外，在進行人口普查的時候，並不是所有國家都像美國或歐洲那樣不偏不倚。每當我們讀某個非洲或亞洲國家的官方人口統計數字時，不應該忘了，這些國家裡的少數族群對任何的官方數字都是嗤之以鼻的，會問你怎能指望一個穆斯林政權（或基督宗教政權）會說眞話。不管這個見解是對是錯，政府會扭曲統計數字來佐證它們的一偏之見仍是大有可能的，尤以那些政治與文化對立嚴重的國家爲然。普遍認爲，查德和蘇丹這些穆斯林國家的統計數字大大低估了其基督徒的人口，一如肯亞和菲律賓這些基督宗教國家所給出的穆斯林人口數字是失眞的。埃及政府長久以來都被指控低估埃及科普特基督徒的人數，而這是可以理解的，因爲這樣才能確保它在伊斯蘭世界的領袖地位。一個典型的統計扭曲伎倆出現在印度，該國政府認定賤民階級只能屬於印度教、錫克教或佛教，換言之，一千四百萬的賤民階級基督徒和數千萬的賤民階級穆斯林在統計數字裡隱形了。④有時候，錯誤並不是出自蓄意，比方說宗教少數族群集中在一些極偏遠難至的地區時就會出現這種情形。

儘管有這些問題存在，但有一點可以肯定的是，伊斯蘭教將會像基督宗教一樣，從南方的人口膨脹中大大受惠。在非洲，二十世紀見證了伊斯蘭教和基督宗教的同時勃興，而這兩個宗教將會繼續成長。⑤**如果我們看看世界目前生育率最高的國家的名單，就會發現它們是基督宗教國家（如烏干達和玻利維亞）和伊斯蘭國家（如葉門和阿富汗）參半。**伊斯蘭教將會繼續在孟加拉、印尼、巴基斯坦和伊朗取得爆炸性成長。目前全世界一共有兩億四千萬阿拉伯人，到了二〇五〇年，將會增加到超過五億。伊斯蘭教今日在整個中亞地區欣欣向榮，而且這地區的年輕國家都符合第三世界國家人口樣態的典型面貌：烏茲別克今天有兩千五百萬人，到二〇五〇年應該會增加一倍。伊斯蘭教在中國的前景較不確定，但就像中國基督徒的人數據信非常龐大一樣，穆斯林在這個大國說不定有數以千萬計。

伊斯蘭教在中東和中亞的成長特別具有政治意涵，因爲它意味著伊斯蘭教將會繼續與石油財富掛鈎。重點倒不那麼是油田今天的地理分布如何，而在於它們會在接下來的五十年或一百年還會在哪裡找到。就這個標準而言，伊斯蘭教將會繼續擁有維持其權勢的物質性基礎，因爲現今人口成長得最迅速的地區，也正是在傳統產油國油藏採罄以後繼續能生產石油的地區。這個趨勢對阿拉伯半島上的國家及其鄰近國家（如伊朗和伊拉克）相當有利。但這對全球基督宗教來說卻可能是個壞消息。因爲要是基督徒與穆斯林在哪個第三世界國家發生衝突，美國和歐洲說不定會認爲出手幫助穆斯林的話，將可提升他們和中東產油國的關係，讓原油可以源源不斷運進西方的港口。除情感因素以外，爲第三世界基督徒出頭對美國和歐洲全無實質利益可言，再說，隨著西方自外於基督宗教更遠，說不定連感情的因素也不復存在。⑥

前面的章節已經預測過，到了二十一世紀中葉，世界人口最多的二十五個國家將會是哪些。如果我們現在把焦點放在這二十五個國家的宗教狀態，就會看出一些吃驚甚至震驚的事實（見表八－一）。首先，這二十五個國家裡有二十個是以基督徒或穆斯林為主（或有許多基督徒或穆斯林）的國家：九個是完全的伊斯蘭國家，八個是完全的基督宗教國家，另三個則是這兩種信仰勢均力敵的國家。

有一種宗教信仰相對獨大的國家比較不容易產生宗教衝突：基督徒是永不可能對沙烏地阿拉伯的社會構成威脅的，一如穆斯林不會成為墨西哥的一股主要勢力。那些存在可能衝突風險的是宗教少數族群佔總全人口一〇～二〇%的國家，因為這個人口比例強大得足以抵抗宗教同化，而且也維持得起反抗不得人心政府的武力。表八－一那些宗教二分的國家中，好些業已體驗過冗長的宗教暴力，人命損失嚴重。全世界二十五個人口最多的國家中，有不少於十個是基督宗教與伊斯蘭教的對立情況嚴重，揆諸現在的趨勢，它們任一個都有可能成為嚴重宗教衝突的舞台。

有兩個因素會威脅宗教狀態的穩定性，甚至帶來暴力。一是人口的增長並不遵照民族或宗教的界線。如果這世界每個國家都是由單一種族或單一宗教群體構成，事情將會單純

【表 8-1】

21 世紀人口最多 25 個國家的宗教態勢

1.穆斯林佔絕大多數的國家
巴基斯坦　孟加拉　沙烏地阿拉伯　土耳其　伊朗　葉門

2.以穆斯林為主而基督徒亦舉足輕重的國家
印尼　埃及　蘇丹

3.基督徒佔絕大多數的的國家
美國　巴西　墨西哥　俄國

4.以基督徒為主而穆斯林亦舉足輕重的國家
菲律賓　剛果民主共和國　德國　烏干達

5.穆斯林與基督徒大致勢均力敵的國家
奈及利亞　衣索比亞　坦尚尼亞

6.既非基督宗教亦非伊斯蘭教主導的國家
印度　中國　越南　泰國　日本

許多，因爲一個國家人口的增與減，關係不是那麼大。但在眞實世界裡，這樣的國家卻如鳳毛麟角，因爲大部分的國家都有規模不同的宗教少數族群，人口比例的轉變會使既有的緊張關係加劇。由於窮人和移民生育率一般比富人高，假以時日，他們的宗教與文化傳統將會變得更有影響力，在最壞的情況下，這種趨勢會帶來政治不穩定。一個具體而微的例子發生在黎巴嫩，該國的什葉派信徒是宗教少數，通常屬於低下階層。然而，因爲這些什葉派信徒的人口成長率非常高，讓他們成爲舉足輕重的力量，而該國長達十五年的內戰（一九七五至九〇年）就跟貧窮群衆的處境大有關係。目前，好些歐洲國家都面臨著移民群體非常多產而原有居民人口停滯不前的窘境，這也很容易造成宗教不穩定的狀況。

另一個可能會激起衝突的因素是傳教活動。我們這裡提出的預測數據都是基於一個預設：各國的基督徒與穆斯林人口比例會基本上保持不變。但這是個大膽的預設。基督宗教和伊斯蘭教都是善於傳教的宗教，各有一張漂亮的成績單，而且也毫不諱言自己有把信仰帶到全世界的雄心。兩者迄今的活動範圍，基本上都是相同的地區。在非洲，爭取信徒的競爭已經如火如荼展開。即便它們只是爭取非洲傳統宗教信徒，讓情況雪上加霜的是，在有些非洲地區，基督徒正嘗試去轉化穆斯林，反之亦然。要明白這種活動有多敏感，只要知道一點就夠，對伊斯蘭教來說，信徒放棄信仰乃叛教行爲，根據教法是可以處死的。誠如一句格言所說的：「**伊斯蘭教是一扇單向的門。你可以穿過去，卻不可以走出來。**」

一個基本的問題就是基督宗教能否與伊斯蘭教共存。這問題看起來是多餘的，因為這兩種信仰不是已經共存了一段很長的時間嗎？伊斯蘭教在各大宗教中唯一於聖經典籍裡要求信徒寬容其他宗教，認為其他宗教的信徒俱為「《古蘭經》的人民」。伊斯蘭教與基督宗教的共通處也非常多。很多基督徒都不知道，伊斯蘭聖經典籍裡的主角，與基督宗教《聖經》裡的主角幾乎是同一批人。《古蘭經》裡有關瑪利亞的記載比《新約》還多，而且認為耶穌是除穆罕默德以外最偉大的伊斯蘭教先知。會為末日審判而現身的人是耶穌而不是穆罕默德。尤有進者，耶穌也是伊斯蘭教神祕主義的主要啓迪者，是蘇菲派敬愛的榜樣與導師。一九八〇年代當《基督的最後誘惑》（*The Last Temptation of Christ*）這部被認為有損耶穌形象的電影要上演時，西方的基督徒固然發起了抗議活動，但禁演的卻是伊斯蘭國家。⑦

事實上，**基督徒與穆斯林和諧共處的例子所在多有**。**在中世紀的大部分歲月，伊斯蘭國家通常是寬容基督徒的**，儘管像摩爾人的西班牙王國那麼開明的社會並不多見。住在伊斯蘭國家的猶太人和基督徒都可以安居樂業，反觀住在鄰近基督宗教國家的穆斯林和猶太人卻會遭到屠殺與驅逐的命運。時至今日，哪怕媒體把中東的宗教衝突報導得有多可怕，但那裡的基督徒—穆斯林關係基本上是和諧的。**大部分伊斯蘭國家**（包括安曼和阿拉伯聯**合大公國）都容許基督徒做禮拜，只要基督徒別想轉化穆斯林就行。巴勒斯坦是一個穆斯林與基督徒和平共存的範例**（至少跟其他宗教對立嚴重的地區比起來是如此）。當教宗在二〇〇〇年造訪埃及和二〇〇一年造訪敘利亞的時候，受到了穆斯林群眾的熱烈歡迎，其中包括一些高級的伊斯蘭教士。一九九〇年阿爾及利亞內戰期間，伊斯蘭極端份子鎖定天主教會碩果僅存的人員爲暗殺對象，導致了超過二十名教士和信徒被殺。其中一個受害者是奧蘭（Oran）的主教，喪禮非常盛大，反映出他受愛戴的程度。很多哀悼者都是穆斯林，他們稱他爲「穆斯林的主教」。在非洲的大部分地區，穆斯林和基督徒也保持互相寬容的關係（至少到很近期還是如此），而這部分反映出這兩大非洲宗教日常實踐的相近——兩者都積極於吸收傳統泛靈信仰的成分。⑧

儘管有上述的觀察，**但就遠程來說，基督徒與穆斯林的關係並不樂觀。這不表示這兩種宗教本質上是有暴力傾向和排他的，問題是它們傳統上都喜歡透過政治行動貫徹本身的主張：這對姊妹恰恰是因為太相像才無法生活在一起。伊斯蘭國家和基督宗教國家是可以和平共存幾十年甚至幾世紀的，不過，通常到頭來仍會有迫害發生，而這往往以自然災難為導火線，要不就是出現了一個宗教狂熱的政權。**這樣的情況下，宗教少數族群的人口就會銳減和四散，而即使他們渡過了難關，盛況也不可能再恢復，而且，迫害通常會在一段時間後再度發生，又往往比上一次更凶猛，讓宗教少數族群的處境更形艱困。這種情形，幾乎與猶太人在中世紀或現代歐洲早期的處境如出一轍。⑨

哪怕一國的主流宗教具有相當的寬容性，但只要每半個世紀爆發一次宗教狂熱，就足以讓少數派的宗教社群飽受蹂躪，甚至被連根拔起，而這正是近些年來發生在中東的事情。

儘管基督徒社群在整個中東地區都存續下來，但人數已變得可憐兮兮，即使與一八五〇年相比也只像個陰影般存在。一九一五年亞美尼亞人對基督徒的屠殺是眾所周知的，但一八六〇年數萬的黎巴嫩與敘利亞基督徒遭穆斯林和德魯茲教派（Druzes）屠殺的事件，同樣具有致命性⑩（譯註：德魯茲教派是人數不多而以尚武著稱的中東伊斯蘭教派）。除亞美尼亞以外，土耳其也在一九一五年殺害或驅逐了數十萬各宗派的基督徒。由土耳其軍方蓄意引入的饑荒奪去了十萬黎巴嫩基督徒的生命。中東地區最血腥的迫害發生在一九一五年，許多自羅馬時代就存在的古老基督宗教社群（雅各派、聶斯托利派、迦勒底派〔Chaldaean〕等）被摧毀一空。在一九一九年至一九二五年間，大批大批的希臘裔基督徒被驅逐出土耳其。晚至一九五五年，伊斯坦堡的基督徒還「受到了自『水晶之夜』（Kristallnacht）以降最糟的種族迫害。」（譯註：「水晶之夜」是指希特勒在一九三八年十一月九日夜間對德國猶太人發動的大迫害，是夜因爲有無數猶太商店的櫥窗被砸，碎玻璃散落一地，如水晶般閃閃發光，故名。）伊斯坦堡的基督徒在一九二三年還有四十萬，但今日僅存四千人。⑪

這些例子讓我們溫習了重要的一課：只要迫害行動夠無情，那它的後果就很嚴重。觀念也許是殺不死的，但要殺盡持有某種宗教觀念的人卻沒有那麼難。聶斯托利派的教會一度是世界上最大和分布最廣的機構，但到了一五〇〇年，它基本上已不存在。基督徒在土耳其也一度是個可觀的少數，但僅僅一、二十年的時間，他們就被清洗殆盡。這些過去的事件在在預示著當代宗教少數族群的淒涼前景。

無可否認，說到殘暴，也少不了現代基督徒的份。塞爾維亞人一九九五年在斯雷布雷尼察（Srebenica）對波士尼亞穆斯林的屠殺，乃是一九四五年以降規模最大的單一罪行。不過，宗教衝突的模式卻在近年來決定性地改變了：發動迫害和屠殺的主要都是穆斯林這一邊。

為什麼會出現這種極端主義，值得深入探討。過去二十年間，伊斯蘭世界被一股宗教復興的狂熱所攫住，而這個運動所追求的，是建立一些全面實施伊斯蘭教法的純粹伊斯蘭國家。⑫而人們之所以會被這種觀念吸引，也許是因為害怕全球化的趨勢會使他們失去文化認同，或認為這是擺脫絕望貧窮處境的一條出路。根據美國情報部門的估計，到了二〇一五年，「中東大部分地區的人口將會多上更多，更貧窮，更都市化，也更幻滅。」而情況到了二〇五〇年說不定還會更糟。⑬儘管有這些社會面與經濟面的考量，但這並不表示我們就應該肯定全面實施伊斯蘭教法的要求，同意所有真誠信仰伊斯蘭教的人都需要以此來肯定自己的信仰。不管理由何在，近些年來的宗教衝突都是以穆斯林對基督徒發起的排斥為主，而這種趨勢看來沒有改變的跡象。

戰爭最前沿

要說明宗教暴力的動態，我們可以拿今天宗教衝突的一些主要前沿做爲例子。所有這些「前沿」都是位於那些將會成爲世界人口大國的國家。**宗教衝突最血腥的國家大概首推蘇丹，那是一個宗教界線與種族界線相重疊的地方**。現在這個國家由北方的穆斯林人口主導，他們講阿拉伯語，而南方住的主要是信仰基督宗教或泛靈信仰的黑人。根據官方統計數字，蘇丹約有二千五百萬穆斯林、二千萬基督徒和八百萬泛靈信仰信徒。（到了二〇五〇年，總人口可能會高達八千四百萬。）儘管穆斯林與基督徒的人口基本上勢均力敵，但蘇丹政府卻把伊斯蘭教奉爲國教，以阿拉伯語爲國語，規定以星期五而非星期天爲安息日。蘇丹的南方人自然不願意接受穆斯林的宰制。一場血腥反抗從一九六三年燃燒到一九七二年，並在一九八〇年代再次爆發，而事件的起因是政府想透過立法把伊斯蘭教法強加到全國。

這是非洲最血腥的戰爭之一，迄今已奪去一百五十萬人的性命。根據美國國務院的描述，政府鎮壓非穆斯林的手段包括了「濫炸，焚燒與劫掠村莊，謀殺、綁架、強暴、任意逮捕和留置公民。」⑭第三世界好些地區都體驗過這一類的野蠻戰爭，但蘇丹衝突的一個特出處在於它赤裸裸是宗教性的，是穆斯林政府接受原教旨主義的結果。另外，蘇丹也是極少數還公然實施奴隸制的國家，另一個實施同樣制度的是非洲的伊斯蘭國家茅利塔尼亞（Mauritania）。在這兩個國家，奴隸販子一般是膚色較淺的阿拉伯人，而奴隸都是非洲黑人。另外，蘇丹的奴隸通常是基督徒。

到底蘇丹的例子可以在多大程度上反映出伊斯蘭教對待異己的態度，當然是可以爭論的。有人辯說，像蘇丹和阿富汗這樣的落後國家，其宗教寬容度理所當然要遠遜於法國或瑞士一類的富有先進國家，所以蘇丹和阿富汗的情形是貧窮和落後造成的，並非伊斯蘭教的本質部分，我們不應該拿蘋果和香蕉比較。這似乎有道理，問題是，我們也沒有看到哪個以基督宗教爲主的國家會這樣迫害國內宗教少數族群。再者，在一些較富裕和先進的伊斯蘭國家裡，我們也可看到同樣嚴重的迫害。在沙烏地阿拉伯這個非常富有的國家，基督徒的崇拜是法律所禁止的（但政府會睜一隻眼閉一隻眼）。

蘇丹經驗另一個讓人不安之處是它顯示出，在宗教氣候轉變的時候，宗教少數族群是有可能被大大削減甚至消滅的。同樣的事情也許正在蘇丹的鄰居埃及上演中。埃及是從古代流傳到現在的科普特教會的家園，儘管埃及的情況不及蘇丹嚴峻，但近幾十年來，科普特基督徒的人口卻持續銳減中。在一九九〇年代，有良好武裝的穆斯林游擊隊開始攻擊科普特基督徒的村莊，前後加起來大概殺害了一百人。這些暴行震撼了基督徒的穆斯林鄰居，他們譴責攻擊行動，並想辦法幫助受害的基督徒。但同樣的同情心卻沒有出現在基督徒與穆斯林混居的村莊。二〇〇〇年，在埃及的阿科塞村（al-Kosheh），一個店東與一個顧客的吵架引發了一場殺戮，導致二十個科普特基督徒死亡，數以百計的房屋被焚燬。這些暴力行爲本身就夠糟了，但更讓人不安的是埃及當局一貫的偏頗態度。科普特基督徒因爲一些捏造的指控而被定罪的事情一再上演，要不就是因爲被認爲說了一些批評伊斯蘭教的話而被判重刑。在發生於阿科塞村的那樁事件中，主審法官不但開釋了穆斯林暴民的所有罪行，反而譴責科普特教會的教士煽動群衆。這些事例讓人不能不懷疑，長遠來說，基督徒是不是可以在伊斯蘭國度裡生存下去，哪怕他們願意接受被鄙夷少數的身分。⑮

奈及利亞的困境

蘇丹和埃及的雙重例子解釋了非洲基督徒爲什麼會對任何伊斯蘭教法和政治文化的擴張都忐忑不安。如果穆斯林枉顧國內宗教少數族群的存在而堅持要成立伊斯蘭國家，那暴力的發生就無可避免。⑯

此問題在奈及利亞這個相當重要的國家變得非常尖銳。目前奈及利亞的穆斯林和基督徒大致是平分秋色。但兩者的精確比例卻有不同的評估：有些人認爲穆斯林佔五〇%的優勢，而基督徒是四〇%；有些人認爲兩者都是四五%，其餘一〇%是傳統信仰的追隨者。讓情況更複雜化的是這兩個族群在地理上並不是平均分布的：北方主要是穆斯林的地盤，東方主要是基督徒的地盤，所以這兩個宗教族群都想把自己的標準加諸各自的地域。這種分布也意味著，在奈及利亞，宗教的界線是與種族、部族和地理的界線重疊的。在該國的三大族群裡，北方的豪薩族（Hausa）是堅定的穆斯林，東方的伊格博族（Igbo）是基督徒，約魯巴族（Yoruba）則穆斯林和基督徒參半。⑰

穆斯林與基督徒的競爭常常導致暴力衝突。在一九六六年，有數萬北方的伊格博族基督徒遭到屠殺，迫使倖存者出逃到安全的地方避難。這些事件強化了穆斯林在北方的霸權，讓殘存的基督徒淪落爲明顯的少數。在一九六七年至一九七〇年之間，以基督徒爲主的東方努力想脫離奈及利亞，但並未成功，只導致了一場血腥的內戰，奪走約一百萬人的性命。儘管宗教是這場內戰的主要肇因之一，但它並不是一件純粹的穆斯林—基督徒事件。奈及利亞政府軍有大約一半是基督徒，而奈及利亞的領導者本身就是基督徒。但不管怎樣，內戰的結果對這個國家的基督徒來說都是場大災難。

在穆斯林的統治下，奈及利亞基督徒的處境艱困，人數不斷下滑。在穆斯林主控的地區，地方政府禁止教堂的新建或修繕，卻大力支持伊斯蘭教，斥資贊助朝聖活動和清眞寺的興建。一九九〇年代，穆斯林開始推動伊斯蘭教法的全面化。到了二〇〇一年，奈及利亞的二十三個州中，有九個不是全面就是部分接納了伊斯蘭教法（北部所有沿邊的州全面實施），其他州則還在討論中。這個現象，部分反映出正在加溫的宗教狂熱，但這也是豪薩族經過一位約魯巴族基督徒總統統治過後，重建穆斯林身分認同與部族自豪感的方法。⑱

奈及利亞的基督徒當然是害怕生活在伊斯蘭教法之下的。這種改革會對宗教少數族群帶來諸多限制，從一些生活上的惱人不便（禁酒）到嚴重壓迫。在極端的情況下，非穆斯林甚至得接受全部伊斯蘭民法、刑法與家庭法，也就是說，犯了事就有可能會遭到鞭刑和斷肢之刑。在伊斯蘭教法下，任何非伊斯蘭教的宗教活動都是嚴格禁止的，任何想要脫離伊斯蘭教的人都有可能會被判死刑。

伊斯蘭教法對兩性關係的影響極爲深遠，因爲它禁止女性自由行動和工作的權力。在穆斯林具有強烈掌控權的卡諾州（Kano），警察曾一天之內逮捕了兩千個在公衆場所與異性交談的人，對他們進行是否有通姦或賣淫行爲的調查。在北部的扎姆法拉州（Zamfara），一個十七歲的少女因爲未婚懷孕，被判處一百八十下杖刑（大概九十下就足以讓她喪命）。卡諾州在二〇〇一年發生了另一件引起對立的事情。有一個男人因爲改信了伊斯蘭教，堅持兩個女兒要按照他的安排，嫁給穆斯林丈夫。但他兩個基督徒女兒不願意，跑到當地的聖公會教士和一些基督徒人家那裡求助。後來警察出面干涉，以綁架的罪名逮捕了幫助過兩個女孩子的基督徒，激起了一場政治危機。用當地聖公會主教的話來說：「住在這裡愈來愈像住在一場聖戰之中。」⑲

在一九九〇年代，奈及利亞經歷了另一波血腥程度不亞六〇年代的集體暴動與屠殺，而隨著伊斯蘭教法的實施，情勢進一步惡化。二〇〇〇年初，幾星期內就有兩千人死於發生在卡杜納州（Kaduna）的宗教衝突中；作爲報復，也有幾百個住在東部城鎮的穆斯林遭到殺害。餘下的穆斯林開始搬出基督徒佔大宗的州，而北方的基督徒也紛紛出逃。奈及利亞的宗教衝突還蔓延到鄰近國家，其中之一是尼日，而這還是尼日在過去幾年第一次碰到肇因於宗教的暴亂。⑳

這些事件的重要性再怎麼強調也不爲過。到了二〇五〇年，奈及利亞的人口也許就會衝破三億，而到二十一世紀末可能會衝破五億，況且它又是一個產油大國。如果這個國家能夠繼續保持統一，那以它的人口與財富，足以成爲一個地區性甚至世界性的強權。它到底會變成一個伊斯蘭教獨大的國家，還是分裂成兩或三個較小的國家，將端視宗教衝突的演變而定。**美國情報部門在二〇〇〇年評估未來五十年對全球安全的最重要威脅時，奈及利亞的宗教和種族衝突就是其中之一，而且排名相當前面。奈及利亞的宗教命運在二十一世紀可能會是極具重要性的政治事實。**㉑

亞洲面對的威脅

亞洲的情形也一樣，宗教的分歧與迫害讓新世紀蒙上不祥的陰影。這種愈演愈烈的趨勢近年在巴基斯坦相當明顯。巴基斯坦的基督徒佔總人口約二％，相當於三百萬人上下，多半是社會最低下的階層。儘管政府的宗教態度是寬容的，但巴基斯坦的基督徒與其他宗教少數族群仍然處境艱辛。一條一九八六年的法律規定：「任何以直接或間接方式污衊神聖先知穆罕默德的人，得處死刑或終生監禁。」這一類法律對膽敢傳福音甚至只是背棄伊

斯蘭教的人帶來死亡的威脅。一般的基督徒恆常處於暴力、謀殺和強姦的陰影下。㉒

沒有人會懷疑巴基斯坦將繼續是牢固的伊斯蘭國家，但在亞洲的其他地區，伊斯蘭教卻遇到激烈的挑戰。**另一個二十一世紀的亞洲大國是印尼，而印尼的情況就像奈及利亞一樣，宗教衝突因為種族對立而更加惡化。**儘管以穆斯林佔絕大多數，但印尼宗教少數族群的實力仍不容小覷，其中又以佔二千一百萬人的基督徒最舉足輕重：他們相當於全國人口的一〇%。印尼的基督徒都集中在特定的地區與族群。在城市地區，基督宗教打入在印尼商業活動扮演關鍵角色的華裔中間。另外，基督徒地區也零散分布在這個島國的東半部，而這些地區就像菲律賓一樣，傳統上是認同西班牙和葡萄牙的。主要基督宗教中心包括了帝汶（Timor）、蘇拉威島（Sulawesi）、龍目島（Lombok）和馬魯古（Maluku，又稱摩鹿加〔Moluccas〕或香料群島〔Spice Island〕）。㉓

自一九九〇年代起，基督徒與穆斯林的衝突就在整個印尼的東半部延燒。特別殘忍的鎮壓活動出現在天主教地區東帝汶，它是印尼在一九七五年入侵和加以占領的。東帝汶的衝突本來不是純宗教事件，但當該地區於一九九九年經公投宣布獨立以後，政府軍便鎖定天主教的教士和信徒爲殺害對象。近期暴力衝突最嚴重的地區是馬魯古，在一九九九至二〇〇〇年間基督徒和穆斯林相殺最厲害的階段，印尼政府一度失去對這個地區的控制。戰爭中有五千人被殺，死者中基督徒與穆斯林各半。㉔

但更常見的情形是基督徒遭屠殺和驅逐。在二〇〇〇年發生於哈馬黑拉島（Halmahera）

的一起典型事件中，有兩百個基督徒在穆斯林準武裝組織「聖戰軍」（Laskar Jihad）長達一小時的暴行中遇害。同年稍後，在薩帕魯阿島（Saparua）又有四百個基督徒被殺（譯註：哈馬黑拉島和薩帕魯阿島均為馬魯古的屬島）。截至二〇〇〇年底，共有五十萬馬魯古基督徒遭到驅逐——主要的推手是印尼軍方暗中支持的「聖戰軍」。成千上萬的基督徒被迫在公開的儀式中皈信伊斯蘭教，其中一些儀式還包括對男性和女性的割禮。有幾百名基督徒因為拒絕改信而被殺害。在一次成功的種族／宗教清洗行動中，為數大量的教會被摧毀，但西方政府和媒體卻視若無睹。這些事件讓人擔心印尼東部大部分的基督徒社群將會在未來一、二十年間滅絕。另外，宗教戰爭也愈來愈從地區性擴大為全國性。二〇〇〇年的平安夜，印尼有九個城市發生教堂炸彈爆炸事件，導致十五個基督徒死亡。㉕

印尼出現反基督宗教暴力的原因是多方面的，部分的原因是宗教性的。一波新的原教旨主義運動在最近興起，並形成了一些有組織的政治團體，其附和者群起摧毀酒吧和他們認為是不道德的場所。民族主義也是仇恨的一個來源：因為像伊里安查亞省（Irian Jaya）這些出現強烈分離主義運動的地區就是以基督徒為大宗。殺死一個基督徒就是摧毀一個潛在的賣國賊。但宗教仇殺的背後也包含著強烈的經濟因素。傳統上，都市的基督教會都與華人商業社群關係緊密，而自印尼經濟在一九九七年走入谷底以後，都市的基督教會就斷斷續續遭到攻擊。這種敵意部分是蘇哈托（Suharto）的獨裁政權所煽動，意在為失敗的經濟政策尋找代罪羔羊。一九九八年五月，僅僅幾天之內就有約二千個華人在暴動中被殺害，數以百計的華人婦女被輪暴。在諸如馬來西亞等其他亞洲國家，基督宗教在華人中間愈是成功，就愈容易被抹黑爲外國剝削者的象徵和國家貧窮的罪魁。這些因素加在一起，讓反基督宗教運動成爲一種複雜而強有力的意識形態，一如十九世紀晚期席捲歐洲的反猶太主義。就像奈及利亞的情況，印尼到底會繼續是個多種族、多宗教的國家，還是會演變爲一個純粹的伊斯蘭國度，將是攸關重大的。㉖

就像印尼一樣，菲律賓很快就會是環太平洋亞洲地區人口最多的國家之一，然而也像印尼一樣，最近發生在這裡的一些事件讓人懷疑基督徒是不是可能和穆斯林和平共存下去。儘管菲律賓傳統上是個高度天主教的社會，但在其南方島嶼民答那峨（Mindanao）上，卻有爲數龐大的穆斯林。自一九七〇年代起，菲律賓南部的莫洛人（Moro）就投入了爭取自治的戰鬥中。菲律賓政府在一九九六年與最大一支游擊隊達成部分解決方案，然而其他游擊隊並沒有放棄武裝戰鬥的意願。二〇〇〇年，這個長期的叛亂突然復燃，導致好幾百名軍民被殺。這事件還導致了恐怖組織「阿布沙亞夫」（Abu Sayyaf）的抬頭，其宗旨是在民答那峨建立伊斯蘭國家。「阿布沙亞夫」公然投入反基督宗教的行動，其中包括一九七七年殺害一位天主教主教於他的教堂外。二〇〇一年，這個恐怖組織因爲綁架菲律賓的基督徒和美國傳教士而受到世人的注意。㉗

當代基督徒—穆斯林衝突最令人不安的一個特點，是它們變得愈來愈稀鬆平常，愈來愈難以引起注意。儘管發生在奈及利亞和印尼的血腥衝突得到了西方的一些報導，但類似的衝突已經瀰漫得太迅速，到了報不勝報的程度。就連埃及這個傳統上以寬容著稱的國家，現在都已受到了感染。基督徒—穆斯林衝突也蔓延到長久以來以寬容著稱的巴勒斯坦阿拉伯人與傳統上愛好和平的馬來西亞。一個分析家指出：「**伊斯蘭教已成為馬來西亞與印尼政治的決定性力量……多元的日子在東南亞已告結束。**」㉘在過去的歲月，一個在宗教寬容上最常被引爲模範的地區是印尼的馬魯古，它精巧的社會習俗是爲鼓勵異教通婚而設計的。一個爲時久遠的習俗是人們會在異教的重大節日到異教朋友家裡拜訪：穆斯林會在聖誕節拜訪基督徒鄰居，基督徒會在齋戒月拜訪穆斯林鄰居。但隨著過去這些年間的殺戮，這種友好關係已經裂解。

類似的情形泛見於非洲，而且常常是發生在五到十年前還沒有半點宗教衝突跡象的地方。二〇〇〇年，基督徒與穆斯林的暴力衝突發生在肯亞首都內羅比。就連象牙海岸這個一向被認爲有高度容忍性的社會，宗教衝突也像是從天而降一樣出現了。象牙海岸是一個相當混雜的社會：約四〇%是穆斯林，三三%是基督徒，其他人分屬不同的非洲原始宗教，另有一個大比例的無信仰者。儘管如此，一場發生在一九九九年的政變卻帶來了政治不穩定，而不到一年，基督徒與穆斯林就開始在街上互相殺戮。有史以來第一次，以穆斯林居多數的北方出現了要與以基督徒佔多數的南方脫離的聲音。這個衝突也演變為國際事件，因爲它讓象牙海岸這個由基督徒掌政的國家與兩個由穆斯林統治的鄰國——馬利（Mali）與布吉納法索（Burkian Faso）——變得關係緊張。如果象牙海岸最後也成爲蔓延中的宗教戰爭詛咒的犧牲者，將是大不幸，因爲它是人口成長最快速的非洲國家之一——目前的人口是一千六百萬，預計到二〇五〇年將膨脹爲三千六百萬。如果連象牙海岸都不能倖免於宗教衝突，那又有哪一個非洲國家能倖免呢？㉙

另一些來得出其不意的宗教暴力就發生在歐洲本身。一九九〇年代在前南斯拉夫所爆發的野蠻廝殺，是發生在本來以宗教寬容著稱的社群之間的。天主教徒、東正教徒和穆斯林之間通婚或交友是司空見慣的事。然而，暴力一發生，宗教認同就會讓各路人馬立即就位，爲信仰而互相廝殺。而國際社會又對他們自稱「爲宗教而戰」之說認眞看待，讓發生在波士尼亞和科索沃（Kosovo）的戰爭變成了名符其實的國際十字軍與聖戰。衝突雙方的仇視程度儼如一九三〇年代西班牙內戰時左翼與右翼的翻版。㉚

集體暴力只要一發生，它就會獲得自給自足的燃料。通常，傳統上和平共存的社群對隱約的侮辱和挑釁都會保持克制，然而，實質的暴力行爲只要發生過一次，發生暴力的門檻就會降低。發生於二〇〇〇年內羅比的暴動，肇因於一些少年拆毀了蓋在一家淸眞寺旁邊的幾間小屋。當暴動讓一些少數社群變得無家可歸，這些失去家園的人就會反過來成爲暴力的燃料，在往後的衝突中採取強硬立場。㉛

一旦人們衷心相信屬靈爭戰的正義性，別有居心的人就很容易操縱大衆的情緒。我們固然應該懷疑是不是每一場暴動都是出於有心人煽動，但有些陰謀論卻是眞有其事，是某些特工人員「製造緊張策略」的一部分。這一類事情在一九八〇年代的南非就比比皆是。更近期，這一類分化行動一般都專事挑撥宗教衝突，目的是動搖民主政權的基礎。對於近年來爆發於印尼的一連串暴動，有一個解釋是出於前獨裁政權打手的煽動，爲的是讓現任的民主政府名聲掃地。二〇〇〇至二〇〇一年暴動最嚴重的時候，印尼民選總統瓦希德（Abdurrahman Wahid）站出來譴責不寬容的行爲及強迫改信之舉，又公開把暴行歸因於舊政權特工的煽動。不管此說是否爲眞，但宗教對立無疑是煽動者最好的火種，而暴力的循環一旦啓動，你要讓它運轉下去就費不了多少氣力。㉜

歐洲

基督徒與穆斯林的衝突在多大程度上是不可避免的？這個問題正逐漸成爲歐洲所必須嚴肅面對的，而且不限於巴爾幹半島的歐洲部分。在好些西歐國家，宗教敵對已經在社會衝突中至少扮演起邊緣角色。在法國，北非裔的穆斯林在低下階層的年輕人之中佔有很大比例，自一九八〇年代起，他們就常常在都市暴動中與警察發生衝突。而反移民的抗議活動同樣有著宗教的調子。在一九八〇年代的柏林街頭示威中，你會看到類似以下的塗鴉：「昨日的猶太人——明日的土耳其人」或是：「維也納一六八三年」——一六八三年是土耳其穆斯林在中歐的勢力決定性敗北的日子。

這些零星衝突在一九八九年突然加速，當時，伊朗政府對英國作家魯西迪（Salman Rushdie）發出了追殺令。讓歐洲白人大吃一驚的是，這場反褻瀆戰役竟然可動員起英國、法國、德國、比利時與荷蘭的數千穆斯林上街遊行示威。有些示威者所高舉的標語相當具有挑釁性：「**伊斯蘭教——我們今日的宗教，你們明日的宗教**」。魯西迪事件標誌著穆斯林運動的一個全新階段，其後在全歐洲獲得廣泛迴響。二〇〇〇年，荷蘭的一些穆斯林團體要求一家劇院停演一部有關阿以莎（Aisha）的歌劇——阿以莎是先知穆罕默德的妻子。最近，義大利的穆斯林集結起來，抗議裝飾於波隆那大教堂的壁畫「末日審判」。這幅壁畫當然會讓穆斯林覺得受冒犯，因爲它刻劃穆罕默德身在地獄，全身赤裸，被一條蛇捲住，由一個魔鬼看管：抗議者稱這幅壁畫比魯西迪的《魔鬼詩篇》（*Satanic Verses*）對伊斯蘭教還要大不敬。但義大利的基督徒會惱火和不願意應要求摧毀「末日審判」也是可以理解的，因爲它絕無疑問是波隆那最寶貴的財產之一。說不定伊斯蘭教的激進派早晚會把戰役延伸到歐洲傳統的文學作品，因爲這些作品對穆斯林的描繪語多負面。目前已經有穆斯林團體要求擁有大量移民子弟的學校不要讓學生閱讀但丁的《地獄篇》（*Inferno*），因爲該書

也是把穆罕默德寫成身在地獄的最深層。㉝

有這些先例在，宗教暴力衝突會爆發在歐洲本身並非不可能：我們甚至可以想像穆斯林的準武裝份子在法國或德國的土地上發起宗教戰爭。我們記得，在表八－一裡，德國是其中一個有舉足輕重的穆斯林少數的人口大國，而到了二〇五〇年，法國的穆斯林人口就會上升到總人口的一〇％。即使眞正的暴力不會發生，但未來的歐洲政府仍然要小心翼翼，避免宗教衝突發生，而這一點理應會大大改變歐洲對國外事務的態度，特別是中東事務。這是很可能會發生的，因爲歐洲國家都極仰賴來自中東伊斯蘭國家的石油供應。

宗教爭議已經微妙地改變了歐洲對移民政策辯論的面貌。一向以來，這類爭論都是在種族主義／反種族主義的框架中進行的，但如今，宗教的考量已浮上枱面。最近，有些保守派的歐洲人呼籲，政府應該刻意提高基督徒移民的人數，以削弱伊斯蘭教的影響力。二〇〇〇年，波隆那的樞機主教比菲（Giacomo Biffi）提了一個充滿爭議的建議：義大利無疑是需要移民的，但應該優先選擇有天主教背景的人。「想移民到這裡來的拉丁美洲人、菲律賓人和厄利垂亞人（Eritrean）多得是。」他說。比菲的主意固然仍以保衛歐洲文化傳統爲出發點，但其中卻不包含種族主義的考量。㉞十字架與新月的議題在歐洲的政治論壇上說不定會變得前所未有的重要。

因爲猶太人的存在，基督徒和穆斯林的關係變得更加敏感。在歐洲和美國兩地，猶太教長久以來都被視爲基督宗教主要的、甚至唯一的對話者。這種良好關係不能不影響到美國的對外政策。美國基督徒一般都追隨政府的做法，對以色列表現出無條件和無批判性的支持。這個事實不只激怒了全世界的龐大穆斯林人口，也激怒了很多第三世界的基督徒（單是阿拉伯的基督徒就有好幾百萬）。如果不是以色列的存在，伊斯蘭原教旨主義過去三十年來不會取得那麼大的成功。西方偏袒以色列的理由不難理解：未能在一九四〇年代拯救歐洲的猶太人使西方問心有愧。㉟但這種偏袒的代價卻是驚人的。說得冷酷一點，全世界的猶太人不超過二千萬，但穆斯林的人口卻是十億，而這個差距在接下來幾十年將會快速擴大。到了二〇五〇年，全世界的穆斯林就會以一百與一之比把猶太人遠遠拋在後頭。如果西方國家（特別是美國）繼續實施看來是反穆斯林的中東政策（至少穆斯林這樣認爲），基督徒與穆斯林改善關係的前景將會非常黯淡。

未來有好幾種不同的可能面貌。其中一種可能是，以色列的問題不只會帶來北方基督徒與穆斯林的對立，也會造成北方與南方新興教會的對立。因爲沒有西方人那種對猶太人的內疚，亞洲和非洲的基督徒可能會同情受壓迫的巴勒斯坦人多於以色列，這樣的話，說不定南方基督徒與中東地區的穆斯林會結爲盟友，而未來基督徒與猶太人的關係將很不樂觀。儘管不帶有極端反猶太主義的成分，但基督宗教神學的大部分歷史都是建立在接替（supercession）這個觀念上，也就是相信基督宗教是猶太教的完善者與接替者，一俟基督宗教出現，猶太教便過時了：教會就是新的以色列。這種「取代神學」在納粹大量屠殺猶太人之後變得極具爭議性，以致後來在西方的思想裡變成一個少數派。但同樣的觀點卻有可能會在南方復興，也就是那些猶太人極少的地區，那裡的人都是照字面意義理解《聖經》的。亞洲或非洲的基督徒不見得會像北方人那樣，懷疑把耶穌之死歸咎給猶太人是不是合理，或懷疑猶太人是不是代代子孫都得爲這一罪行承受代價。因此，除了在藝術和神學以外，我們如果看到一種矛頭指向以色列的反猶太主義復興，是不值得驚訝的。

但也有另一種可能，那就是南方基督徒發現他們的實際利益和以色列是高度一致的。以色列幫助基督徒群體抵抗穆斯林攻擊的歷史悠久。早在一九六〇年代，以色列的策士就在蘇丹的基督徒起事中出過力。㊱由於具有相當強的軍事與情報實力，以色列足以成爲亞、非基督宗教國家面對穆斯林強鄰時的有力盟友。在這種情況下，以色列與阿拉伯和穆斯林之間的持續戰鬥，就會從中東一隅擴大到世界其他地區。

不管實際發生的情形是上述的哪一種，如果美國和歐洲的政策制定者繼續一面倒地倒向猶太人的態度和觀念，卻用刻板印象去看待伊斯蘭教，後果可能會是災難性的。

儘管有關宗教衝突的新聞報導大都聚焦在穆斯林和基督徒之間的衝突，但事實上這不是宗教對峙的唯一主軸。基督宗教的擴張也讓它與另兩大世界宗教發生衝撞：印度教與佛教。

印度教特別關鍵，因爲印度的人口很快就要超越中國：二〇四〇年將會是十五億，而到了二〇五〇年，將會有十二億上下的印度教徒。近年來，印度教徒攻擊基督宗教神職人員和傳教士的事件偶爾會吸引到西方媒體的注意，但媒體很少提供背景性的說明。有別於對伊斯蘭教的刻板印象，很多西方人對印度教懷有好感，把它與夢幻式的神祕主義、甘地式的非暴力主義和無限寬容的態度聯想在一起。沒錯，印度教理論上有包容任何神學觀念的彈性。爲什麼耶穌不可以是梵天的另一個下凡或顯現呢？甘地就很喜歡《新約》。因此，印度教徒對基督宗教的暴力看來令人困惑，更不要說多少基督徒存在於印度大地已超過一千五百年歷史。教會學校是印度菁英階層（包括最反動的印度教基本教義派）子女的熱門選擇。那麼，基督宗教爲什麼會忽然間成了印度教仇視的對象？㊲

印度教目前正爲一些強烈的內部張力所苦，而這些張力有可能對該教的未來帶來威脅。張力的其中一個重要來源是賤民階級。目前印度賤民階級的人數介乎一億五千萬至兩億五千萬之間。想了解這個數字有多龐大，只要做個比較即可：即使是採最低值，印度賤民階級的人數仍然相當於英國、法國和義大利人口的總和。哪怕歧視他們的法律自一九五〇年起逐一廢除，他們仍然常常受到迫害，遭謀殺、虐待和強姦的事時有所聞。㊳西方世界會這麼關心南非黑人在隔離政策下的困境，卻對印度賤民的悲苦不聞不問，是讓人不解的。要知道，印度賤民的人數要比南非黑人多得多。單就人數而論，印度賤民所蒙受的，乃是今日世界最大一起的制度性不公義。

賤民的處境也是宗教衝突的暴風眼之一。接二連三爲賤民爭取權益的運動業已威脅到種姓制度的穩定性，再加上伊斯蘭教、基督宗教或佛教積極爭取賤民信徒，更有讓這個階級完全脫出印度教的危險。近數十年間，基督宗教傳教士的成績輝煌，主要的皈信者是最窮的窮人（通常是來自賤民階級），其次是同樣站在社會邊緣的「部落」民族。㊴據印度的官方數字，目前全印度只有二・三%的人口是基督徒，但正如我們在第一章的註釋裡指出過的，這也許是大大的低估；但即使我們接受官方的數字，二・三%仍然相當於兩千三百萬人。他們很多都是賤民。賤民佔北印度新教教會成員的九〇%，南印度則是一半，在爲數一千六百萬的天主教徒裡佔六〇%。但教會並未因此而能自免於種族偏見：印度天主教會的一百五十六位主教中，有一百五十位屬於高級種姓，大多數的神父也是如此。看來事情只能以漸進的方式改變。但有一個也許意義重大的改變徵兆已經出現：海得拉巴（Hyderabad）目前有了一位賤民大主教。㊵

正是因爲印度教徒擔心基督宗教會繼續坐大，才會在印度各地反覆出現排斥基督徒的暴動，而這些暴動通常是受到地方警察和政府默許的。情況從一九九七年起急劇惡化，因爲印度的民族主義者在當年的選舉中大舉勝出。迄今最令人髮指的暴行發生於一九九九年：奧地利傳教士斯泰納斯（Graham Staines）和兩個兒子在奧里薩邦（Orissa）遭到活埋。㊶

這一類廣爲報導的事件只佔實際發生暴行的一個小比例，遭攻擊的對象包括了教堂、神職人員和一般信徒。古吉拉特邦（Gujarat）是近年來宗教暴力最嚴重的地區之一，過去五年來，總計有數十家教堂被摧毀。在二〇〇〇年，一群暴民占領了一家聖公會教堂，把它改裝爲印度教神廟。第二年，同一地區發生嚴重地震，印度教基本教義派把一些基督徒社群送來的救援物資攔截下來，以自己的名義分發給災民，又要求災民在領食前先宣誓忠於印度教。㊷低級種姓在皈信基督宗教以前，都得先做好會長期受到欺負和暴力對待的心理準備。賤民「要揭示身上被毆的傷口或其他已死者的傷口，才會獲得星期天參加崇拜的權利。」㊸一如亞洲其他地方，瀰漫的暴力讓別有居心的煽動者有可乘之機。二〇〇〇年，印度南方的教堂受到一連串的炸彈攻擊，隨即引發了印度教徒與基督徒之間的嚴重衝突。但後來查出，元兇原來是個死硬派的伊斯蘭好戰分子。㊹

近年來印度反覆出現要求政府立法歧視基督徒的呼聲，而這種訴求，也是印度人民黨（Bharatiya Janata Party）一類印度原教旨主義政黨的賣點。目前已有個別城市和邦禁止改變信仰，要不就是制定一些法令，增加改信者的麻煩（比方說必須向地方政府註冊）。印度教方面的批評者認爲，很多人都是受西方傳教士的金錢誘惑才會改信基督宗教。這種辯解是有必要的，因爲這樣才能解釋爲什麼有那麼多印度人脫離印度教。有趣的是，這種論調也得到深受西方人喜愛的達賴喇嘛的背書：他在二〇〇一年簽署了一份由印度教徒發起的宣言，表示反對「使用各種方法誘惑人改變信仰的行徑」。㊺西方自由派對於印度一些地方禁止傳福音或改變信仰的做法並沒有表現得太激憤，因爲他們認爲宗教純粹是文化的事情。

全球第四大宗教是佛教。今天很少有人會視之爲一股有政治傾向的力量，但這種情形很快就會改變。綜觀歷史，佛教正處於反常的低潮期。遲至一九〇〇年，佛教還擁有世界人口二〇%的信徒，但時至今日只剩下近五%。㊻其衰頹的理由不難窺見：各個佛教中心（中國、西藏、蒙古、越南、柬埔寨）不巧都同時受到共產革命的嚴重打擊。但壓迫和屠殺佛教徒的時代現已結束，接下來的四、五十年間，佛教將會努力恢復其在東亞和東南亞的原有地位。成長最迅速的應該是一些人口非常多的國家，包括中國、越南和泰國。但佛教也將發現自己面臨其他膨脹中宗教的激烈競爭，特別是基督宗教和伊斯蘭教。照理說，以佛教這麼強調和平與自我犧牲精神的宗教，是不應該會成爲一種合理化國家暴力與暴民暴行的意識形態的，但基督宗教何嘗不強調和平與自我犧牲精神？復興的佛教將會爲新世紀的宗教衝突提供另一個誘因。㊼

在大部分宗教衝突最激烈的地區，隨著人口的快速成長，信仰的議題對政治事務（包括國內與國際的政治事務）的形塑力將會愈來愈大。目前宗教因素在國際事務中所佔的份量頗具爭議性，因爲純粹以相同宗教信仰爲基礎的政治聯盟大都只有樣子，沒有實質。即使是現代歐洲早期這樣一個被認爲宗教動機對政治決策舉足輕重的時代，宗教考量仍然常常屈居政治考量之後（譯註：所謂「現代歐洲」是以一五〇〇年爲起點）。在十六和十七世紀，當土耳其人試圖吞併大部分的東歐和中歐地區時，行動常常得到法國的「最基督徒國王」（Most Christian King）的配合（譯註：「最基督徒國王」是法國國王愛給自己加的稱號），而後者會願意這樣做，是因爲認定鄂圖曼帝國乃是制衡其天主教夥伴——哈布斯堡王朝（Habsburg）——的一股必要力量。只要有需要，就連教皇也會與鄂圖曼帝國的蘇丹結盟。在現代，其中一些最血腥的軍事衝突是發生在穆斯林國家內部或之間的。一九七一年那場讓孟加拉從巴基斯坦分裂出來的內戰是一個例子，一九八〇年代伊朗和伊拉克的漫長血戰是另一個例子。

更近期，西方強權以行動表明了它們無意尊重傳統的宗教紐帶。在一九九〇年的南斯拉夫危機期間，美國和西歐國家完全站在穆斯林的一邊，對抗信奉基督宗教的塞爾維亞人，最後甚至在一九九九年出兵科索沃。美國媒體的態度都一面倒，把塞爾維亞形容得像納粹德國，完全無視於穆斯林那邊同樣有侵略性和殘忍，而且還有武裝良好的國際原教旨主義部隊支援。在美歐聯軍的干預下，穆斯林的勢力在東南歐大幅成長，讓古老的基督宗教社群岌岌可危。與此同時，在蘇丹備受壓迫的基督徒也沒有得到來自北大西洋公約組織或任何西方組織的援助。即使是主流的西方教會也不情願站出來大聲譴責迫害。例如，世界基督宗教協進會的主席雷塞（Konard Raiser）就認爲，發生在印尼和奈及利亞的屠殺，表明基督徒應該調整傳教的方針，避免刺激異文化。看來西方人是認爲，十字軍的時代已然遠去（穆斯林是不是這樣想是另一回事）。㊽

儘管有上述的觀察，我們仍然可以想像到一些宗教因素能決定政治行動的情境。即使沒有現存的那些宗教張力存在，人口分布的變遷本身就足以讓國際局勢變得不穩定，因爲人口膨脹的國家勢必會試圖爭取更大的生存空間和更多的天然資源。這些行動有時會是由政府主導，有時則是由私人武力所發動。後者的殘暴程度尤甚前者，自一九九〇年代起，賴比瑞亞和獅子山就反覆受到這一類私人武力的越界掠奪。這些極具破壞性的戰爭往往是由一些未受過教育的十四歲娃娃兵執行，他們全副武裝，隨時準備好爲所屬的軍閥殺人或被殺。當兩個鄰國，其中一個人口年輕而快速膨脹，另一個卻人口停滯而地域廣大，邊界的緊張情勢將會非常高熾。另外，一些國內民怨四起的國家也會嘗試以國外冒險來分散不滿人民的注意力，而宗教理由無疑是一國政府從事國外干預的最佳口實。㊾

全球好些地方都是這一類未來可能衝突的溫床。澳洲政府早就緊張不安地注意到其北部鄰國印尼人口爆炸性膨脹的事實：到了二〇五〇年，印尼與澳洲的人口之比將是十四比一。在這個地區，宗教的壓力將會使得人口與經濟的壓力更形沈重。還有前蘇聯，它對於要怎樣管束好國內的穆斯林少數族群，常常煞費思量。蘇聯解體後，幾個中亞共和國獨立出去，這固然紓解了俄羅斯不少種族壓力，但長遠來說，這些獨立的新國家說不定會對俄羅斯不利。俄羅斯地廣人稀部分的領土本來就容易讓其人口過剩的穆斯林鄰國心生覬覦，更何況這些地方蘊含豐富的油源。目前五個中亞共和國加在一起的人口數是五千七百萬，到二十一世紀中將會增加至超過一億，但同一時期的俄羅斯人口卻只減不增。㊿同樣的情形也見於另一個前蘇聯加盟國高加索。

因爲這些國家俄裔和歐裔的生育率遠低於信奉伊斯蘭教的亞裔，有朝一日，俄裔將會發現他們淪爲宗教少數族群，住在一個限制重重的伊斯蘭國家裡。哈薩克目前的基督徒與穆斯林人口大約是一半一半，但長遠來說，穆斯林極有可能成爲實質大多數。穆斯林與基督徒之比在吉爾吉斯（Kazakhstan）是四比一，在烏茲別克是九比一，這個差距會繼續拉大。目前這些中亞共和國的政府大都極敵視伊斯蘭教的政治極端主義，但它們的態度是有可能改變的。如果這些國家的基督徒聲稱受到迫害，俄羅斯就有可能會出兵干預。車臣的例子說明了，宗教性和種族性的衝突能有多麼的血腥。目前，在吉爾吉斯、烏茲別克和其他前加盟共和國已出現了原教旨主義的穆斯林游擊隊，它們宣稱的目標是要在中亞建立一個嚴格的伊斯蘭國家。前蘇聯地區的宗教和種族戰爭說不定會因爲爭奪自然資源（特別是石油）而加劇。這就怪不得美國情報部門會把中亞列爲接下來十或二十年的「地區性熱點」（regional hot spot）。[51]（譯註：hot spot 一詞原指森林火災多發地區，這裡引申爲容易發生動亂地區。）

望向南方人口最多和人口成長最快的國家，我們會發現基督宗教國家往往與伊斯蘭國家比鄰，而且常常與一些基督徒與穆斯林各半的國家接壤。另外有趣的一點是，宗教少數族群常常聚居在天然資源豐富的地區。這個乍看是上帝展現幽默感的現象有其歷史緣由。在過去的世代，宗教少數族群通常會被迫遷離權力中心（通常是肥沃的農田帶），搬到以傳統經濟標準衡量是相對貧窮的地區居住。然而，隨著石油的發現和採掘工業在現代的出現，這些邊遠地帶反而成爲極度富庶之地，讓少數族群掌握了前所未有的影響力。這一點解釋了爲什麼阿拉伯什葉派穆斯林居住的土地下面，老是蘊藏著豐富的石油；也解釋了爲什麼有些國家在其鄰國的同信仰少數族群受到迫害時，會那麼有興趣出面干預。

就目前來說，大部分新興的非洲和亞洲國家都缺乏採取國際軍事行動的能力，這一點，從幾個非洲國家想要聯合起來結束利比亞或獅子山的內戰卻以失敗告終就可以窺見。但這種情形不會無限期存在下去，遲早會有些亞、非的國家發展出可觀的軍事實力（大概是以生化武器爲後盾）。如果真的是這樣，這些區域性強權在其鄰國的同信仰或同種族少數族群受到屠殺時，勢將承受很大國內壓力而無法袖手旁觀。前南斯拉夫內戰的國際化就是一個前例。

伊斯蘭國家的聯盟和基督宗教國家的聯盟有朝一日會爆發大戰，重演一九一四年歐洲兩大敵對陣營的歷史，並不是不可能的。非洲局勢的好些可能演變都會讓政策制定者徹夜無眠。很少撒哈拉以南非洲國家的疆界是與種族和大自然的疆界吻合的。許多種族或部族性的群體都散布於兩、三個國家，但彼此又保持著緊密的文化與宗教關連，以致只要其中一個受辱，都會引起同仇敵愾的連鎖反應。一九九四年發生在小國盧安達的屠殺引爆了一連串的戰爭和外國介入，戰火後來蔓延到剛果的廣大土地（當時還叫薩伊）。安哥拉、辛巴威、納米比亞、烏干達和盧安達全都直接介入過這場被稱爲「非洲第一次世界大戰」的衝突，還有多個國家站在旁邊緊張萬分地注視著事態的發展。[52]大約有兩百萬剛果人在衝突中喪生。儘管如此，知道或在乎這場廝殺的西方人卻不多，因爲它是發生在媒體注意力之外的地區，而且不會有超級強權介入之虞，廝殺各方也未擁有大規模殺傷性武器。就因爲這樣，剛果成了一個無休止的戰區，一如三十年戰爭中的德國那樣（譯註：三十年戰爭是一六一八至一六四八年間，德意志各公國與奧地利哈布斯堡王朝發生的一連串戰爭的總稱）。

但這個類比讓人沈吟，因爲我們知道，德國在三十年戰爭裡並不是始終孤立無援的挨打者，非洲國家的情形也將是如此。讓我們假定，奈及利亞、烏干達和剛果在不久的將來就會成爲舉足輕重的地區性強權。這樣的話，一旦另一個小一點的國家（比方說喀麥隆）發生基督徒與穆斯林的嚴重流血衝突，就會引來這些強鄰的迅速介入。信奉伊斯蘭教的奈及利亞會警告雙方若不停戰，就出兵干涉。基督宗教國家也會發出自己的威脅，而隨著局勢升高，其他大國也會介入，導致一場穆斯林聯盟與基督徒聯盟之間的典型文化與宗教對抗——即杭廷頓所稱的「斷層帶戰爭」（fault-line war）。[53]與此同時，每一個強國都會試圖煽動敵對國國內的宗教少數族群，製造對方的社會不穩定：例如烏干達的特工會在奈及利亞東部製造宗教暴動，而奈及利亞則會以恐怖攻擊作爲報復。讓事情更複雜化的是那些從衝突區逃出的難民，他們將會述說一些駭人聽聞的暴行，並要求報復。隨著情勢愈來愈宗教化，兩邊的原教旨主義者都會鼓吹強硬立場，清眞寺和基督教堂也會呼籲信徒別向邪惡勢力妥協。

相似的情景也可能在亞洲上演，特別是如果菲律賓和印尼祕密支持對方國內的分離主義份子的話。公開的交戰是有可能發生在這條東方的斷層帶的，而且可能會引來同信仰的強權介入。即使沒有宗教因素，亞洲環太平洋的這部分地區在未來二、三十年內仍有可能是多事之地。隨著中華人民共和國軍力壯大，它會把勢力投射到南中國海，也就是由台灣、菲律賓、馬來西亞和越南所包圍的廣大水域。有些中國地圖甚至已經把南中國海標示爲中國領海，這是令人憂慮的事，因爲南中國海乃東亞主要工業國的主要原油運補途徑。[54]宗教的不穩定將會大大助燃大國之間潛在的政治衝突，尤其反基督徒的暴動是以華裔爲靶子時爲然（印尼和馬來西亞就是這種情形）。中國說不定會以全球華人的保護者自居，出兵拯救被穆斯林好戰分子屠戮的炎黃子孫。因此，在接下來的日子，亞洲基督徒的主保聖人也許不是美國、英國或澳洲，而是反宗教的中國。要是眞有一天盎格魯—撒克遜的強權會與穆斯林國家並肩對抗爲基督徒而戰的國家，那不能不說是一個歷史的反諷。

這裡呈現的情景固然只是想像，卻不是憑空想像。上述提到的國家未來都會是國際政治牌桌上的實力派玩家，而且是基督徒和穆斯林人口成長的最前線。我們當然不能排除兩大信仰有可能在接下來幾十年達成和平共存的協議，但揆諸二十一世紀開端所發生的許多事情，會出現這種皆大歡喜結局的可能性微乎其微。在未來幾十年，有關神權政治與宗教法律的議題、寬容與宗教少數族群權利的議題、改信與叛教的議題，都將是這些國家國內政治與國際政治最具決定性的議題。**說不定，未來的基督王國將會演變得和舊的基督王國相去不遠，也就是說，它的凝聚力不是來自相同的思想理念，而是來自共同的外敵。如果真的是這樣，我們就只能祈禱這個新的基督王國不會碰到一個同樣好戰的「伊斯蘭之域」（Dar al-Islam），否則，歷史在兜了一圈以後，將再次回到十三世紀。**

9 | *The Next Christendom*

回　家

Coming Home

善待白人，他們需要你們的幫助去重新發現自己的人性。

——圖圖大主教

一九三三年，沃爾（Evelyn Waugh）寫成短篇小說〈遠離深處〉（Out of Depth），故事描述一個今天的倫敦人藉法術之助，去到二十五世紀的倫敦。這個未來的倫敦已淪爲先進非洲國家的殖民地，倒退爲一原始農村社會。故事的高潮處，沃爾這樣描述：「在這個海岸城市一家圓木頭搭建的教堂裡，他與一群土著會衆蹲在一起。……環繞他四周的都是蓬頭亂髮的白人，人人望著點了兩根蠟燭的禮堂盡頭，眼神迷惘而困惑。神父轉過一張木然、黑色的臉孔，宣布說：『Ite missa est』。」意思是「彌撒結束了」。①在沃爾寫下這個故事的年代，說非洲人有一天會反過來帶頭歐洲信主也許是奇談怪論，然而隨著歲月流轉，這樣的想像不再顯得那麼危言聳聽。儘管是出於狂想，但沃爾的小說卻提出了一個基本的問題：面對全球性新基督宗教的興起，全球北方會怎樣回應？它會仍然保有基督宗教的特質，而且是有強烈南方色彩嗎？還是會完全失去基督宗教的特質？

教會史上反覆有觀察者指出，傳教事業最成功的地點都是人口衆多的地區，他們因此猜測，基督宗教的未來說不定會寄託在這些地區。當歐洲因爲三十年戰爭而處於分崩離析之際，聖文生（St. Vincent de Paul）曾重提耶穌的應許：教會將會一直存在，直到世界的終了。但聖文生又補充說，**耶穌可沒說過基督宗教一定會繼續存在於歐洲。②基督宗教的未**

來也可以是寄託在非洲或亞洲。如果我們用歷史的眼光看基督宗教，那聖文生的洞見更見眞切：**基督宗教的「心臟地帶」是隨著時間的移轉而一再轉移的。**敘利亞人和美索不達米亞人一度相信他們的土地將永遠是牢固的基督國度，一如現代歐洲人曾幻想基督宗教會永存於他們的大洲。一八五〇年，麥考利爵士（Lord Macaulay）對得意洋洋的大英帝國提出警告說，**基督宗教並不是任何單一地區的特權，更不是一個政治實體：教會常常活得比國家甚至大帝國久。**在一段廣為徵引的話裡，他指出「說不定哪一天一個來自紐西蘭的旅人站在倫敦橋殘拱上素描聖保羅大教堂的廢墟時，羅馬天主教會仍然以未見衰減的活力存在著。」

很多當代的觀察家都同意，基督宗教在歐洲的日子已屈指可數。沃爾的小說寫於經濟大蕭條期間，當時西方文明看似已走到瓦解邊緣。也是在一九三三年，偉大的聖公會作家威廉斯（Charles Williams）出版了他的玄想小說《狂迷的陰影》（*Shadows of Ecstasy*），故事描述非洲人受到神啓，要進軍到一個精神荒涼的歐洲。他們的宣言這樣說：「**非洲的先知看到，人類在未來必須沿著被白人忽略的道路前進。**」③

沒有一個今日的觀察家會相信南方人眞有入侵歐洲或北美的可能，儘管今日南方移民的人數要遠比世界最大的一支軍隊龐大。不過，單就宗教這一點而論，聖文生和威廉斯那種有末世論味道的前瞻，變得愈來愈有可信度。當基督宗教在北方的大部分地區弱化之際，南方教會卻透過移民與傳福音的活動對北方發揮影響力。而透過這些方法傳布開來的基督宗教，可以預期是深具南方色彩的，也就是立場保守並強調神授能力。這個過程在來臨的世紀會如何演變，將關係重大，因爲它不只會影響到宗教的版圖，也會影響到政治的版圖。

對一個黑色地球的恐懼

歐洲人與北美人常常對白人人口在全球會淪爲一個顯著少數的前景忐忑不安。殖民時代的作家就不時流露憂慮：南方力量有朝一日會被宗教運動動員起來，粉碎帝國主義的宰制。從穆罕默德和伊斯蘭教的早期歷史看來可爲殷鑑，而這樣的憂慮在哈里斯和申貝一類的本土先知興起後，顯得尤爲合理。一九二二年，斯托達德（Lothrop Stoddard）出版了他的史詩式力作《有色人種反白人霸權的大潮》（*The Rising Tide of Color Against White World Supremacy*），預視南方種族會聯合在一起，發動一場大概是由伊斯蘭教領導的反白人聖戰。申貝的宗教革命被視爲這一類「特別狂熱的衣索比亞主義」的早期警訊。某個意義下，威廉斯的《狂迷的陰影》是個傳統的產物，唯一不同處在於它不是種族主義者的哀鳴。④

對一場全球種族與宗教戰爭的預視，一直是右翼種族主義者揮之不去的夢魘。這個圈子的其中一部經典是拉斯佩爾（Jean Raspail）出版於一九七三年的小說《聖徒的營地》（*The Camp of Saints*）。故事描述第三世界的黑種人和黃種人怎樣入侵和打垮北方的白人，又藉批判羅馬天主教會批判西方自由主義。（小說裡的教廷自「第三次梵蒂岡會議」以後就徹底激進化和世俗化，宣揚種族平等的邪說。）這部狂想小說裡的教宗是個巴西人，以卡馬拉為原型（譯註：即第七章提到那位有「貧窮者的主教」之稱的卡馬拉）。反映在書中的是那個熟悉的夢魘：既然曾經有過一個比屬剛果，誰又敢保證不會有朝一日出現一個剛屬比利時？就像基督宗教曾經隨歐洲的擴張發展迅速，說不定也會隨著西方的衰落而傾圮。《聖徒的營地》中的亞洲群眾就是公然以打倒歐洲墮落的上帝為目標的，而摘取自〈啓示錄〉的段落散布於整本小說各處。⑤

《聖徒的營地》也在無意中反映了一九七〇年代的美國自由派與激進派的態度：把他們的希望寄託在南方的基督徒身上。我們前面已經看到過，西方基督徒曾經一度對新獨立的亞洲和非洲國家寄予厚望，以為它們會全心擁抱政治解放運動。另一方面，美國的保守派則仇視世界基督教協進會，特別是當該會出錢武裝非洲的解放運動時（世界基督教協進會也是拉斯佩爾小說的一個靶子）。有鑑於這種傳統，保守派今天對基督宗教南方化的喝采格外讓人驚訝。在近年各種議題的辯論中，把南方教會引為盟友的不是自由派而是保守派。他們看起來幾乎是迫不及待想要看到《聖徒的營地》在現實中上演，也就是有大量的眞先知從亞、非洲湧向北方，但不是來進行種族報復，而是重建道德秩序。

如果我們以當代美國的政治脈絡看事情，保守派這種意識形態的逆轉就變得容易理解。保守派一般不喜歡移民和美國的黃皮膚化，也害怕白人失去文化霸權。然而，移民的增加卻在另一些方面對保守派有利。很多新移民都是有保守傾向的基督徒，對信仰和家庭的態度相當傳統。他們很少會質疑是不是應該在公共場所展示宗教象徵物，也對政教分離的做法不表苟同。正因爲這個理由，一般偏好種族多元化的自由派有一天將會發現，種族多元化反而助長了一種他們不自在的宗教的滋長。不管是傳統的左翼或右翼思考模式，都是無法理解今日與明日的宗教轉變的。

天主教

南北分裂的戲碼也出現在世界最大的一個宗教組織，也就是信徒十億以上的天主教。天主教的例子說明了基督宗教在南方的壓力下，正在發生什麼樣的改變。梵蒂岡的保守主義儘管常常受到非難和嘲笑，但它事實上部分可以視爲對轉變中全球人口分布的一個回應。它現在的樣子只是它應該是的樣子，因爲它只能是教徒的代言人，而它的教徒大部分都住在第三世界。

很多西方教會現在才需要面對的問題，都是天主教老早以前就已經碰到的。**當布洛克在一九二〇年提出「歐洲即信仰」這句狂言時，他還說了另一句把天主教捧到雲端的話：「教會即歐洲，歐洲即教會。」**⑥（譯註：這裡的「教會」〔the Church〕專指天主教會）**如果此說曾經為真，那它繼續為真的日子已屈指可數。**歐美天主教徒在一代人以前就已失去了教內多

【表 9-1】

2050 年世界天主教人口分布的預測

大　洲	天主教徒人數（單位：百萬） 年　份 2000	 2025
拉丁美洲	461	606
歐洲	286	276
非洲	120	228
亞洲	110	160
北美洲	71	81
大洋洲	8	11
總　計	1,056	1,362

來源：《世界基督宗教百科全書》，第二版（紐約：牛津大學出版社，2001），第 12 頁。

數的地位，而**今日世界天主教徒的大宗則住在全球南方**（見表九—一）。這種信徒人數向南傾斜的現象，在未來將更明顯。

其中一個很有指標性的統計數字是受洗的人數，因爲**那些受洗人數最多的地方也正是人口成長最快的地方**。⑦一九九九年全世界記錄在案的一千八百萬受洗天主教信徒中，有八百萬是在中、南美洲，不少於三百萬是在非洲。今天，奈及利亞和剛果民主共和國每年的受洗人數，都比義大利、法國、西班牙或葡萄牙這些歐洲的天主教中心多。特別重要的是，非洲受洗者之中，有三七%是成年人。這個數字之所以重要，因爲它反映出傳教工作有多成功：成年人受洗通常都經過深思熟慮，而且是來自別的信仰。⑧

到了二〇二五年，非洲和拉丁美洲加起來佔全部天主教徒的近六〇%，在二〇五〇年甚至會高達六六%。屆時，教會將會由菲律賓人、墨西哥人、越南人和剛果人主導，歐洲人和美國白人將會成爲一個少數（當然，教會有很大比例的財源仍將繼續仰賴北方）。**二十世紀顯然是白人主導天主教會的最後一個世紀。歐洲將不再等於教會——也許拉丁美洲會等於。**

這種信徒人口的消長也反映在天主教會最高位階的教士上，也就是樞機主教。儘管樞機主教團清一色是白人的年代去今未遠，但如今它的構成已徹底改變。樞機主教團接納其第一位非洲成員（坦尚尼亞的魯甘布華〔Laurian Rugambwa〕）不過是一九六〇年的事，但在二〇〇一年若望・保祿二世拔擢的四十四名新的樞機主教中，有十一個以上是來自拉丁美洲，印度和非洲各兩人。在這股新血的灌注下，如今有超過四〇%有權選立教宗的樞機主教是來自第三世界國家。一位委內瑞拉的新科樞機主教指出：「教會的眞正中心已從歐洲移到了拉丁美洲。」儘管美國有很長一段時間都是耶穌會最大的教省，但這個榮譽如今已拱手讓給了印度。⑨

以上的數字還可以回過頭來解釋梵蒂岡過去四十年來的政治取向。就連若望・保祿二世在一九七八年當選教宗這件事，也和天主教徒分布上的轉移大有關係：當時南半球的樞機主教強烈反對再選一位來自西歐的教宗，而選出一個波蘭籍的教宗至少也是破了教會的天荒。近年來，天主教高層一再表現得保守或反動，讓大部分的西方觀察者相當失望。一如避孕與同性戀的問題，是不是應該委以女性聖職也是梵蒂岡與西方自由派之間有著高度歧見的問題。自由派和女權主義的壓力團體認爲，只要等現在的梵蒂岡高層走入歷史，他們的主張必然會得勝。爲了突顯這種信心，一個美國的自由派壓力團體甚至給自己冠以「未來教會」（FutureChurch）的稱號。⑩

但從全球性的觀點看事情，就會發現梵蒂岡這些年來的做法，至少有一部分是眞正代表未來的。梵蒂岡知道歐美的自由派天主教徒喜歡些什麼，但同時知道那是南方教會不喜歡的。儘管在西方人眼中，委以女性聖職才是公平的做法，但這卻是許多新興教會厭惡的。南方天主教會神學保守性格的一個代表人物是奈及利亞樞機主教亞林茲（Cardinal Francis Arinze），他是非洲的明日之星，近年來常被認爲是下一任教宗的熱門人選。一個黑人教宗的前景當然是讓自由派興奮的，然而，從亞林茲的意識形態觀之，如果他當上教宗，梵蒂岡只怕會走入一個更保守的紀元。亞林茲屬於伊格博族——一個基督化極深的部族。他自認爲是若望・保祿二世的忠實追隨者：「他的神學一向是：『羅馬站在哪裡，我就站在哪裡。』」以西方自由派的標準來衡量，亞林茲在學術自由等議題上的立場是高度保守的。非洲天主教喜歡的是權威與神授能力的觀念，而不是諮商與民主的觀念。⑪

當我們從南方的觀點看事情，宗教寬容的問題也變得截然不同。梵蒂岡在二〇〇〇年發布了一份文告，乍看起來，其目的純粹爲了激怒美國的自由派。這份稱爲《主耶穌》（*Dominus Jesus*）的文告重申基督和天主教會在「救贖」一事上獨一無二的角色，並警告說：「教會今日受到相對主義理論的危害，這些理論試圖證明宗教多元主義是正當的。」又說：「那種認爲耶穌基督的啓示有局限性或不完整，可以用其他宗教來補充的理論，是牴觸教會的信仰的。」換句話說，並沒有宗教平等這回事。⑫

對美國和歐洲人（特別是猶太人）而言，這份文告都是深具冒犯性的。它破壞了幾十年來爲實現宗教對話所作的努力，而且會讓人不舒服地回想起那個古老的聲明：出教會之外是沒有救贖的。教廷怎麼會發布這麼反動的文件呢？在西方的用法裡，「多元主義」指的總是好事。但從亞洲或非洲的觀點看，《主耶穌》是具有重要的日常意義的，因爲它提醒教士及信徒，在與不同宗教的鄰居打交道時，有一些嚴格的界線是絕不可踰越的。《主耶穌》正是針對那些住在南韓、奈及利亞或中國的天主教徒而發的，因爲他們每天都需要與敵對宗教的信徒互動。⑬梵蒂岡是要警告他們，友好關係是一回事，宗教糅合主義又是另一回事，而宗教糅合主義正是《主耶穌》所針對的。它不是要給北方的自由派看的，而是要給那些成長迅速但又焦慮自己的做法有沒有踰越的南方教會。北美人所不了解的是，他們並非梵蒂岡的唯一說話對象。

非洲和拉丁美洲天主教徒的保守調子，說明了爲什麼梵蒂岡不那麼在乎波士頓或慕尼黑天主教徒要分裂出去的威脅。天主教高層中的傳統派認爲，假如教會處處迎合西方天主教菁英階層的需要，長遠來說無異自殺行爲。正是這一類所謂的傳統派而不是自由派，才是新世紀宗教政治的主導者。從這種觀點看事情，我們也可以明白，爲什麼教會高層被批評爲反動時，仍然泰然自若的原因。大部分天主教的自由派都不是源出於一般信徒，而是出身於教士階級，曾在天主教大學或教育機構學習。而不管是教士或機構，位在北方的機率要高於南方許多，所以自由派的意見反映的只是歐洲和北美人看事情的觀點。

南方和北方對羅馬天主教會的利益孰輕孰重，從荷蘭的例子就可見一斑。荷蘭教會是天主教裡自由主義氣息最濃的分支之一，自一九六〇年代開始，它就屢屢與梵蒂岡唱反調。儘管富有而熱心政治，但荷蘭天主教會就信徒人數而論只是個小教會。荷蘭的人口一向很穩定，預估到了二〇五〇年，它的人口還是和今天一樣，徘徊在一千六百萬或一千七百萬左右。然而，其天主教徒的人口卻會直線下降。今天大約只有五百萬荷蘭人自認爲天主教徒，而其中又只有一半是積極的教徒。要知道這個數字的意義，我們可以做個比較：

全荷蘭的天主教人口只及大馬尼拉地區的一半。如果梵蒂岡非得在討好巴西還是討好比利時、討好剛果還是討好法國之間作一抉擇，那自利的動機都一定會把它推向南方這邊。梵蒂岡高層會顯得那麼保守是理所當然的：他們都是懂得算數字的。

性別與性

除天主教以外，其他宗教保守派對於南方教會的發展取向也是滿懷快樂的憧憬。過去三十年來，隨著女權運動和性解放運動的節節勝利，北美人和歐洲人的宗教態度已轉變得不復辨認。這種轉變的具體表現在人們普遍可以接受婦女出任聖職，以及主流的新教教會裡可以公開討論同性戀的問題。對這些議題持什麼態度，決定一個人屬於自由派還是保守派、屬於教會左翼還是教會右翼。儘管保守派在這些爭論中老是敗北，但來自全球南方的新支持力量卻讓他們精神爲之一振。出乎自由派預期的是，非洲和亞洲的教會在道德與性的議題上顯得高度保守。（左翼人士在一九六〇年代還常常表示，在歐洲和北美輸掉的那些戰役，說不定可以在非洲或亞洲贏回來。）

爲什麼南方和北方在性議題上會有那麼大的鴻溝，這需要一些解釋。一般來說，新興教會都是遠比北方主流教會保守，甚至可以說是反動的。這聽起來可能有點奇怪，因爲我們先前不是說過，女性對於南方教會的成長是關鍵嗎？女性在拉丁美洲五旬節派教會的重要性特別明顯，許多非洲獨立教會也是如此，它們其中一些還是由女先知所創立的。有些尊重女性的屬靈恩賜的教育甚至會授予女性正式的領導權：備受爭議的「上帝王國普世教會」自一九九三年起就委以女性聖職。⑭

儘管有這些例子在，但大多數南方教會還是寧願把女性擺在傳統角色的框框裡。這一點又尤以非洲爲然，因爲穆斯林的觀念在此地發揮著強大影響力。這不是說非洲基督徒會把伊斯蘭教的觀念照單全收，而只是說穆斯林的保守主義會影響整個社群。雖然南方國家的文化千差萬別，很難一以概之，但整體來說它們的父權心態遠比歐洲或北美強。舉一個指標性的例子：墮胎在幾乎所有非洲國家都是被禁止的（有些國家會允許例外的情形，像是孕婦的生命安全受威脅，或是胎兒發育畸形的時候）。非洲每年墮胎者數以百萬，但絕大多數都是非法的。整個非洲目前都爲應不應該修法而熱烈討論，但現存法令的性質大致與一九五〇年代的歐洲或北美相當。整個非洲只有自由和政治成熟的南非是允許申請後墮胎的。

另外，南非也是非洲唯一有組織性女權團體的地方，而這種兩性不平等現象也無可避免會反映在教會組織裡。非洲教會裡看不到那些在美國和西歐司空見慣的女性組織。儘管非洲女信徒之間也發展出一套兼具女性主義與鮮明非洲特色的神學，但這些觀念的影響力都微乎其微。同樣的情形也見於拉丁美洲，拉丁美洲固然也存在女性主義神學，但一般都被認爲是來自美國的舶來品。⑮

以北方的標準觀之，非洲的教會特別顯得男性中心，對女性的權利常常漠不關心。近年來，非洲的獨立教會爆發了幾起醜聞，讓人們懷疑性剝削在非洲教會是不是普遍現象。二〇〇一年，美國報紙《全國天主教報導》（*National Catholic Reporter*）報導，非洲男教士性騷擾或強暴修女和女教友的問題嚴重。根據這些事件，很多教士都無法擺脫濫交和看輕女人的社會風氣的影響。非洲一個普遍的社會假設就是，男性雄風是由性能力和孩子生得多來展現的，所以教會的教士就像其他男人一樣，都是性活躍之徒。過去，他們的性需要會透過把馬子或嫖妓來滿足，但自愛滋病猖獗後，他們愈來愈傾向於找安全有保障的修女下手。⑯

但我們不應該全盤接受這些駭人聽聞的報導，而非洲的教士也否認這些事件相當普遍。一如歐美的教會有時會被過度渲染的報導抹黑，非洲教會的孤立事件也不應過度擴大。非洲天主教會指這些故事是經過有心人誇大渲染的，爲的是讓美國的左翼可以加速推動「神父結婚、按立女性和攻擊建制」的目的。⑰目前爭議還在持續中，但這事件卻反映出南、北教會對性別問題的態度天差地遠。

同性戀的議題也在南北雙方劃下一道鴻溝。以歷史的眼光觀之，非洲各個文化的同質性並不比歐洲高，而社會對同性戀這件事情的態度，會因時地的不同而大相逕庭。就像傳統的歐洲那樣，大部分非洲社會本來都沒有「同性戀者」這個概念，也就是不會把同性戀者突出爲一個特殊範疇的人。然而，近些年來歐美對同性戀態度的大轉變，在很多非洲社會裡製造了一條社會的裂縫。由於很多北方社會都極強調同性戀人權為一種基本人權，於是很多非洲和亞洲人認定同性戀是一種鮮明的西方產物，認為它對本國是有害的。⑱

非洲人反同性戀的態度在一九九〇年代中期走向極端化，當時的辛巴威總統穆加比（Robert Mugabe）宣稱，同性戀者比豬狗都不如。我們當然可以把穆加比視為嘩眾取寵的煽動家，而他反同性戀的過激言論也受到其他非洲領袖的譴責。另一方面，穆加比會用這種方式來嘩眾取寵，正反映出那是一種流行意見，而他的言論也獲得廣泛迴響。肯亞總統莫伊稱同性戀者為「禍害」，納米比亞總統則同意說同性戀是一種「異來的習尚……這種倒錯行為的熱心支持者大都是歐洲人，而他們還自認為是文明和啓蒙的壁壘。」納米比亞和烏干達的總統不只口頭批評同性戀，還付諸實行，下令警察嚴厲取締同性戀者，予以「逮捕、驅逐和囚禁」。⑲他們的做法得到教會領袖的支持。

我在這裡不是要主張某種種族決定論，亦即我並不是認為亞、非社會本質上是較敵視女權和同性戀的；主要的分野在於南方國家並未經歷過西方過去一個世紀所經歷的現代化與世俗化。它們不願意回應北方的呼籲「加入現代世界」，是因為它們認為這些世俗化的趨勢是西方文化帝國主義的一部分，也是基督宗教今日在歐洲和北美衰頹的原因。如果南方人可以選擇分離的話，當然不會願意加入這樣的世界。北方人在擔憂南方教會向傳統異教妥協的同時，南方人則指控北美和歐洲把基督宗教出賣給新異教——一種世俗且重人文的自由主義。

有關女權與同性戀的爭議也引出一個更關鍵性的爭議：權柄在哪裡的問題。北方的自由派認爲教會的經典與傳統必須放在它們所處的脈絡之中理解，因此，教會隨著時代的不同而作出相應的改變，乃是合法而又必須的。就像雖然聖保羅曾經爲奴隸制度辯護，但這種制度不適合現代世界可說相當明白。然而，南方人卻要求所有教會必須尊重傳統價值觀與兩性角色，而《聖經》裡有明文記載的那些事項更要堅守不移。對強調靈恩的五旬節派信徒看來，違反《聖經》上的白紙黑字是絕對不能容忍的。自由派以世界的標準來衡量《聖經》，保守派則把《聖經》視爲絕對的標準、權柄的根據。在可見的未來，在兩性關係與同性戀這些關鍵議題上，新興教會都會是保守主義的堡壘。（不過南方教會在經過一段時間的演變和分化以後，對這些議題的立場是不是還是會一成不變，仍有待觀察。）

南方的戰友

南方信徒的道德保守主義，對那些不滿自己教會領導人的歐美人士來說是一大福音。當他們在本國輸掉一場爭論，就會眼望南方，心裡想：「等著瞧吧。歷史是站在南方教會一邊的，它將不會容忍現在的胡作非爲。」這些觀察者的心情和英國政治家坎寧（George Canning）如出一轍。一八二〇年代，看到拉丁美洲獲得獨立時，他宣稱「我要把新世界召喚過來，以矯正舊世界的失衡。」南方戰友對美國保守派來說加倍有價值之處在於：如果一個保守的主張是出於亞非教會領袖之口，將更能吸引主流媒體的注意力。北方的保守派同樣相信歷史大潮是與他們同一個方向的：隨著世界人口分布的轉變，自由派教會將會失去影響力，它們的觀念也勢將失去聽衆。

在聖公會內部，南方的影響力在性的議題上特別明顯。先前我們已經提過，在一九九八年的蘭貝斯會議上，就是因爲南方主教的團結一致，讓一份支持同性戀權益的提案無法過關。⑳一度是「英國」教會的聖公會，現在以非洲和亞洲的主教佔多數。在參加蘭貝斯會議的七百三十六個主教中，來自美國、加拿大和歐洲的加起來只佔三百一十六個，反觀來自非洲的有二百二十四個，來自亞洲的九十五個。亞、非主教這樣的陣容，要通過任何譴責同性戀或指出同性戀與基督教義不相容的聲明，可說是輕而易舉。而西方主教對這事的反應（以美國主教斯龐的發言最有代表性）可說是搞不清楚狀況和氣急敗壞的結合。事實上，聖公會聯盟的主教比例只會愈來愈向南方傾斜，到了二十一世紀，單是非洲區的主教也許就足以構成一個多數。在非洲以外的地區，道德保守主義也受到強烈的支持，前面提過那位想爲加拿大的圖騰柱行驅魔儀式的新加坡暨東南亞區大主教泰摩西就是一個例子。泰摩西拒絕出席由支持同性戀者權益的主教所舉行的國際性聖公會會議，理由是這些自由派不但不明事理，而且是異端。㉑

蘭貝斯會議提醒了美國的保守派，讓他們發現自己在國內雖然處於下風，但在海外卻有著有力的盟友。二〇〇〇年，一些美國聖公會保守派幹了一件讓當時人大吃一驚的事。

事件的主角是默非（Charles Murphy III）和羅傑斯（John H. Rodgers）兩位神父，他們連同一些非洲和美洲神父前往新加坡，被泰摩西和盧安達大主教科林尼（Emmanuel Kolini）按立爲主教。根據古代的傳統，大主教有權按立他教省內的任何人爲主教，就這樣，默非成爲盧安達教省的主教。這些美國人另外引起爭議的一點是他們反過來成爲對美國傳教的傳教士，專門爭取保守的聖公會信徒，以致在教會本身內部形成了一個「虛擬教省」。他們與保守派同僚目前服務於由科林尼大主教支持贊助「聖公會在美宣教團」（Anglican Mission in America）。他們和他們的現在是美國的，該組織，宣稱的宗旨是要幫助「美國聖公會找回它的《聖經》基礎」，要矯正按立同性戀者聖職和爲同性婚姻證婚這些違背基督教義之舉，易言之，是與美國教會主流領袖的「外顯異端」作戰。二〇〇一年，又有再多四個美國主教接受祝聖，進入愈來愈像新宗派的「聖公會在美宣教團」服務。再一次，爲他們行祝聖禮的人是海外的大主教，包括了盧安達教省的科林尼和東南亞教省的楊秉中（Datuk Ping Chung Yong，音譯）。㉒

北美教會高層會爲此憤怒自是不在話下。北美聖公會的主理主教克理斯渥德（Frank Griswold）指責這種做法是「危險的原教旨主義」，而加拿大的主理主教也警告說：「主教職位不應該被當成洲際彈道飛彈，在一個大洲製造，射向另一個大洲。」㉓泰摩西被妖魔化爲不寬容和仇視人類的人，而加拿大新威斯敏斯特省（New Westminster）的主教也取消了一項新加坡首主教來訪的計畫。儘管如此，在美國和加拿大兩地，還是有很多基層信徒對那些新主教與他們的海外贊助者表示支持。隨著聖公會因爲性別和性議題而日益分裂，北美的保守信徒將會發現他們的立場更接近非洲和亞洲的教會，而不是自己教會裡的菁英階層，這樣，他們就會指望新加坡和盧安達出面爲他們對抗紐約和渥太華。目前，北美地區約有三十個保守派的教會基本上是由盧安達教省所管轄的——黑人將軍終於有白人士兵了。

至少在這些美國人看來，正統是在南方的，而且應該從南方帶向北方。舊基督世界與新基督世界的父子關係已然終結。一位美國牧師造訪過他在非洲的「母會」後，納悶地問：「誰才該傳福音給誰？」㉔對很多人而言，這個問題早有答案。

傳福音給北方

以數字而言，美國聖公會的萎縮還不算嚴重，但這種萎縮會不會是一個更大趨勢的徵兆呢？我們有沒有可能看到南方基督徒傳福音給北方人呢？即使是今天，有些宗派的資糧就是來自南方。在羅馬天主教會，起用來自非洲或拉丁美洲教士作爲北方教區主教的情形愈來愈多。目前，有大約六分之一服務於美國各堂區的教士是來自別的國家。非洲教士也開始出現在愛爾蘭——歐洲天主教的古老搖籃。談到這個現象時，我的一個愛爾蘭朋友回憶說，小時候，教會都會要求她和其他小朋友存下一些零錢，「救非洲的黑人小寶寶」。她好奇這些被救的非洲小寶寶有一些是不是已經長大成人，當上教士，前來拯救愛爾蘭人的靈魂，作爲回報。居住在北方土地的移民團體現在也成爲一股重要資源。儘管越南裔美國人只佔美國天主教人口的一％，但在目前正攻讀神學課程的三千五百人中，卻有三％是越南裔。在二〇〇一年即將被按立的神學院學生中，有二八％出生在外國：五％生於墨西哥，五％以上生於越南。㉕

同樣的現象也出現在新教的教派，南方人成爲牧師甚至傳教士的情形愈來愈多。事實上，南方的影響力是透過兩個不同卻相關的現象來發揮的。有些例子中，第三世界的教會實際發動對北美和歐洲的傳教工作。但更常見的情況是，這類傳福音的活動是移民教會的活動的偶然副產品。

先說第一類，也就是刻意的傳教活動。英國目前住著來自五十個國家的一千五百名傳教士。其中很多是來自非洲，而他們也對自己碰到的這片靈性荒漠表示出不信任。用現在活躍於英國北部的烏干達傳教士提爾摩韋（Stephen Tirwomwe）的話來說：「我剛來這裡的時候眞是沮喪，教堂空蕩蕩的，有些還要變賣。反觀烏干達的問題卻是教堂容納不下信徒。英國亟需宗教復興。它變得太世俗化了，人們都太個人主義和太只管自己了。這個國家需要重新皈信。」巴西聖公會的首主教在宣布準備對英國發起新一波的傳教努力時這樣說：「倫敦今天是一片傳教場地。它太世俗化了，我們必須派人去拯救他們。」㉖

上述提到的都是聖公會的教士，但獨立教會如今也開始在歐洲各地傳福音。這是不值得奇怪的，因爲《新約》明明白白寫著，只要是耶穌的追隨者，都應該擔負起向萬邦傳福音的大使命。其中一個積極的傳教團體是以奈及利亞爲根據地的「上帝救贖基督徒教會」（Redeemed Christian Church of God，簡稱 RCCG），它創立於一九五二年，其始創先知是基路伯與塞拉芬會的老兵。「上帝救贖基督徒教會」具有強烈的海外傳教企圖心，其信仰聲明宣稱：「我們的目的是創造天國。我們的目的是讓盡可能多的人和我們站在一起。……爲了爭取到盡可能多的信徒，我們要在開發中國家每一個城和鎮建立走路五分鐘就到得了的教堂，在已開發國家每一個城和鎮建立五分鐘車程就到得了的教堂。」㉗它誇稱，自一九八一年開始，「『上帝救贖基督徒教會』於奈及利亞的堂區至少有四千個。國際上，本教會已拓展至其他非洲國家，包括象牙海岸、迦納、尚比亞、馬拉威、薩伊、坦尚尼亞、肯亞、烏干達、甘比亞、喀麥隆和南非。在歐洲，本教會分布於英國、德國和法國。」它同時活躍於美國、海地和牙買加。正如該教會所說的，這種全球性的存在「明顯應驗了我們創立者阿金達育米（Papa Akindayomi）的靈視，也就是說本教會將會覆蓋全地，成爲基督肢體一個能獨立生存的部分，是救主復臨時樂於遇見的。」㉘

通常，這一類獨立教會不會吸引到媒體的注意力，除非是發生了什麼醜聞。巴西的「上帝王國普世教會」是衆多影響力擴及歐洲和北美的獨立教會之一，它在這些地方購買了電台和房地產。就像「上帝救贖基督徒教會」一樣，「上帝王國普世教會」看出傳教潛力最雄厚的地方是黑人分布區，所以也在南部非洲展開傳教工作。同樣地，欽班古教會活躍於「剛果共和國、剛果民主共和國、安哥拉、加彭（Gabon）、中非共和國、尚比亞、辛巴威、盧安達、蒲隆地（Burundi）、南非、奈及利亞、馬達加斯加、西班牙、葡萄牙、法國、比利時、瑞士、英國。欽班古教會的信徒遍布世界，包括了美國、加拿大和其他國家。」以巴西爲基地的獨立教會「上帝之鹽」（Sal de Terra）在英國、愛爾蘭、葡萄牙、印度和日本都有傳教士。這一類全球性取向的教會喜歡利用網際網路來爭取教徒。虔誠的網路愛好者可以在網上找到「上帝王國普世教會」、「上帝之鹽」、欽班古教會和其他幾十個類似組織的網站。㉙

「上帝王國普世教會」之類組織鬧出的醜聞很容易會讓人忽視獨立教會在歐洲土壤取得的實質成果，而在未來的幾十年內，它們的成績極有可能會更加耀眼。它們面對的傳教環境再理想也不過，此外，這些教會大都沒碰到什麼語言障礙，遇到的競爭者非常少。在北美，絕大部分的新興教會都是操西班牙語的，但在歐洲，新興教會都使用其前殖民國的語言：在英國說英語，在法國說法語。烏干達總統穆賽維尼（Yoweri Museveni）的一番話很有說明作用。這位終結一九八〇年代烏干達循環不息血腥衝突居功厥偉的總統，在一九九七年的一個英國會議上指出：「當我們在叢林裡戰鬥的時候，當權者會從國外輸入軍火。我們游擊隊的工作就是等待和把軍火強搶過來。同樣地，你們來到我們的國家時，我們也照樣把你們的語言俘虜過來。現在我對各位所使用的正是各位的部族語言。」㉚獨立教會都懂得用它們俘虜來的語言作爲傳福音的基本工具。

移民教會也是關鍵性的，而我們先前已經看到，這些教會的信徒人數在歐洲和加拿大變得空前未有的多。其中一些已經準備好要反客爲主，對所在國的白人傳福音。儘管這些教會目前還沒有哪一個是大到有代表性，但我們還是不妨以「金斯威國際基督宗教中心」爲例子，它是英國最成功的黑人教會之一。它的主任牧師阿希木羅瓦最近準備發起一個名爲「破冰十字軍之旅」的大型傳教活動，其目的就是要爭取白人信徒。不過，他也坦言自己對於要怎樣營造一個親切的環境感到憂慮，因爲白人信徒坐在「一片黑臉孔的海洋」裡難免會覺得不自在。㉛

這些教會可能成功「破冰」，把白人引進南方基督宗教世界的機會有多大呢？這個問題對基督宗教的未來無疑是關係重大的。如果它們無法成功，那基督宗教在白人眼中就會顯得疏離，讓他們生疑甚至產生敵意。起初，白人會不習慣非洲或西印度的崇拜風格是一定的，這特別是因爲英國文化傳統上都不鼓勵人在公衆面前表露宗教激情。阿希木羅瓦指出：「棘手之處是我們被視爲一種黑色的事物（Black thing），而非上帝的事物（a God thing）。」想要取得成功，「金斯威國際基督宗教中心」這一類教會就必須對白人的習尙和世界觀表現出適度的尊重，易言之就是實行本土化措施。

巴西的神召會和「上帝王國普世教會」在洛杉磯都有據點，「全能天主」則活躍於菲裔美國人之間。波士頓是各宗派雜然並陳的一個好例子，因爲一間「上帝王國普世教會」的前哨教堂與聲望崇隆的聖保羅大教堂只有一個街角之隔，後者是該市最血統純正的美國聖公會教徒的傳統中心。另一個南方傳教團體的好例子是所謂的「阿根廷復興」（Argentine Revival）教會，它是五旬節派運動的產物，誕生於一九八〇年代初期政治與社會動盪不安的阿根廷。「阿根廷復興」的信徒對「屬靈爭戰」的觀念堅信不疑，認定有一些魔鬼力量瀰漫於整個社會，是教會需要與之戰鬥的。自一九九〇年代中葉起，「阿根廷復興」開始致力歸化北美洲信徒，選定費城作爲橋頭堡。一九九九年，復興派的安卡羅（Carlos Annacondia）面對約一萬二千名費城人佈道，是爲費城第一個由拉丁美洲裔教會主辦的佈道大會。[32]

非洲的教會（特別是奈及利亞的教會）也鎖定美國作爲傳教對象，「生命進深聖經團契」（Deeper Life Bible Fellowship）就是其中之一，它在美國已經鋪設了廣泛的網絡。休士頓的奈及利亞裔多達八萬，是這一類團體的一個活動重心。「上帝救贖基督徒教會」目前「在達拉斯、塔拉哈西（Tallahassee）、休士頓、紐約、華盛頓、芝加哥、亞特蘭大、底特律和馬里蘭都擁有堂區。」[33]另一個成長中的同類型組織是「基督使徒會」（Christ Apostolic Church），它和「上帝救贖基督徒教會」一樣，都是源出阿拉杜拉運動。根據這個教會自己的陳述，它的海外傳教開始於一九七九年奈及利亞的伊巴丹（Ibadan），當時，其先知奧巴達里（T. O. Obadare）「爲海外奈及利亞人的處境進行了三天的禁食禱告。三天後，一個聖女向他顯現，談的恰恰也是海外奈及利亞人的問題。於是，奧巴達里先知又爲這問題再多進行了七天的禁食禱告。」之後，他到倫敦成立了一家「基督使徒會」的教會，並在一九八一年來到休士頓，慢慢發展出一個橫跨全美國的教會網絡。不到二十年的時間，「美國基督使徒會」就擴展到紐約、紐澤西、巴爾的摩、華盛頓、伯明罕、芝加哥、休士頓、達拉斯、奧克拉荷馬市和洛杉磯。不過，也有些敵對教派聲稱它們才是「基督使徒會」的眞正嫡系，「巴巴路那基督使徒會」（Christ Apostolic Church Babalola）就是其中之一。㉞

儘管這些新興教會未來有可能會在美國（特別是城市地區）發揮重要的影響力，但有鑑於美國文化的衆多分殊性，它們所能發揮的轉化力看來將不能與歐洲的新興教會相提並論。但不管怎樣，隨著移民團體的日益美國化，美國接下來數十年會進入一個宗教合成的全新階段，將是可以預期的。不說別的，單是遽增爲一億的拉丁美洲裔人口，就足以讓美國基督宗教的南方色彩比現在所能想像的濃上許多。

南方的鏡子

歐洲和北美的基督徒向南觀望的時候，看到的常常是他們想看到的東西。才一代人以前，自由派人士所看到第三世界，是一個向著社會主義與解放大步邁進的世界。然而到了今天，備受南方發展鼓舞的人卻是保守派。無疑，單就人口數而論，南方教會的重要性必然會與日俱增，只不過，它們是否會繼續保持今天的政治與文化調子，卻是沒有必然的。我們先前已指出過，隨著新興教會邁向成熟，它們的社會立場說不定會變得與北方一樣紛紜多樣。誰又敢說，隨著南方社會的改變，一些教會不會樂於委以女性聖職，甚至爲同性戀者證婚呢？如果說近年有關新興教會的研究讓我們學到什麼最重要的事，那就是：不管我們多熱中於把南方教會套到舊基督王國的模子去，它們總是用自己的標準來自我界定。

再次首度認識基督宗教

Seeing Christianity Again for the First Time

一個〔在人類中間〕極受歡迎的遊戲叫「隱瞞明天」，又叫「欺騙先知」。參加者首先會很敬重地聆聽一些聰明人預言將有什麼事情發生在下一代，然後他們會等所有聰明人死光，再依反方向行事。遊戲的內容就這麼多。但對一個品味簡單的族裔來說，卻趣味無窮。

——徹爾特頓（G. K. Chesterton），《諾丁岡的拿破崙》（*The Napoleon of Notting Hill*）

「早知道就好……」人類之所以喜歡預測未來，一般並不只是出於知性的好奇。理論上來說，知道接下來會發生什麼事，我們就能預作準備，防止一些災難的發生。問題是，我們所預測的事情並不是都會發生；而就算它們發生，也常常與我們預期的相當有別。前一種情形的具體例子是人們預言會發生在二〇〇〇年一月一日的那個文明災難，也就是Y2K千禧蟲危機，有些美國人甚至害怕得事先儲存糧食。至於基督宗教南移這件事情，我們倒是相當有把握它會發生。但知道它會發生是一回事，去解釋它或為此作準備又是不同的事。單憑我們對這個未來趨勢的知識，就足以採取適當的回應嗎？儘管就實際政策來說，我們對這個趨勢所能做的事少之又少，但觀察基督宗教現在的發展方式，卻可以讓我們對這個宗教的本質有更多的了解。思考未來之所以那麼有價值，是因為它可以告訴我們一些有關今日的事實。

讓我們來想像，時光之流裡出現了一個蛀孔（譯註：有些科學家猜測黑洞裡可能存在通道，可供人從事時間旅行，稱之爲蛀孔〔wormhole〕），讓我們可以去到未來，取得一套二〇五〇年版的《世界基督宗教百科全書》。它所包含的各種基督徒人口數據對今天各個基督教會多有價值自不待言，因爲它們讓各教會知道應該怎樣配置資源、在什麼城市或地區投資多少人力物力，以便在未來成長的人口中爭取到最多的信徒。如果我們知道某一個現在只有五十萬人口的亞洲城市到二〇五〇年將增加爲兩百萬，那將會是一個大好機會。如果教會能夠事先在那裡做好部署，打下未來社會服務與社群網絡的基礎，那它理應會成爲該市未來宗教經濟的主控者，而向它求取食物與幫助的人將大有可能成爲信徒。在一個信仰競爭激烈的時代，這樣長遠的政策將可收到巨大利益。在理想的世界裡，基督徒與穆斯林、天主教徒與五旬節派信徒理應保持一種良性的競爭關係，比賽誰能夠提供窮人最好的幫助，而不是以爭取最多的信徒或最大的影響力爲要務。只可惜，在眞實的世界裡，事情並不是這樣的。

蛀孔也許存在，也許不存在，但我們手頭上的資料已經多得不亞於一部未來的百科全書。比方說，我們已經知道未來人口增加得最快的城市大概會是哪些。除非有什麼突發的大災難，否則將不會有任何事情可阻止盧薩卡、金夏沙、拉各斯、坎帕拉這些非洲城市變成巨人哥利亞，各自吸入數以百萬計的失根農村人口。它們所處的國家，都是一些社會服務網絡匱乏而宗教競爭熱烈之地。那些今天能先在這些城市做好部署的教會，很有可能在

一、二十年之後大豐收。但一般而言，並沒有教會這麼做，不然就是做得太不夠了。爲什麼沒有人能夠恰如其分地回應那麼明顯的未來趨勢？

同樣令人錯愕的是有些教會甚至反其道而行。儘管北美和歐洲很多教會都坐擁巨大的財富，但它們對投入全球南方的熱忱，反而遠較從前爲低。美國的主流教會甚至大砍海外傳教的預算。這種現象的理由不只一端，但主要理由是這些教會不願再背負「文化帝國主義」的罪名，另外也是因爲不願意干涉新興本土教會的事務，希望它們能夠自立自強。但不管理由何在，有一個事實仍然是事實：西方教會恰恰是在南方最需要它的資源挹注時把這些資源抽走。

有些西方教會不願意去回應全球性的挑戰，但有些不是不願意，而是沒有這個能力。這一點，羅馬天主教會是個很好的例子，它所面對的全球性挑戰，比其他宗派要嚴峻許多。理論上，梵蒂岡應該把教士重新配置到最有需要的地區去。天主教會傳統上極端依賴教士，哪裡的教士最能幹和人數最多，天主教會的實力就最強。但不幸的是，今天的天主教會卻表現出信徒與教士間的重大比例失衡，而且這種趨勢會只增不減。雖然我們明白造成這種局面的歷史原因，但感覺上梵蒂岡的做法就好比刻意要把它的資源配置到最不需要這些資源的地方，也就是把更多的教士分配到信徒人口更少的地區。要撒旦自己來配置，只怕不會比梵蒂岡做得更好。天主教的例子說明了，北方在面對全球性的轉變時，應變能力有多差勁，而造成這個現象的結構性因素看來也不會改變。

在這件事情上，一如在許多事情上那樣，南北的失衡顯得相當突出。今天，北方只擁有全部天主教徒的三五％，卻擁有全部教士的六八％；反觀拉丁美洲，它擁有全部天主教徒的四二％，卻只擁有全部教士的二〇％。以教士與信徒人數之比，北方要四倍於全球南方。歐洲和美國總是沒完沒了抱怨它們教士短缺，並認爲這是兩地教會日走下坡的原因。如果北美的教士短缺會帶來這種可怕後果，那教士更是短缺的南方要怎麼辦呢？這就怪不得梵蒂岡面對新教在拉丁美洲的蠶食鯨吞時會顯得那麼恐慌，視之爲「貪婪的狼」，伺機對牧羊人不足的天主教徒下手。在巴西，新教牧師的人數在一九八〇年代中葉就已超過了天主教神父，有些天主教的堂區僅僅擁有五萬教友。①在非洲，天主教過去五十年來的成長，說不定要超過其整個歷史上的大部分時期，但神父短缺的情形卻讓人懷疑它還能維持這種成長多久。對教會高層來說，這個問題比北方自由派所提出那些社會與神學議題要迫在眉睫得多。

問題已經很顯明，但解決問題的方法卻一點也不顯明。一個可能的方法是把北方的教士輸出到第三世界去，儘管很難想像北方的主教會願意爲了南北均衡而做出犧牲。不過令人錯愕的是，梵蒂岡不只不此之思，反而背其道而馳，也就是把第三世界的教士輸出到北方，以解歐洲和北美的教士荒。從全球性的觀點觀之，這種做法不但短視得要命，甚至可能是一種宗教自殺。如果連那麼中央集權和具有全球觀照的天主教會都無法動員它的資源去迎接正在全球南方升起的挑戰與機會，我們又怎能指望別的教會能夠？

再次認識基督宗教

即使我們的預測數字全部正確，也不代表它們可以幫助教會為未來做好準備。不過，它們倒是可以讓我們對現在有更清楚的認知。如果說有哪一個對二十一世紀的預測是可信度極高的話，那就是全世界行將增加的人口中，大部分都會認同於以下的兩個宗教之一：基督宗教或伊斯蘭教。但這兩個宗教的衝突和相互誤解由來已久。基於政治和宗教的雙重考量，至少為了全球性的生存考量，北方的基督徒或猶太人是不是能夠對伊斯蘭教有更深的了解將攸關重大。不過，說不定有另一個宗教巨人是他們更必須去理解的，那就是新基督宗教，亦即南方基督宗教或第三教會。新的基督王國並不是舊基督王國的鏡像。它眞的是全新的，而且正在發展演變之中。它會變得和舊基督王國多麼不同，仍是未知數。

在一個以基督徒為主的社會研究基督宗教，會遇到一些出人意表的困難。目前，我所教授的「宗教研究」課程就像美國很多大學的同類型課程一樣，會向學生一一介紹世界上的各大宗教，包括伊斯蘭教、佛教等等。但這種平頭式做法對基督宗教是不公平的，因為這表示它所受到的注意和其信徒人數與全球規模不相稱。不管基督宗教陳說的是不是眞理，它都絕不能被視同為衆多宗教的其中一個：它不但現在是信徒最多的宗教，而且將會繼續保有這種身分。一代人以前，基督宗教在學院教育裡也被忽略了，但那時候的忽略要比現在說得過去，因爲當時的學生可以從教會、家庭和社會吸收到基督宗教的知識。但今天的學生卻沒有這種機會，唯其如此，才會有那麼多學生對基督宗教的基本事實無知到讓人暈倒的程度。

如果連西方的基督宗教都受到如此大的忽視，西方以外的基督宗教就更不用說了。一般來說，教科書在談到非洲和亞洲的宗教時，都相當負向，往往是放在屠殺、奴隸和帝國主義的脈絡中談，很少會提到自主的南方教會的聲音。有鑑於基督徒全球性分布的變化，不能從非西方的脈絡去理解它的人，也是不可能了解正在形成中那個新世界的。美國的大學一向以教學目的的多元化自詡，會向學生引介非洲、亞洲和拉丁美洲的思考方式，而且常常使用來自非西方文化的文本教學。也許聽起來很奇怪，但教導學生基督宗教的知識，正是培養他們多元心靈的一個絕佳方法。然而，你現在卻很少看到大學的宗教研究系開設五旬節派的課程，比起有關佛教或伊斯蘭教的課程要少得多。這部分是政治偏見的反映：至少在人文學的領域，大部分的學院中人都是強烈的自由派，對五旬節派的教義相當不以爲然。碰到有開天主教課程的學院，討論的議題又通常是西方自由派感興趣的那些，而跟今日拉丁美洲或非洲活生生的眞實無涉。

如果能夠把基督宗教視爲一個全球性的實體，將可讓我們對它有一種嶄新的觀照，這種觀照不但會讓人錯愕，而且往往會讓人不舒服。藉神學家博格（Marcus Borg）的話來說，它將會讓我們「再次首度認識基督宗教」。②在這個邂逅中，我們將被迫不只照它現在的樣子看它，也會照它從前所是和未來所是的樣子看它。這樣看基督宗教，我們將發現很多令人震驚的事實，其中一個就是：基督宗教是與窮人深深相連的。有別於一般的刻板印象，典型的基督徒並不是美國和西歐的白人大亨，而是窮人，其貧窮程度連北方國家的窮人也無法想像。

隨著非洲躍升為基督宗教的主要中心，基督徒的貧窮事實將會更為昭著。我們面對的非洲，是一個自獨立以來就經歷了無數災難的大地，不管是平均壽命、夭折率、愛滋病死亡率都相當嚇人。哪怕非洲是世界一三%人口的家園，但它的生產總值卻少於世界的二%，撒哈拉以南非洲地區的生產總值僅相當於荷蘭一國。自一九六〇年起，非洲就完全退出了世界貿易的舞台。總體來說，「這個大洲已掉出了第三世界，掉落到一個它專屬的範疇：第n世界。」令情況雪上加霜無數倍的是，好些非洲國家都參與了血腥到讓人難以置信的種種衝突中。美國的情報部門不認爲這種情形在可預見的未來有改觀的可能：「在撒哈拉以南的非洲，持續的衝突與不穩定、對一些不斷跌價商品的過度依賴、教育程度的低落、傳染病的蔓延——這些因素將聯合在一起，讓大部分國家很難出現快速的經濟成長。」③這就是新世紀基督徒社群的基本事實。

非洲和拉丁美洲基督徒都相信《新約》的「八福」與自己有切身關係，這是北方人中間絕無僅見的。當耶穌說「貧窮的人有福了」的時候，他所說的「窮人」，並不是生活條件相對匱乏的人，而是指赤貧者。南方基督徒的絕大多數都是窮人（全體基督徒也愈來愈是如此），是飢餓、受迫害，甚至受到非人對待的人。印度人所說的「賤民」（字面意義是「受詛咒的」或「受壓迫的」），可說是耶穌口中「窮人」最精準的翻譯，因此「貧窮的人有福了」也大可翻譯成「賤民有福了」。

明白這個，就會知道救助窮人的緊迫性，一點也不亞於把教會資源重新分配。四分之一世紀以前，西德爾（Ronald J. Sider）出版了十分具影響力的《飢餓時代的富有基督徒》（*Rich Christians in an Age of Hunger*），攻擊第一世界面對南方的磨人飢餓時的偽善面貌。這本書在今天再版也不嫌過時，但如果把書名稍稍改作《基督徒飢餓時代的富有基督徒》，會更加切中時弊。④當美國基督徒看到有關非洲饑荒的新聞畫面時（比方一九八〇年代衣索比亞人間地獄般的慘狀），他們很少意識到，畫面中那些受苦難者不只像他們一樣也是人，而且往往是與他們相同信仰的人——是活活被餓死的基督徒。

南方的《聖經》

南方的基督宗教還可以讓我們原以爲十分熟悉的一些事情產生全新面貌。也許最讓人驚異的一件事情是，新興教會與北方教會對《聖經》的解讀是那麼不同，儼然是兩種不同的宗教。我們先前指出過，南方教會深信《聖經》中的超自然記載，對夢兆與預言等觀念相當自如。在他們眼中同樣有關切性的是《聖經》中的核心社會與政治主題，包括了殉教、壓迫和放逐。如果北方教會無法在教士和傳教活動或金錢上爲南方提供幫助，那至少可以透過南方的經驗來重新詮釋自己的宗教吧？⑤

打開《新約》的時候，我們會發現它的很多基本假設對北方人來說都是陌生的，但對南方人卻尋常而熟悉。當耶穌不是談到驅魔或治病的事情時，他的言論聽起來相當側重於迫害和殉道這些主題。他談到了信徒在受到信仰試煉時該怎麼做，在受到家人、村人或猶太教長老的驅逐或詛咒時該怎樣回應。《聖經》的很大部分（包括《新約》、《舊約》）都是在描述上帝的子民面對邪惡的世俗權威時所受到的苦難。

現代西方人可明白是什麼歷史環境讓耶穌這麼強調犧牲和對抗，但這些段落對他們卻鮮少有關切性。同樣讓西方讀者缺乏切身感受的是〈啓示錄〉一類與殉教和迫害主題有密切關係的文化，它們預言上帝將會統治世界，迫害者會滅亡、義人會得昭雪。近幾十年來，一些《新約》學者嘗試要降低《新約》對殉教和末世論的強調，主張這些觀念不是出自耶穌之口，而是後來的世代僞託的。根據這種觀點，眞實的耶穌其實是個相當對西方人口味的理性智慧導師，而不是對觀福音書裡那個「末日審判的耶穌」（Doomsday Jesus；譯註：對觀福音書指〈馬太福音〉、〈馬可福音〉和〈路加福音〉），這種觀點認爲，《多馬福音》（*Gospel of Thomas*）一類的神祕主義文本，要更能反映耶穌的眞實面貌。對「耶穌研究會」（Jesus Seminar）的聖經評論家來說，如果《新約》可以重新編訂的話，《多馬福音》將比〈啓示錄〉更有資格被收錄，因爲後者明顯是對基督眞理的有害扭曲。

一如「打穀」和「嫁接葡萄枝」這些意象，《新約》叮囑信徒應該堅定面對迫害的段落，對一般西方讀者而言是殊少有實感的。一些美國的原教旨主義者猜想，《新約》所說的迫害也許是發生在未來，大概是世界末日的時候。但對數以百萬計的南方基督徒而言，用這樣曲折的方式解讀《新約》是沒有必要的，因爲他們身處的世界本身就是充滿不斷的迫害——有時來自政府，有時來自異教的鄰居。對今天的奈及利亞、埃及、蘇丹或印尼的基督徒來說，苦難是隨時都有可能發生的，所以會強烈渴望理解這種苦難的意義，而能夠提供他們這種理解的，就是《聖經》和最早期基督宗教的語言。例如，一個印尼馬魯古群島的基督徒就相信，近年來該地區的頻繁迫害「乃是上帝的計畫。祂要把基督徒加以淨化。」⑥論現代基督徒受到迫害最烈之地，也許首推蘇丹，而該國的教會把苦難整合到禮儀和日常實踐中，並導致一些感人至深的文學作品產生（「死亡爲揭示信仰而來臨／它會始於我們而終於我們。」）⑦世界各地的教會都會宣講死亡與復活的道理，但沒有一個教會對死亡與復活比蘇丹教會有更迫切的體認。就像很多危機地區，蘇丹基督徒的壓迫者是穆斯林，不過在別的地方，迫害者也有可能是其他基督宗派。瓜地馬拉和盧安達的情況一如蘇丹，殉教成仁並不只是歷史題材，而是一個眞實的威脅。隨著二十一世紀的邁進，情況更有可能是惡化而不是改觀。

迫害並不只發生在那些極端暴力的國家。即使是迫害不常見的地方，基督徒有時還是會感受到瀰漫的敵意，需要相當謹言愼行。數以千萬計的基督徒都是活在強烈對立的社會裡的，需要恆常高度警惕自己與伊斯蘭教或印度教鄰居的關係。與西方不同，在這些環境裡，宗教摩擦不只會帶來憤怒的報紙投書，還可能帶來血腥與屠殺。在這些社會，《新約》有關謙卑和謹慎的教導不只能讓人變得有美德，而且可能生死攸關。

放逐是另一個在希伯來聖經裡反覆出現的主題，它對南方基督徒來說同樣具有高度關切性。今天世界有大約一半的難民是住在非洲，而其中有幾百萬是基督徒。戰爭在過去幾十年來席捲了剛果和中非，造成大量窮人流離失所，而教會常常是唯一可以提供他們幫助和希望的地方，而放逐與回歸也因此成了一個受到強烈關注的主題。放逐與回歸的主題對另一類被迫離開家園的人——也就是數千萬爲了討生活而離鄉背井的移民勞工——同樣有著巨大的吸引力。⑧

有這個背景在，那就難怪很多南方的基督徒相信，他們的苦難只是暫時性的，上帝終將插手拯救他們。不管〈啓示錄〉有多不對北美和歐洲人的味，但在南方人眼中，它卻像史詩格局的預言。〈啓示錄〉描寫那個被邪惡力量統治的世界對南方人並不陌生。那些邪惡力量，也許是撒旦的僕人，也許是社會結構造成的，但不管是何者，它們都是眞實存在的，無可爭辯的。拉丁美洲的解放神學家米格斯（Néstor Míguez）說：「那些暴力、種族仇恨、毀傷、剝削的惡靈就徘徊在拉丁美洲（和全球）的巴比倫街頭；當一個人能看透閃爍的霓虹招牌的背後，就可以把他們的身影看得一清二楚。」⑨

讓《聖經》顯得與今日第三世界更具關切性的一點是，〈啓示錄〉裡所描寫的魔鬼，都是住在都市裡的。當時一如現在，魔鬼都在都市裡設下他的寶座。巴西學者戈爾古略（Gilberto da Silva Gorgulho）指出：「〈啓示錄〉是我們廣大人民偏愛的書。他們可以從中找到鼓舞，以及爲他們所受到的迫害找到一個解釋……歷史中教會的意義是根植在福音，而福音見證了國家帝國主義（state imperialism）對人民生活的摧殘；國家帝國主義像一個偶像或三位一體的諷刺漫畫那樣招搖著。」⑩對一個生活在第三世界獨裁政權統治下的基督徒而言，把政府想像爲撒旦的僕人並不是荒誕的宗教狂想，而是有信服力的政治分析。把基督宗教看成一個全球性現象而不只是西方的現象，將使得我們不可能再用原來的方式閱讀《聖經》。這樣的基督宗教很像是一頭來自遙遠異國的珍禽異獸：讓人好奇、興奮，但又讓人有一點點害怕。

今天，基督宗教在窮人與受迫害者中間空前繁榮，但在富人與世俗主義者中間卻嚴重萎縮。這個現象似乎印證了馬克思所言，宗教是群眾的鴉片。我們很容易會以此推論說，基督宗教只會興盛於低度開發和前現代的地區，會隨著社會的進步而消失。但這個結論下得太快了，因爲非常熱心的基督徒同樣出現在一些高科技的社會裡，特別是環太平洋的亞洲地區和美國。⑪不過，現代基督徒的地理分布同樣顯示出，基督宗教發展得最成功的地方，確是貧窮和動盪的地區。如果說基督宗教不完全是一種奠基於貧窮和迫害的信仰的話，那麼它至少是把這些東西視爲人生的常態。這種觀點並不是從複雜的神學中推理出來，而是來自活生生的經驗。基督宗教當然可以在其他環境裡取得成功，包括安定富庶的社會，只不過它的成功可能會來得困難許多，甚至困難得像駱駝穿過針眼一般。

有鑑於基督宗教在歷史上命運的反覆，以及許多次瀕於瓦解的邊緣，對地上權勢與成功的不信任顯得更有必要。在五世紀時，基督宗教是帝國皇帝和貴族的宗教；在十世紀時，它變成了受剝削子民和住在文明邊緣的蠻族的堅定信仰；在一九〇〇年，**歐洲的基督宗教列強統治了世界**。想要知道基督宗教到了二一〇〇年或二五〇〇年會是什麼面貌，可得找到一個眞正得過神啓的先知才有辦法。但**如果說我們可以從基督宗教的起起落落獲得什麼啟示的話，那就是它「從不像表面看起來那麼弱，也從不像表面看起來那麼強」（這警語本來是形容俄國的實力的）。⑫歷史在在顯示，基督宗教由弱轉強的本領，不時都神奇得讓人屏息。**

愛戀智慧 閱讀大師

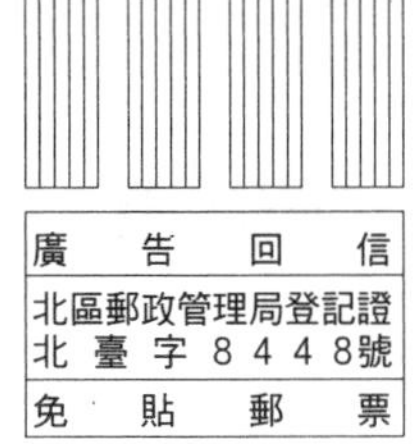

立緒文化事業有限公司 收

新北市 231

新店區中央六街62號一樓

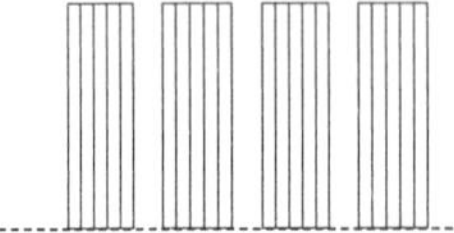

請沿虛線摺下裝訂，謝謝！

感謝您購買立緒文化的書籍

為提供讀者更好的服務，現在填妥各項資訊，寄回閱讀卡（免貼郵票），或者歡迎上網http://www.facebook.com/ncp231 即可收到最新書訊及不定期優惠訊息。

大揺文化 閱讀卡

姓　名：

地　址：□□□

電　話：(　　)　　　　　　　　傳 眞：(　　)

E-mail：

您購買的書名：______________________________

購書書店：__________市（縣）______________書店

■您習慣以何種方式購書？

□逛書店 □劃撥郵購 □電話訂購 □傳真訂購 □銷售人員推薦
□團體訂購 □網路訂購 □讀書會 □演講活動 □其他________

■您從何處得知本書消息？

□書店 □報章雜誌 □廣播節目 □電視節目 □銷售人員推薦
□師友介紹 □廣告信函 □書訊 □網路 □其他__________

■您的基本資料：

性別：□男 □女　婚姻：□已婚 □未婚　年齡：民國______年次

職業：□製造業 □銷售業 □金融業 □資訊業 □學生
□大眾傳播 □自由業 □服務業 □軍警 □公 □教 □家管
□其他 ______________________________

教育程度：□高中以下 □專科 □大學 □研究所及以上

建議事項：

宗教學

20世紀美國實用宗教學鉅著

威廉．詹姆斯 William James

百年百萬長銷書，宗教學必讀

宗教經驗之種種

這是宗教心理學領域中最著名的一本書，
也是20世紀宗教理論著作中最有影響力的一本書。
——*Psychology Today*

如果我們不能在你我的房間內，
在路旁或海邊，
在剛冒出的新芽或盛開的花朵中，
在白天的任務或夜晚的沈思裡，
在眾人的笑容或私下的哀傷中，
在不斷地來臨、莊嚴地過去而
消逝的生命過程中看見神，
我不相信我們可以在伊甸的草地上，
更清楚地認出祂。

2001年博客來網路書店十大選書
中時開卷版本周書評
誠品好讀重量書評
ISBN:957-0411-36-8
定價：420元

20世紀美國宗教學大師

休斯頓．史密士 Huston Smith

ISBN:978-986-6513-79-4
定價：400元

人的宗教：人類偉大的智慧傳統

為精神的視野增加向度，
打開另一個可生活的世界。
中時開卷版一周好書榜

半世紀數百萬長銷書
全美各大學宗教通識必讀
橫跨東西方傳統
了解宗教以本書為範本

燈光，是不會在無風的地方閃動。
最深刻的真理，
只對那些專注於內在的人開放。
——*Huston Smith*

永恆的哲學

找回失去的世界
ISBN:957-8453-87-6
定價：300元

權威神學史學者

凱倫．阿姆斯壯 Karen Armstrong

神的歷史 A History of God

紐約時報暢銷書
探索三大一神教權威鉅著
讀書人版每周新書金榜

ISBN:978-986-360-125-8
定價：460元

帶領我們到某族群的心，
最佳方法是透過他們的信仰。

立緒文化事業有限公司　信用卡申購單

■信用卡資料

信用卡別（請勾選下列任何一種）

□VISA　□MASTER CARD　□JCB　□聯合信用卡

卡號：________________________

信用卡有效期限：______年______月

訂購總金額：________________________

持卡人簽名：________________________（與信用卡簽名同）

訂購日期：______年______月______日

所持信用卡銀行________________________

授權號碼：________________________（請勿填寫）

■訂購人姓名：________________________ 性別：□男□女

出生日期：______年______月______日

學歷：□大學以上□大專□高中職□國中

電話：________________ 職業：________________

寄書地址：□□□

____

■開立三聯式發票：□需要　□不需要（以下免填）

發票抬頭：________________________

統一編號：________________________

發票地址：________________________

■訂購書目：

書名：____________、______本。書名：____________、______本。

書名：____________、______本。書名：____________、______本。

書名：____________、______本。書名：____________、______本。

共______本，總金額________________元。

⊙請詳細填寫後，影印放大傳真或郵寄至本公司，傳真電話：(02)2219-4998

國家圖書館出版品預行編目 (CIP) 資料

上帝一直在搬家 / 菲立浦 · 詹金斯 (Philip Jenkins) 著 ; 梁永安譯 . --
二版 . -- 新北市 : 立緒文化 , 民 109.04
面 ;　公分 . -- (新世紀叢書)
譯自 : The next Christendom : the coming of global Christianity
ISBN 978-986-360-154-8(平裝)

1. 基督教　2. 教會 3. 基督徒

247.1　　109003714

上帝一直在搬家（原書名：下一個基督王國）

The Next Christendom: The Coming of Global Christianity

出版——立緒文化事業有限公司（於中華民國 84 年元月由郝碧蓮、鍾惠民創辦）
作者——菲立浦・詹金斯（Philip Jenkins）
譯者——梁永安

發行人——郝碧蓮
顧問——鍾惠民

地址——新北市新店區中央六街 62 號 1 樓
電話——(02) 2219-2173
傳真——(02) 2219-4998
E-mail Address —— service@ncp.com.tw
劃撥帳號——1839142-0 號 立緒文化事業有限公司帳戶
行政院新聞局局版臺業字第 6426 號

總經銷——大和書報圖書股份有限公司
電話——(02) 8990-2588
傳真——(02) 2290-1658
地址——新北市新莊區五工五路 2 號
排版——伊甸社會福利基金會附設電腦排版
印刷——祥新印刷股份有限公司

法律顧問——敦旭法律事務所吳展旭律師

分類號碼——247.1
ISBN —— 978-986-360-154-8
出版日期——中華民國 92 年 8 月～ 102 年 9 月初版 一～四刷（1~5,000）
中華民國 109 年 4 月二版 一刷（1~1,000）

定價◎ 380元（平裝） 

宗教與靈修

達賴喇嘛

達賴喇嘛代表了一個完整存留到今天的偉大智慧傳承。
而這個文明唯有在流亡中才能得以保全，更顯示出這個時代的脆弱。

達賴喇嘛在哈佛談四聖諦、輪迴、敵人

達賴喇嘛 ◎藏文口述
Jeffrey Hopkins ◎英譯
鄭振煌 ◎中譯
ISBN:978-986-360-024-4
定價：320元

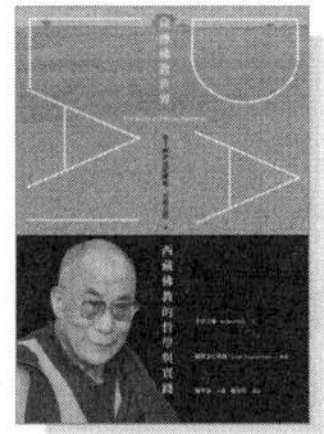

藏傳佛教世界：西藏佛教的哲學與實踐

達賴喇嘛◎著

中時開卷版一周好書
ISBN:978-986-6513-80-0
定價：250元

生命之不可思議

達賴喇嘛揭開輪迴之謎
達賴喇嘛◎著

ISBN:957-9967-73-3
定價：230元

曼陀羅：時輪金剛沙壇城

ISBN: 978-986-360-150-0
定價：380元

達賴喇嘛說幸福之道

ISBN: 978-986-7416-28-5
定價：300元

達賴喇嘛說喜樂與開悟

ISBN: 978-986-360-043-5
定價：300元

夢·意識·佛法

達賴喇嘛與六位腦科學家的對話
Consciousness at the Crossroads
Zara Houshmand◎編
中時開卷版一周好書
誠品好讀重量書評
ISBN:978-986-360-128-9
定價：320元
（原書名：意識的歧路）

達賴喇嘛說般若智慧之道

達賴喇嘛開示：
入菩薩行 智慧品

ISBN:978-986-360-056-5
定價：280元

情緒療癒

21世紀的醫療挑戰
生命科學與藏密智慧對話
Daniel Goleman◎主編

中時開卷版一周好書
ISBN:978-957-8543-40-1
定價：280元

達賴喇嘛說慈悲帶來轉變

達賴喇嘛與八位心理治療
心理輔導界頂尖人士對話

ISBN:978-986-360-045-9
定價：280元

宗教與靈修

強勢宗教
宗教基要主義已展現全球格局

Gabriel A. Almond、R. Scott Appleby、Emmanuel Sivan◎著

ISBN:978-986-7416-70-4
定價：390元

上帝一直在搬家
下一個基督王國
基督宗教全球化的來臨
下一波十字軍
基督徒、穆斯林、猶太人
Philip Jenkins◎著

ISBN:978-986-360-154-8
定價：380元

耶穌在西藏：耶穌行蹤成謎的歲月
追尋耶穌失蹤的十七年
Elizabeth Clare Prophet◎編著

開卷版本周書評
ISBN:978-986-6513-69-5
定價：320元

近代日本人的宗教意識
宗教亂象之深層省思
山折哲雄◎著
誠品好讀書評推薦

ISBN:957-8453-39-6
定價：250元

德蕾莎修女：一條簡單的道路
和別人一起分享，
和一無所有的人一起分享，
檢視自己實際的需要，毋須多求。

ISBN:978-986-6513-50-3
定價：210元

沒有敵人的生活
世界各大宗教的對話
Michael Tobias等◎編

ISBN:978-986-7416-93-3
定價：350元

全球倫理與宗教對話
沒有宗教之間的和平
就不會有世界的和平

ISBN:957-0411-22-8
定價：250元

作者

菲立浦・詹金斯（Philip Jenkins）

美國賓州大學「歷史與宗教研究」傑出教授。撰有許多文章及專論，包括《隱密的福音書》（*Hidden Gospels*）、《戀童癖與教士》（*Pedophiles and Priests*）、《神祕主義者與彌賽亞》（*Mystics and Messiahs*）等。

譯者

梁永安

台灣大學文化人類學學士、哲學碩士。曾譯有《孤獨》、《四種愛》、《Rumi：在春天走進果園》、《永恆的哲學》、《耶穌行蹤成謎的歲月》、《隱士》、《英雄的旅程》、《在智慧的暗處》（皆立緒文化）等。

責任編輯

馬興國

中興大學社會系畢業，資深編輯。

內容簡介

法西斯主義、共產主義、女權運動、環保運動在二十世紀佔據了大部分人的目光，卻忽略掉一個驚天動地的大變動——基督宗教在非洲、亞洲和拉丁美洲的爆炸性擴張，以及它可能帶來宗教、政治、社會與文化的巨大影響。

我們正身處在全球宗教史上一個大轉變的時刻，基督宗教將不再是「西方」宗教或有錢人的宗教，世界上最大的基督徒社群正在非洲和拉丁美洲形成。

詹金斯的《下一個基督王國：基督宗教全球化的來臨》是第一本全面檢討基督教轉變中面貌的作品，據他評估，到了二〇五〇年，全世界每五個基督徒當中，可能只有一個是非拉丁美洲裔的白人，而基督宗教世界的重心也會移轉到南半球。單是非洲一地，基督徒的人數就從一九〇〇年的一千萬遽升爲二〇〇〇年的三億六千萬。另外，詹金斯也指出，那些在全球南方（global South）發展得最快速的教會，其性格要遠比北方教會來得傳統、保守、福音主義取向和末世論取向。很多西方教會爲追求政治與社會進步而早已摒棄的信仰成分（神祕主義、清教徒主義、預言、信仰醫治、驅魔、夢喻、異象等），對南方教會來說卻是不可少的。他還預言，隨著宗教認同感凌駕於對世俗民族國家的忠誠，這一類的信仰成分亦將對全球政治面貌帶來重大影響。

西方評論者近年來都大力宣稱基督宗教日趨式微，如果不能加以現代化，只有走向絕路一途。然而，在這部鮮明、有挑釁性而研究詳盡的作品裡，詹金斯卻得到完全相反的結論：基督宗教正再次崛起中，而且是以更傳統的面貌展現。想要全面了解這個現象的意義，就不能不對今日的非洲、亞洲和拉丁美洲有所了解。《下一個基督王國》是任何對基督宗教和二十世紀全球大趨勢感興趣者的必讀之作，是邁向新時代意識的第一大步。

CC	Christian Centary
CT	Christianity Today
FEER	Far Eastern Economic Review
IBMR	International Bulletin of Missionary Reserrch
IBM	Interrational Review of Mission
LAT	Los Augeles Times
NCR	National Catholic Reporter
NYT	New York Times
WP	Washington Post
WSJ	Wall Street Journal

〈註釋〉

CHAPTER 1

1. John Mbiti is quoted in Kwame Bediako, *Christianity in Africa* (Edinburgh University Press/ Orbis, 1995), 154. 我在整本書中說到「南方」與「北方」時，都是指南北半球之分。這個較新的用法是自 1980 年的《白蘭特報告》（Brandt Report）之後才開始流行起來的。見 *North South: A Programme for Survival* (Cambridge, MA: MIT, 1980).

2. David B. Barrett, George T. Kurian and Todd M. Johnson, *World Christian Encyclopedia,* 2nd ed. (New York: Oxford University Press, 2001), 12–15. 我會廣泛引用這部百科全書的數字，不過在好幾處地方，我的數字都會與之有別。我自己的人口預測數字取自兩個來源，一是美國統計調查處，一是聯合國。U.S. government figures can be found through the U.S. Department of Commerce, Bureau of the Census, International Database, online at http://www.census.gov/ipc/www/idbrank.html. UN figures are online at http://www.popin.org/.

3. 這裡有關亞洲的數字應該存疑。對於基督徒人口的統計數字，不同的來源常常會有很大的落差，這種情形尤常見於那些不喜歡基督教的國家。這個問題，我會在稍後更詳細加以討論（特別是第三章），這裡只略微一提。舉個顯著的例子，根據《世界基督宗教百科全書》評估，印度目前的基督徒數目是 6200 萬，佔全國人口的 6 %，其中 4100 萬是「顯性基督徒」（professing Christian），2100 萬是「隱性基督徒」（crypto-Christian）（譯註：「顯性基督徒」指公開承認自己是基督徒的人，「隱性基督徒」則反之）。這個數字，要比印度官方的統計數字高上許多。美國情報部門使用的是印度的官方數字。《中情局世界各國報告》認爲印度有大約 2400 萬基督徒，國務院把它照抄過來。然而，印度的人口統計一向歧視低下階層信奉的宗教，因此低估了基督徒的數目。中國的情形也類似，《世界基督宗教百科全書》評估中國有 9000 萬基督徒，比其他數據來源要多一倍。如果我們拿到的數據本來就太高估，用它們來預測未來當然更失準。當有這樣的數字落差時，我會站在保守的立場，取各個數字的平均値。這表示我給的數字常常有別於《世界基督宗教百科全書》。對這部百科全書的評論，見 Richard N. Ostling, “An Accounting of World's Souls,” *WP*, March 17, 2001.

4. Richard J. Neuhaus, "The Religious Century Nears," *WSJ*, July 6, 1995; Dana L. Robert, "Shifting Southward," *IBMR* 24, no. 2 (2000): 50–58. 我第一次讀到Robert這篇重要文章時（發表於 2000 年 4 月）嚇了一跳，因爲它的很多論點與我就同一主題所寫的文章相同。我的文章題目是「那個新時代的宗教」（That New Time Religion），1999 年 8 月刊登在《記事》雜誌（*Chronicles*, pp. 17-19）。我們還用了相似的舉例。儘管如此，兩份研究都是獨立進行的。她文章的初稿曾在 1999 年 1 月的一個會議上宣讀，當時我則正在寫那篇將登在雜誌上的文章。但說不定我們都是受了同一件事的啓迪：1998 年於蘭貝斯舉行的聖公會聯盟會議中，北方區主教一個有關道德議題的提案受到非洲區主教的否決，引起了一陣騷動。

5. Walbert Buhlmann, *The Coming of the Third Church* (Slough, UK: St. Paul, 1976); Edward R. Norman, *Christianity and the World Order* (Oxford University Press, 1979); idem, *Christianity in the Southern Hemisphere* (Oxford University Press, 1981), John Taylor, "The Future of Christianity," in McManners, ed., *The Oxford History of Christianity* (Oxford University Press, 1993), 644–83; Barrett et al., *World Christian Encyclopedia*. The remark about the "third tradition" is from Christopher Fyfe and Andrew Walls, eds., *Christianity in Africa in the 1990s* (Centre of African Studies, University of Edinburgh, 1996), 148; "the standard Christianity" is from the same work (p. 3). Andrew F. Walls, *The Missionary Movement in Christian History* (Maryknoll, NY: Orbis, 1996); idem, "Eusebius Tries Again," *IBMR* 24, no. 3 (2000): 105–11; idem, *The Cross-Cultural Process in Christian History* (Maryknoll, NY: Orbis, 2001); Alex Duval Smith, "Christianity Finds Strength in Africa Due to Adaptability," *CT*, posted to web site July 16, 2001.

6. See *Christian History* 28 (1990) for the "hundred most important events in Church history." The list of the ten most important Christians is from *Christian History* 65 (Winter 2000). William J. Petersen and Randy Petersen, *100 Christian Books That Changed the Century* (Grand Rapids, MI: Baker, 2000); John Wilson, "Big Numbers, Big Problems," *CT*, posted to web site April 16, 2001. For African church statistics, see Bengt Sundkler and Christopher Steed, *A History of the Church in Africa* (Cambridge University Press, 2000), 906. 我對宗教出版社當前情形的評論當然不適用於 Orbis 公司，它一直持續地出版非洲和拉丁美洲基督宗教作家的作品。

7. Mbiti is quoted in Bediako, *Christianity in Africa,* 154. See also John S. Mbiti, *Introduction to African Religion,* 2nd rev. ed. (Portsmouth, NH: Heinemann Educational, 1991); idem, *Bible and Theology in African Christianity* (Nairobi: Oxford University Press, 1986); Harvey Cox, *Fire from Heaven* (Reading, MA: Addison-Wesley, 1995). Just in the past couple of years, we have a number of ambitious "global histories" of Christianity. See Adrian Hastings, ed., *A World History of*

Christianity (Grand Rapids, MI: Eerdmans, 1999); David Chidester, *Christianity: A Global History* (HarperSan Francisco 2000); Paul R. Spickard and Kevin M. Cragg, *A Global History of Christians* (Grand Rapids, MI: Baker Book House, 2001).

8. Walls, "Eusebius Tries Again."

9. Robert Wuthnow, *Christianity in the Twenty-First Century* (New York: Oxford University Press, 1993); Richard Kew and Roger White, *Towards 2015* (Boston, MA: Cowley, 1997), 118–19, 123. For the Anglican tradition, see also Ian T. Douglas and Pui-Lan Kwok, eds., *Beyond Colonial Anglicanism* (New York: Church, 2001).

10. 媒體忽視南方事務現象的一個顯著例外是伍德華特（Kenneth Woodward）的長文 "The Changing Face of the Church," *Newsweek*, April 16, 2001. Benjamin J. Hubbard, ed., *Reporting Religion* (Sonoma, CA: Polebridge, 1990).

11. Samuel P. Huntington, *The Clash of Civilizations and the Remaking of World Order* (New York: Simon & Schuster, 1996), 65; compare Barrett et al., *World Christian Encyclopedia,* 4.

12. Huntington, *The Clash of Civilizations,* 64–66, 116–19 (the quote is from p. 65); Samuel P. Huntington, *The Third Wave (*Norman: University of Oklahoma Press, 1991); Benjamin R. Barber, *Jihad Vs. McWorld* (New York: Times Books, 1995).

13. James C. Russell, *The Germanization of Early Medieval Christianity* (Oxford University Press, 1996). See, for instance, the portrayal of Jesus as a Germanic warlord in Ronald Murphy, ed., *The Heliand: The Saxon Gospel* (New York: Oxford University Press, 1992).

14. Norman, *Christianity and the World Order;* idem, *Christianity in the Southern Hemisphere.*

15. Barrett et al., *World Christian Encyclopedia,* 4; Teresa Watanabe, "Global Convention Testifies to Pentecostalism's Revival," *LAT,* May 31, 2001.

16. John Spong, *Why Christianity Must Change or Die* (HarperSan Francisco, 1998); John Wilson, "Examining Peacocke's Plumage," *CT,* posted to web site March 12, 2001; Brent L. Staples, *New York Times,* Book Review, November 26, 2000. Compare John Spong, *A New Christianity for a New World* (HarperSanFrancisco, 2001).

17. Gerald R. Cragg, *The Church and the Age of Reason, 1648–1789* (London: Penguin, 1970); Alec Vidler, *The Church in an Age of Revolution* (London: Penguin, 1971).

18. Adriaan Hendrik Bredero, *Christendom and Christianity in the Middle Ages* (Grand Rapids, MI: Eerdmans, 1994); Peter Brown and Jacques Le Goff, eds., *The Rise of Western Christendom* (Oxford: Blackwell, 1997).

19. See, for instance, Douglas John Hall, "Confessing Christ in a Post-Christendom Context," *Ecumenical Review* 52 (2000): 410–17.

20. Benedict Anderson, *Imagined Communities,* rev. ed. (London: Verso, 1991); "Global Trends 2015," online at http://www.cia.gov/cia/publications/globaltrends 2015/.

21. The remark about quasi-states is from Paul Gifford, *African Christianity: Its Public Role* (Bloomington: Indiana University Press, 1998), 9.

22. Hedley Bull, *The Anarchical Society* (New York: Columbia University Press, 1977), 254. Compare Stephen J. Kobrin, "Back to the Future: Neomedievalism and the Postmodern Digital World Economy," *Journal of International Affairs* 51 (1998): 361–86; Paul Lewis, "As Nations Shed Roles, Is Medieval the Future?" *NYT,* January 2, 1999.

23. Norman, *Christianity in the Southern Hemisphere.* For a pioneering encounter between theologians of the two continents, see Sergio Torres and Virginia Fabella, eds., *The Emergent Gospel* (Maryknoll, NY: Orbis, 1978).

CHAPTER 2

1. Kwame Bediako, *Christianity in Africa: The Renewal of a Non-Western Religion* (Edinburgh University Press/ Orbis, 1995).

2. Edward W. Blyden, *Christianity, Islam and the Negro Race* (Edinburgh University Press, 1967); Ronald Segal, *Islam's Black Slaves* (New York: Farrar, Straus and Giroux, 2001); Bernard Lewis, *Race and Slavery in the Middle East* (New York: Oxford University Press, 1990).

3. Andrew F. Walls, "Eusebius Tries Again," *IBMR* 24, no. 3 (2000): 105–11; W. H. C. Frend, *The Rise of Christianity* (Philadelphia: Fortress, 1984).

4. Bengt Sundkler and Christopher Steed, *A History of the Church in Africa* (Cambridge University Press, 2000); Elizabeth Isichei, *A History of Christianity in Africa* (Grand Rapids, MI: Eerdmans, 1995).

5. W. H. C. Frend, *The Rise of the Monophysite Movement* (Cambridge University Press, 1972).

6. Nina G. Garsoïan, *Church and Culture in Early Medieval Armenia* (Brookfield: Ashgate, 1999); Adrian Fortescue, *The Lesser Eastern Churches* (London: Catholic Truth Society, 1913), 383–445.

7. The phrase about the Ark of the Covenant is from Adrian Hastings, *The Church in Africa, 1450–1950* (Oxford: Clarendon, 1996), 4. Taddesse Tamrat, *Church and State in Ethiopia, 1270–1527* (Oxford: Clarendon, 1972); Marilyn Eiseman Heldman, *African Zion* (New Haven: Yale University Press, 1993); Fortescue, *The Lesser Eastern Churches,* 293–321.

8. Hastings, *The Church in Africa, 1450–1950,* 3–45.

9. Sundkler and Steed, *A History of the Church in Africa,* 928; David B. Barrett, George T. Kurian, and Todd M. Johnson, *World Christian Encyclopedia,* 2nd ed. (Oxford University Press, 2001), 265–69.

10. William Dalrymple, *From the Holy Mountain* (New York: Henry Holt, 1997). Robert Brenton Betts, *Christians in the Arab East,* rev. ed. (Atlanta: John Knox, 1978); Speros Vryonis, *The Decline of Medieval Hellenism in Asia Minor* (Berkeley: University of California Press, 1971).

11. The quote about the Alexandrian primates is from Kenneth Baxter Wolf, *Christian Martyrs in Muslim Spain* (Cambridge University Press, 1988); Jessica A. Coope, *The Martyrs of Córdoba* (Lincoln: University of Nebraska Press, 1995).

12. John H. Watson, *Among the Copts* (Portland, OR: Sussex Academic Press, 2000). For the Coptic language, see Hastings, *The Church in Africa, 1450–1950,* 7. Leonard Ralph Holme, *The Extinction of the Christian Churches in North Africa* (New York: B. Franklin, 1969: reprint of the 1898 edition); Fortescue, *The Lesser Eastern Churches,* 163–290. Barrett et al., *World Christian Encyclopedia,* 250, gives the present-day Christian population of Egypt as 15 percent, which seems high.

13. Dalrymple, *From the Holy Mountain,* 154; Tarek Mitri, "Who are the Christians of the Arab World?" *IRM* 89 (2000): 12–27; Andrea Pacini, ed., *Christian Communities in the Arab World* (Oxford University Press, 1998); Judith Miller, *God Has Ninety-Nine Names* (New York: Simon & Schuster 1996); Kenneth Cragg, *The Arab Christian* (Louisville, KY: Westminster John Knox, 1991); Robert M. Haddad, *Syrian Christians in Muslim Society* (Princeton University Press, 1970).

14. See the estimates of Christian numbers in Betts, *Christians in the Arab East,* 11. For the Jacobites, see Ian Gillman and Hans-Joachim Klimkeit, *Christians in Asia before 1500* (Ann Arbor: University of Michigan Press, 1999), 71. Fortescue, *The Lesser Eastern Churches.*

15. Dalrymple, *From the Holy Mountain,* 154; Benjamin Braude and Bernard Lewis, *Christians and Jews in the Ottoman Empire* (New York: Holmes & Meier, 1982).The *World Christian Encyclopedia* gives Syria's present Christian population as 7.8 percent of the whole (p. 719).

16. Gillman and Klimkeit, *Christians in Asia before 1500;* Samuel H. Moffett, *A History of Christianity in Asia,* 2nd rev. ed. (Maryknoll, NY: Orbis, 1998); Aubrey Russell Vine, *The Nestorian Churches* (New York: AMS, 1980); Fortescue, *The Lesser Eastern Churches,* 54–159.

17. Leslie Brown, *The Indian Christians of St. Thomas* (Cambridge University Press, 1982); Stephen Neill, *A History of Christianity in India: The Beginnings to AD 1707* (Cambridge University Press, 1984); Susan Visvanathan, *The Christians*

of Kerala (Oxford University Press, 1993); Antony Kariyil, *Church and Society in Kerala* (New Delhi: Intercultural, 1995); Corinne G. Dempsey, *Kerala Christian Sainthood* (Oxford University Press, 2001). For Prester John, see Elaine Sanceau, *The Land of Prester John* (New York: Knopf, 1944). Undoubtedly, tales of the Ethiopian state also contributed to the legend.

18. David B. Barrett, George T. Kurian, and Todd M. Johnson, *World Christian Encyclopedia,* 2nd ed. (New York: Oxford University Press, 2001).

19. Laurence Edward Browne, *The Eclipse of Christianity in Asia* (Cambridge University Press, 1933); Christopher Dawson, *The Mongol Mission* (New York: Sheed and Ward, 1955); Bat Ye'or, *The Decline of Eastern Christianity under Islam* (Madison, NJ: Fairleigh Dickinson University Press, 1996). For the 'Ayn Jalut campaign, see Peter Thorau, *The Lion of Egypt,* (London: Longman, 1992).

20. The quote about genocide is from Hastings, *Church in Africa, 1450–1950,* 137; compare 62–70. Frend, *The Rise of Christianity,* 847; Sundkler and Steed, *A History of the Church in Africa,* 73–75.

21. Stephen C. Neill, *A History of Christian Missions* (London: Penguin, 1964); John McManners, "The Expansion of Christianity 1500–1800," in John McManners, ed., *The Oxford History of Christianity* (Oxford University Press, 1993), 310–45.

22. Neill, *A History of Christian Missions,* 170; David Chidester, *Christianity: A Global History* (HarperSan Francisco, 2000), 365; Michael D. Coe, *Breaking the Maya Code,* rev. ed. (New York: Thames & Hudson, 1999); Nicholas Griffiths, *The Cross and the Serpent* (Norman: University of Oklahoma Press, 1996).

23. Lawrence Osborne, "The Numbers Game," *Lingua Franca,* September 1998, 49–58; David P. Henige, *Numbers from Nowhere* (Norman: University of Oklahoma Press, 1998); Nicholas Griffiths and Fernando Cervantes, eds., *Spiritual Encounters* (Lincoln: University of Nebraska Press, 1999).

24. Chidester, *Christianity,* 353–70; Neill, *A History of Christian Missions;* Enrique Dussel, ed., *The Church in Latin America 1492–1992* (Maryknoll, NY: Orbis, 1992); Erick Langer and Robert H. Jackson, eds., *The New Latin American Mission History* (Lincoln: University of Nebraska Press, 1995).

25. Neill, *A History of Christian Missions,* 168–76.

26. The remark about Mvemba Nzinga is from Sundkler and Steed, *A History of the Church in Africa,* 51; the Portuguese priest is quoted from Hastings, *The Church in Africa, 1450–1950,* 83.

27. "A literate elite": John K. Thornton, *The Kongolese Saint Anthony* (Cambridge University Press, 1998), 2.

28. Chidester, *Christianity,* 452–59; Neill, *A History of Christian Missions,* 183–87; idem, *A History of Christianity in India.*

29. Neill, *A History of Christian Missions,* 153–62; Andrew C. Ross, *A Vision Betrayed* (Maryknoll, NY: Orbis, 1994); Robert Lee, *The Clash of Civilizations* (Harrisburg, PA: Trinity Press International, 1999).

30. Chidester, *Christianity,* 434–51; Jonathan D. Spence, *The Memory Palace of Matteo Ricci* (New York: Viking, 1984).

31. The *Propaganda* is quoted in Neill, *A History of Christian Missions,* 179. Ralph Covell, *Confucius, the Buddha, and Christ* (Maryknoll, NY: Orbis, 1986).

32. The emperor is quoted in Lamin O. Sanneh, *West African Christianity (*Maryknoll, NY: Orbis, 1983), 35. George Minamiki, *The Chinese Rites Controversy* (Chicago: Loyola University Press, 1985); Ross, *A Vision Betrayed.*

33. For the origins of the mission movement, see Neill, *A History of Christian Missions,* 261–321; Kevin Ward, Brian Stanley, and Diana K. Witts, eds., *The Church Mission Society and World Christianity, 1799–1999* (Grand Rapids, MI: Eerdmans, 1999); John de Gruchy, ed., *The London Missionary Society in Southern Africa, 1799–1999* (Athens: Ohio University Press, 2000).

34. Throughout this section, I have used Sundkler and Steed, *A History of the Church in Africa,* and Hastings, *The Church in Africa, 1450–1950.* For Christianity in West Africa, see Lamin O. Sanneh, *Abolitionists Abroad* (Cambridge, MA: Harvard University Press, 2000), and idem, *West African Christianity;* J. Kofi Agbeti, *West African Church History,* 2 vols. (Leiden: E. J. Brill, 1986–91); and Peter B. Clarke, *West Africa and Christianity* (London: E. Arnold, 1986).

35. Hastings, *The Church in Africa, 1450–1950,* 385–87.

36. Elizabeth Isichei, *A History of Christianity in Africa* (Grand Rapids, MI: Eerdmans, 1995), 92.

37. Sundkler and Steed, *A History of the Church in Africa;* Joseph Dean O'Donnell, *Lavigerie in Tunisia* (Athens: University of Georgia Press, 1979).

38. Stephen C. Neill, *A History of Christian Missions,* rev. ed. (London: Penguin, 1990), 421.

39. Kevin Ward, "The Development of Anglicanism as a Global Communion," in Andrew Wingate, Kevin Ward, Carrie Pemberton, and Wilson Sitshebo, eds., *Anglicanism: A Global Communion* (New York: Church, 1998), 13–21.

40. F. M. P. Libermann, quoted in Sundkler and Steed, *A History of the Church in Africa,* 103.

41. Frederick Howard Taylor, *Hudson Taylor and the China Inland Mission* (Philadelphia: China Inland Mission, 1934).

42. Hastings, *The Church in Africa, 1450–1950,* 294.

43. For Quaque, see Neill, *A History of Christian Missions* (1964 edition), 239; Hastings, *The Church in Africa, 1450–1950,* 178–79. Crowther is discussed in Neill, *A History of Christian Missions,* 377–79; Sanneh, *West African Christianity,*

168–73; Hastings, *The Church in Africa, 1450–1950,* 338–93. For numbers of native clergy, see Sundkler and Steed, *A History of the Church in Africa,* 627.

44. Sundkler and Steed, *A History of the Church in Africa,* 627, 906.

45. Neill, *A History of Christian Missions,* rev. ed., 473.

CHAPTER 3

1. Robert W. Hefner, ed., *Conversion to Christianity* (Berkeley: University of California Press, 1993); Lewis R. Rambo, *Understanding Religious Conversion* (New Haven: Yale University Press, 1993).

2. *Christianity—The Second Millennium,* Broadcast on Arts and Entertainment Network, December 17–18, 2000.

3. The Gikuyu quote is from Adrian Hastings, *The Church in Africa, 1450–1950* (Oxford: Clarendon, 1996), 485. For the remark attributed to Archbishop Tutu, see, for instance, http://www.bemorecreative.com/one/1455.htm.

4. Chinua Achebe, *Arrow of God* (London: Heinemann, 1964), 105. The "leper" quote is from p. 51. J. N. Kanyua Mugambi, ed., *Critiques of Christianity in African Literature (*Nairobi, Kenya: East African Educational Publishers, 1992).

5. Mongo Beti, *The Poor Christ of Bomba* (London: Heinemann, 1971), 189. Leslie Marmon Silko, *Almanac of the Dead* (New York: Simon & Schuster, 1991), 416–17.

6. Christopher Hitchens, *The Missionary Position* (New York: Verso, 1997).

7. Peter Mathiessen, *At Play in the Fields of the Lord* (1965; New York: Bantam, 1976); James A. Michener, *Hawaii* (New York: Random House, 1959); Brian Moore, *Black Robe* (New York: Dutton, 1985). As late as 1981, the reverential British film *Chariots of Fire* told the story of Eric Liddell, a man whose life was dedicated to the Chinese missions—although, significantly, the film says virtually nothing about the missionary career.

8. Barbara Kingsolver, *The Poisonwood Bible* (New York: HarperFlamingo, 1998), 13.

9. Ibid., 25–27.

10. Thomas C. Reeves, *The Empty Church* (New York: The Free Press, 1996), 13; Adrian Hastings, *A History of African Christianity, 1950–1975* (Cambridge University Press, 1979).

11. Sathianathan Clarke, *Dalits and Christianity* (Oxford India Paperbacks, 1999), 37–38.

12. Chinua Achebe, *Things Fall Apart* (1959; New York: Fawcett, 1969), 133; Cyril C. Okorocha, *The Meaning of Religious Conversion in Africa* (London: Avebury, 1987); Ogbu Kalu, *The Embattled Gods* (Lagos, Nigeria: Minaj, 1996).

13. Sundkler and Steed, *A History of the Church in Africa,* 470, 88–89.

14. Achebe, *Things Fall Apart,* 137.

15. For Madagascar, see Sundkler and Steed, *A History of the Church in Africa,* 491; Neill, *A History of Christian Missions,* 318.

16. Sundkler and Steed, *A History of the Church in Africa,* 562–93; Hastings, *The Church in Africa, 1450–1950,* 371–85, 464–75.

17. Neill, *A History of Christian Missions,* 415–18.

18. Ngugi wa Thiong'o, *The River Between* (London: Heinemann, 1965), 147. See Elizabeth Isichei, *A History of Christianity in Africa* (Grand Rapids, MI: Eerdmans, 1995), 244–46.

19. Jonathan D. Spence, *God's Chinese Son* (New York: Norton, 1996), 57.

20. Victoria Reifler Bricker, *The Indian Christ, the Indian King* (Austin: University of Texas Press, 1981); Michael Adas, *Prophets of Rebellion* (Chapel Hill: University of North Carolina Press, 1979). For European parallels, see Norman Cohn, *Pursuit of the Millennium,* 3rd ed. (London: Paladin, 1970).

21. Norman, *Christianity in the Southern Hemisphere,* 48–70. For the idea of a messianic role for the Latin American continent, see Thomas M. Cohen, *The Fire of Tongues* (Stanford University Press, 1998). Euclides Da Cunha, *Rebellion in the Backlands* (University of Chicago Press, 1944); Mario Vargas Llosa, *The War of the End of the World* (New York: Farrar, Straus and Giroux, 1984).

22. "The Children of Sandino," http://www.pagusmundi.com/sandino/children.htm#fn15.

23. Sundkler and Steed, *A History of the Church in Africa,* 59. The following account is mainly drawn from John K. Thornton, *The Kongolese Saint Anthony* (New York: Cambridge University Press, 1998).

24. David Chidester, *Christianity: A Global History* (HarperSan Francisco, 2000), 412–33.

25. Deji Ayegboyin and S. Ademola Ishola, *African Indigenous Churches* (Lagos, Nigeria: Greater Heights, 1997); James Amanze, *African Christianity in Botswana* (Gweru, Zimbabwe: Mambo, 1998).

26. Sanneh, *West African Christianity,* 123; Sundkler and Steed, *A History of the Church in Africa,* 198–99; Hastings, *The Church in Africa, 1450–1950,* 443–45, 505–7; Gordon M. Haliburton, *The Prophet Harris* (London: Longman, 1971); Sheila S. Walker, *The Religious Revolution in the Ivory Coast* (Chapel Hill: University of North Carolina Press, 1983).

27. "Let My People Go," television documentary in the *Sword and Spirit* series, made by BBC, 1989.

28. George Shepperson and Thomas Price, *Independent African,* 2nd ed. (Edinburgh University Press, 1987).

29. Hastings, *The Church in Africa, 1450–1950,* 508–35. The prayer is quoted from Sanneh, *West African Christianity,* 207. The Kimbanguist church now has an Internet presence at http://www.kimbanguisme.com/, which applies to the prophet the text of John 14:12.

30. Sundkler and Steed, *A History of the Church in Africa,* 98; Hastings, *The Church in Africa, 1450–1950,* 513–18; Isichei, *History of Christianity in Africa,* 279–83; Sanneh, *West African Christianity,* 168–209; Afe Adogame and Akin Omyajowo, "Anglicanism and the Aladura Churches in Nigeria," in Andrew Wingate, Kevin Ward, Carrie Pemberton, and Wilson Sitshebo, eds., *Anglicanism: A Global Communion* (New York: Church, 1998), 90–97; J. D. Y. Peel, *Aladura* (Oxford: Oxford University Press, 1968). For case-studies of these churches, see Harold W. Turner, *History of an African Independent Church* (Oxford: Clarendon, 1967); J. Akinyele Omoyajowo, *Cherubim and Seraphim* (New York: NOK Publishers International, 1982); Afeosemime U. Adogame, *Celestial Church of Christ* (New York: P. Lang, 1999). The Church of the Lord (Aladura) has a web site at http://www.aladura.de/.

31. Hastings, *The Church in Africa, 1450–1950,* 524–25. Her title is more fully Alice Lenshina Mulenga Mubisha. Isaac Phiri, "Why African Churches Preach Politics," *Journal of Church and State* 41 (1999): 323–47.

32. Harvey Cox, *Fire from Heaven* (Reading, MA: Addison-Wesley, 1995), 243–62; Andrew F. Walls, *The Missionary Movement in Christian History* (Maryknoll, NY: Orbis, 1996), 3–15.

33. Denis Basil M'Passou, *History of African Independent Churches in Southern Africa, 1892–1992* (Mulanje, Malawi: Spot, 1994); Lamin O. Sanneh, *Abolitionists Abroad* (Harvard University Press, 2000); and idem, *West African Christianity,* 174.

34. Statement by Bishop B. E. Lekganyane at http://www.uct.ac.za/depts/ricsa/commiss/trc/zcc_stat.htm.

35. There is now a huge literature on the independent churches. See, for example, Gerhardus C. Oosthuizen, *Afro-Christian Religions* (Leiden: E. J. Brill, 1979); Marthinus L. Daneel, *Quest for Belonging* (Gweru, Zimbabwe: Mambo, 1987); Harvey J. Sindima, *Drums of Redemption* (Westport, CT: Greenwood, 1994); Ane Marie Bak Rasmussen, *Modern African Spirituality* (London: British Academic Press, 1996); M. C. Kitshoff, *African Independent Churches Today* (Lewiston, NY: Edwin Mellen, 1996); Amanze, *African Christianity in Botswana;* Thomas T. Spear and Isaria N. Kimambo, eds., *East African Expressions of Christianity* (Athens: Ohio University Press, 1999).

CHAPTER 4

1. Dana L. Robert, "Shifting Southward," *IBMR* 24, no. 2 (2000): 50–58.

2. The quote about "organs and sinew" is from ibid. Adrian Hastings, *A History of African Christianity, 1950–1975* (Cambridge University Press, 1979). The quote about "Black Africa today" is from Adrian Hastings, "Christianity in Africa," in Ursula King, ed., *Turning Points in Religious Studies* (Edinburgh: T & T Clark, 1990), 208. See also Bengt Sundkler and Christopher Steed, *A History of the Church in Africa* (Cambridge University Press, 2000), 906; Kwame Bediako, "Africa and Christianity on the Threshold of the Third Millennium," *African Affairs* 99 (2000): 303–23; David B. Barrett, George T. Kurian, and Todd M. Johnson, *World Christian Encyclopedia,* 2nd ed. (Oxford University Press, 2001), 5; Edward Fasholé-Luke et al., eds., *Christianity in Independent Africa* (Bloomington: Indiana University Press, 1978). For the contemporary religious situation in individual countries, I have used the U.S. government's *Annual Reports on International Religious Freedom,* online at http://www.state.gov/www/global/human_rights/irf/irf_rpt/irf_index.html.

3. Kenneth Woodward, "The Changing Face of the Church," *Newsweek,* April 16, 2001.

4. Thomas Hobbes, *Leviathan* (1651), chapter 47; David Martin, *Tongues of Fire* (Oxford: B. Blackwell, 1990), 4.

5. *The Official Catholic Directory,* 1999.

6. Frieder Ludwig, *Church and State in Tanzania* (Leiden, E. J. Brill Academic, 1999), 177–79; Barrett et al., *World Christian Encyclopedia,* 12, 729; Adrian Hastings, *African Catholicism* (London: SCM, 1989); Thomas D. Blakely, Dennis L. Thomson, and Walter E. Van Beek, eds., *Religion in Africa* (London: Heinemann, 1994).

7. Woodward, "The Changing Face of the Church."

8. Adrian Hastings, *African Christianity* (New York: Seabury, 1976); Barrett et al., *World Christian Encyclopedia,* 4; Andrew Wingate, Kevin Ward, Carrie Pemberton, and Wilson Sitshebo, eds., *Anglicanism: A Global Communion* (New York: Church, 1998); Ian T. Douglas and Pui-Lan Kwok, eds., *Beyond Colonial Anglicanism* (New York: Church, 2001). For the three British-derived faiths in one country, see Akinyele Omoyajowo, ed., *The Anglican Church in Nigeria (1842–1992)* (Lagos: Macmillan Nigeria, 1994); Ogbu U. Kalu, ed., *A Century and a Half of Presbyterian Witness in Nigeria, 1846–1996* (Lagos: Ida-Ivory, 1996); M. M. Familusi, *Methodism in Nigeria, 1842–1992* (Ibadan: NPS Educational Publishers, 1992); Elizabeth Isichei, ed., *Varieties of Christian Experience in Nigeria* (London: Macmillan, 1982).

9. Paul Gifford, *African Christianity: Its Public Role* (Bloomington: Indiana University Press, 1998), 112–80.

10. For the *balokole,* see Hastings, *The Church in Africa, 1450–1950,* 596–600, 608; Elizabeth Isichei, *A History of Christianity in Africa* (Grand Rapids, MI: Eerdmans, 1995), 241–44; Amos Kasibante, "Beyond Revival," in Wingate et al., eds., *Anglicanism: A Global Communion,* 363–68; Allan Anderson, "African Anglicans and/or Pentecostals," in ibid., 34–40; Frieder, *Church and State in Tanzania,* 181–91. For West African parallels, see Afe Adogame and Akin Omyajowo, "Anglicanism and the Aladura Churches in Nigeria," in Wingate et al., eds., *Anglicanism: A Global Communion,* 90–97.

11. Samuel P. Huntington, *The Clash of Civilizations and the Remaking of World Order* (New York: Simon & Schuster, 1996), 96–99.

12. For Guatemala, see Virginia Garrard-Burnett, *Protestantism in Guatemala* (Austin: University of Texas Press, 1998); Amy L. Sherman, *The Soul of Development* (New York: Oxford University Press, 1997); Everett Wilson, "Guatemalan Pentecostals," in Edward L. Cleary and Hannah W. Stewart-Gambino, eds., *Power, Politics, and Pentecostals in Latin America* (Boulder, CO: Westview, 1997), 139–62. For the continuing debate over the size of the evangelical population in different countries, see Edward L. Cleary and Juan Sepúlveda, "Chilean Pentecostalism," in Cleary and Stewart-Gambino, eds., *Power, Politics, and Pentecostals,* 106. Anne Motley Hallum, *Beyond Missionaries* (Lanham, MD: Rowman & Littlefield, 1996).

13. Estimating numbers for any of these denominations is extremely difficult, so my figures for Brazil represent a consensus of several sources: this figure is significantly lower than that proposed by the *World Christian Encyclopedia,* 131. For Pentecostalism elsewhere in Latin America, see, for instance, Daniel Míguez, *To Help You Find God* (Amsterdam: Free University of Amsterdam, 1997); Cornelia Butler Flora, *Pentecostalism in Colombia* (Rutherford, NJ: Fairleigh Dickinson University Press, 1976).

14. David Stoll, *Is Latin America Turning Protestant?* (Berkeley: University of California Press, 1990); Martin, *Tongues of Fire;* Virginia Garrard-Burnett and David Stoll, eds., *Rethinking Protestantism in Latin America* (Philadelphia: Temple University Press, 1993); Guillermo Cook, ed., *New Face of the Church in Latin America (*Maryknoll, NY: Orbis, 1994); Barbara Boudewijnse et al., eds., *More than Opium* (Lanham, MD: Scarecrow, 1998); Karl-Wilhelm Westmeier, *Protestant Pentecostalism in Latin America* (Madison, NJ: Fairleigh Dickinson University Press/Associated University Presses, 1999); Christian Smith and Joshua Prokopy, eds., *Latin American Religion in Motion* (New York: Routledge, 1999).

15. For the debate on Latin American religious statistics, see Virginia Garrard-Burnett, "Trustworthy Statistics?" at http://www.providence.edu/las/Trustworthy

%20Statistics.htm#Virginia; and David Smilde "What Do the Numbers Mean?" at http://www.providence.edu/las/Trustworthy%20Statistics.htm#David Smilde. The web site http://www.providence.edu/las/ offers rich resources for Latin American religion in general.

16. Edward R. Norman, *Christianity in the Southern Hemisphere* (Oxford University Press, 1981); Martin, *Tongues of Fire,* 93–98; Kurt Derek Bowen, *Evangelism and Apostasy* (Montreal: McGill-Queen's University Press, 1996); Michael J. Mazarr, *Mexico 2005* (Washington, DC: CSIS, 1999).

17. Karla Poewe, ed., *Charismatic Christianity as a Global Culture* (Columbia: University of South Carolina Press, 1994); Harvey Cox, *Fire from Heaven* (Reading, MA: Addison-Wesley, 1995), 161–84; Steve Brouwer, Paul Gifford, and Susan D. Rose, *Exporting the American Gospel* (New York: Routledge, 1996); Ian Cotton, *The Hallelujah Revolution* (Amherst, NY: Prometheus, 1996); "Pentecostals: World Growth at 19 Million a Year," *CT,* November 16, 1998; Allan H. Anderson and Walter J. Hollenweger, eds., *Pentecostals after a Century* (Sheffield: Sheffield Academic, 1999); Richard Shaull and Waldo A. Cesar, *Pentecostalism and the Future of the Christian Churches* (Grand Rapids, MI: Eerdmans, 2000); Simon Coleman, *The Globalisation of Charismatic Christianity* (Cambridge University Press, 2000); André Corten and Ruth Marshall-Fratani, eds., *Between Babel and Pentecost* (Bloomington: Indiana University Press, 2001); David Martin, *Pentecostalism: The World Their Parish* (Oxford: Blackwell, 2001).

18. For attempts to reconcile the two movements, see, for instance, Kenneth MacHarg, "Word and Spirit," *CT,* posted to web site October 2, 2000.

19. Edward L. Cleary, in Cleary and Stewart-Gambino, eds., *Power, Politics, and Pentecostals,* 4; Martin, *Tongues of Fire,* 143; Edith L. Blumhofer, *Restoring the Faith* (Urbana: University of Illinois Press, 1993). For the appeal of Pentecostalism, see Diane J. Austin-Broos and Raymond T. Smith, *Jamaica Genesis* (University of Chicago Press, 1997). For the Jotabeche Methodist Pentecostal church, see http://www.jotabeche.cl/historia.htm.

20. For Brazil, see R. Andrew Chesnut, *Born Again in Brazil* (New Brunswick, NJ: Rutgers University, 1997); David Lehmann, *Struggle for the Spirit* (London: Polity Press/ Blackwell, 1996); Paul Freston, "Brother Votes for Brother," in Garrard-Burnett and Stoll, eds., *Rethinking Protestantism in Latin America,* 68; Paul Freston, "Evangelicalism and Politics," *Transformation* 14 (1997): 23–29; Emilio Willems, *Followers of the New Faith* (Nashville: Vanderbilt University Press, 1967). André Corten, *Pentecostalism in Brazil* (New York: St. Martin's, 1999).

21. For the "52 largest denominations," see Freston, "Evangelicalism and Politics," 23; Cox, *Fire from Heaven,* 167; Kenneth D. MacHarg, "Brazil's Surging Spirituality," *CT,* December 21, 2000.

22. Chesnut, *Born Again in Brazil,* 45–48; Patricia Birman and Marcia Pereira Leite, "Whatever Happened to What Used to Be the Largest Catholic Country in the World?" *Daedalus* 129 (Spring 2000): 271–90; Stephen Buckley, "'Prosperity Theology' Pulls on Purse Strings," *WP,* February 13, 2001.

23. http://www.igrejauniversal.org.br/. Jeevan Vasagar and Alex Bellos, "Brazilian Sect Buys London Radio Station," *Guardian* (London), August 3, 2000; Maria Alvarez, Laura Italiano, and Luiz C. Ribeiro, "Holy-roller Church Cashes in on Faithful," *New York Post,* July 23, 2000; Laura Italiano and Maria Alvarez, "Ex Member Bids Farewell to COG—and Her Faith," in idem, July 23, 2000; Jeevan Vasagar, "The Death of Anna Climbie," *Guardian,* January 13, 2001; Ken Serbin, "Brazilian Church Builds an International Empire," *CC,* April 10, 1996; Elma Lia Nascimento, "Praise the Lord and Pass the Catch-Up," *Brazzil* magazine, November 1995, at http://www.brazzil.com/cvrnov95.htm.

24. 在美國，過去十年來最大的教會醜聞就是美國浸聯會（National Baptist Convention USA）主席萊昂斯（Henry Lyons）捲入的那一件。有關性醜聞的例子，見 Philip Jenkins, *Pedopbiles and Priests* (New York: Oxford University Press, 1996).

25. Richard N. Ostling and Joan K. Ostling, *Mormon America* (HarperSan Francisco, 1999).

26. Penny Lernoux, *Cry of the People* (New York: Penguin, 1982); Warren E. Hewitt, *Base Christian Communities and Social Change in Brazil* (Lincoln: University of Nebraska Press, 1991); Cecília Loreto Mariz, *Coping with Poverty* (Philadelphia: Temple University Press, 1994); Madeleine Adriance, *Promised Land* (Albany: State University of New York Press, 1995).

27. http://www.chanrobles.com/elshaddai.htm; Stella O. Gonzales, "Bishops Start Move to Rein in Bro. Mike," *Philippine Daily Inquirer,* September 14, 1999; James Hookway, "In the Philippines, Two Famed Preachers Mix Church, State," *WSJ,* April 11, 2001.

28. For Tanzania, see Ludwig, *Church and State in Tanzania,* 182; Cox, *Fire from Heaven,* 249, 246; Ruth Marshall, "God is not a Democrat," in Paul Gifford, ed., *The Christian Churches and the Democratisation of Africa* (Leiden: E. J. Brill, 1995), 239–60; Paul Gifford, *African Christianity* (Bloomington: Indiana University Press, 1998), 33–39; Allan H. Anderson and Sam Otwang, *Tumelo: The Faith of African Pentecostals in South Africa* (Pretoria: University of South Africa, 1993); Allan H. Anderson, *African Reformation* (Trenton, NJ: Africa World Press, 2001).

29. Richard Elphick and Rodney Davenport, eds., *Christianity in South Africa* (Berkeley: University of California Press, 1998); Martin Prozesky and John De Gruchy, eds., *Living Faiths in South Africa* (New York: Palgrave, 1995). For the emergence of the new sects, see David B. Barrett, *Schism and Renewal in Africa* (Nairobi: Oxford University Press, 1968).

30. Bill Keller, "A Surprising Silent Majority in South Africa," *NYT Magazine,* April 17, 1994; *Man, God, and Africa,* television documentary made by Channel 4 (UK), 1994; Tangeni Amupadhi, "At Zion City, You Pray—and Pay," *Electronic Mail and Guardian* (South Africa), April 8, 1997; Thokozani Mtshali, "Shembe—The Incredible Whiteness of Being," *Electronic Mail and Guardian,* August 11, 1999, http://www.mg.co.za/mg/news/99aug1/11aug-shembe.html.

31. James Amanze, *African Christianity in Botswana* (Gweru, Zimbabwe: Mambo, 1998).

32. Dickson Kazuo Yagi, "Christ for Asia," *Review and Expositor* 88, no. 4 (1991): 375.

33. Archie R. Crouch, Steven Agoratus, Arthur Emerson, Debra E. Soled, and John King Fairbank, *Christianity in China* (Armonk, NY: M. E. Sharpe, 1989); Edmond Tang and Jean-Paul Wiest, eds., *The Catholic Church in Modern China* (Maryknoll, NY: Orbis, 1993); Alan Hunter and Kim-Kwong Chan, *Protestantism in Contemporary China* (Cambridge University Press, 1993); Daniel H. Bays, ed., *Christianity in China from the Eighteenth Century to the Present* (Stanford University Press, 1996); Richard Madsen, *China's Catholics* (Berkeley: University of California Press, 1998); Timothy C. Morgan, "A Tale of China's Two Churches," *CT,* July 13, 1998, 30–39; Stephen Uhalley and Xiaoxin Wu, eds., *China and Christianity* (M. E. Sharpe, 2000). The possibility of such vast crypto-Christian populations in China obviously excites evangelical writers. See, for instance, Ralph Covell, *The Liberating Gospel in China* (Grand Rapids, MI: Baker Book House, 1995); Tony Lambert, Ross Paterson, and David Pickard, *China's Christian Millions* (London: Monarch, 1999). For State Department figures, see http://www.state.gov/www/global/human_rights/irf/irf_rpt/irf_china.html.

34. Limin Bao, "The Intellectual influence of Christianity in a Changing Maoist Society," *Theology Today* 55 (1999): 532–46; Jon Sawyer, "Spirituality Deepens in China as Communist Party's Role Weakens," *St. Louis Post-Dispatch,* May 25, 2000; Arthur Waldron, "Religion and the Chinese State," in Mark Silk, ed., *Religion on the International News Agenda* (Hartford, CT: Leonard F. Greenberg Center for the Study of Religion in Public Life, 2000), 19–36, at 30.

35. Kenneth Ballhatchet and Helen Ballhatchet, "Asia," in McManners, ed., *The Oxford History of Christianity* (Oxford University Press, 1993), 508–38; Alkman Granitsas, "Back to the Fold," *FEER,* October 12, 2000.

36. Donald N. Clark, *Christianity in Modern Korea* (Lanham, MD: University Press of America, 1986); Wi Jo Kang, *Christ and Caesar in Modern Korea* (Albany: State University of New York Press, 1997); David Chung, *Syncretism: The Religious Context of Christian Beginnings in Korea* (Albany: State University of New York Press, 2001); Cox, *Fire from Heaven,* 213–42; Huntingdon, *Clash of Civilizations,* 96–99.

37. Martin, *Tongues of Fire,* 143–46; Gayle White, "Flourishing Churches in Africa, Asia and Latin America," *Atlanta Journal/Constitution,* December 26, 1999; "Tongues of Fire," television documentary in the *Sword and Spirit* series, made by the BBC, 1989.

38. Murray Hiebert, "Secrets of Repression," *FEER,* November 16, 2000, 34–36; "Large-scale Rural Unrest in Vietnam's Highlands," *Times of India,* March 28, 2001; "Christians Targeted in Vietnam's Highlands," *CT,* posted to web site June 26, 2001.

39. The phrase "post-industrial wanderers" is from Cox, *Fire from Heaven,* 107. For the modern diasporic worlds of international migrants, refugees, and nomads, see Mark Fritz, *Lost on Earth* (New York: Routledge, 2000); Robin Cohen, *Global Diasporas* (Seattle: University of Washington Press, 1997). For the heavy Pentecostal involvement in social ministries, see, for instance, Teresa Watanabe, "Global Convention Testifies to Pentecostalism's Revival," *LAT,* May 31, 2001.

40. Phillip Berryman, *Religion in the Megacity* (Maryknoll, NY: Orbis, 1996).

41. Corrie Cutrer, "Bonnke Returns to Nigeria Year After Tragedy," *CT,* posted to web site November 8, 2000; idem, "Looking for a Miracle," *CT,* posted November 14, 2000; idem, "Come and Receive Your Miracle," *CT,* posted February 2, 2001.

42. Cox, *Fire from Heaven,* 15; Rebecca Pierce Bomann, *Faith in the Barrios* (Boulder, CO: L. Rienner, 1999), 32.

43. Martin is quoted from *Tongues of Fire,* 230.

44. Hannah W. Stewart-Gambino and Everett Wilson, "Latin American Pentecostals," in Cleary and Stewart-Gambino, eds., *Power, Politics, and Pentecostals,* 227–46; Chesnut, *Born Again in Brazil,* 104.

45. John Burdick, *Blessed Anastácia* (New York: Routledge, 1998).

46. Though see John Burdick, "What is the Color of the Holy Spirit?" *Latin American Research Review* 34 (1999): 109–31

47. Joseph M. Murphy, *Working the Spirit* (Boston: Beacon, 1994).

48. Carol Ann Drogus, "Private Power or Public Power," in Cleary and Stewart-Gambino, eds., *Power, Politics, and Pentecostals,* 55–75: quotes are from 55, 57; Martin, *Tongues of Fire,* 181–84; Chesnut, *Born Again in Brazil;* Elizabeth E. Brusco, *The Reformation of Machismo* (Austin: University of Texas Press, 1995). 有些學者對新興教會可以改善女性生活這一點遠沒有這樣樂觀。見 Cecília Loreto Mariz and Maria das Dores Campos Machado, "Pentecostalism and Women in Brazil," in Cleary and Stewart-Gambino, eds., *Power, Politics, and Pentecostals*, 41-54; Martin Riesebrodt and Kelly H. Chong, "Fundamentalisms and Patriarchal Gender Politics," *Journal of Women's History* 10 (1999).

49. Drogus, "Private Power or Public Power," 62. Compare Carol Ann Drogus, *Women, Religion and Social Change in Brazil's Popular Church* (University of Notre Dame Press, 1997).

50. Peter Brown, *The World of Late Antiquity* (London: Thames and Hudson, 1971), 67–68.

51. See, for instance, E. P. Thomson, *The Making of the English Working Class* (New York: Vintage, 1963). In a very different economic setting, there are obvious American parallels: see, for example, Christine Leigh Heyrman, *Southern Cross* (New York: Knopf, 1997).

52. Bomann, *Faith in the Barrios,* 40–41.

53. "Their main appeal": quoted in Ed Gitre, "Pie-in-the-Sky Now," *CT,* posted to web site November 27, 2000; MacHarg, "Brazil's Surging Spirituality"; the Pentecostal pastor is quoted from John Burdick, "Struggling against the Devil," in Garrard-Burnett and Stoll, eds., *Rethinking Protestantism in Latin America,* 23.

54. Chesnut, *Born Again in Brazil,* 51. See chapter 6 below.

55. Wole Soyinka, *Three Short Plays* (Oxford University Press, 1974); Simon Coleman, *The Globalisation of Charismatic Christianity* (Cambridge University Press, 2000); Stephen Buckley, "'Prosperity Theology' Pulls on Purse Strings," *WP,* February 13, 2001.

CHAPTER 5

1. *The World at Six Billion* (Population Division, Department of Economic and Social Affairs, United Nations, 1999); John Bongaarts and Rodolfo A. Bulatao, eds., *Beyond Six Billion* (Washington, DC: National Academy Press, 2000). For shifting population balances by continent, see http://www.undp.org/popin/wdtrends/6billion/t02.htm. As noted earlier, U.S. government figures on individual countries are drawn from Bureau of the Census, International Database, online at http://www.census.gov/ipc/www/idbrank.html. These are somewhat different from the projections employed by the United Nations, although the rank orderings are roughly the same: see http://www.popin.org/pop1998/.

2. Nicholas D. Kristof, "Empty Isles Are Signs Japan's Sun Might Dim," *NYT,* August 1, 1999; W. W. Rostow, *The Great Population Spike and After* (Oxford University Press, 1998).

3. Michael S. Teitelbaum and Jay Winter, *A Question of Numbers* (New York: Hill & Wang, 1998). The eight largest European nations referred to are Russia, Germany, Britain, France, Italy, Ukraine, Poland, and Spain.

4. Michael Wines, "An Ailing Russia Lives a Tough Life That's Getting Shorter," *NYT,* December 3, 2000; Michael S. Gottlieb, "The Future of an Epidemic," *NYT,* June 5, 2001.

5. Michael J. Mazarr, *Global Trends 2005* (New York: St. Martin's, 1999), 25.

6. Ibid., 33. UN figures can be found at http://www.undp.org/popin/wdtrends/6billion/t24.htm. Information about the demographics of individual countries can be found in the *CIA World Fact Book,* online at http://www.odci.gov/cia/publications/factbook/. 近幾十年來，有些非洲國家更改了國名，很容易讓外人搞混。其中一個是本書一再提及的剛果民主共和國（Democratic Republic of the Congo）。這個國家人口衆多，以基督徒爲主，是未來舉足輕重的國家。它的首都金夏沙也是非洲最大的城市之一。1908 年至 1960 年間，這地區叫比屬剛果。獨立後改過幾次國名。1971 年至 1997 年間稱爲薩伊，之後採用今名。容易引起混淆的原因是它有一個叫剛果共和國（Republic of Congo）的鄰國。剛果共和國比剛果民主共和國要小得多，首都位於布拉薩，原爲法國屬地，曾有過法屬剛果和剛果（布拉薩）（Congo-Brazzaville）等不同名字。

7. Richard N. Ostling and Joan K. Ostling, *Mormon America* (HarperSan Francisco, 1999).

8. See chapter 1 above for a caveat about interpreting figures for countries in which Christianity is officially disapproved, like India or China.

9. The figures offered here are lower than those found in the *World Christian Encyclopedia,* in some cases very much so. In its projections for the year 2025, for instance, this work suggests Christian populations of 135 million for China and 98 million for India; the figures for 2050 would be correspondingly higher. Both countries would therefore rank about the world's top four or five Christian nations by mid-century. These statistics might be reliable, but they are far out of line with other estimates, and therefore I am not using them here. I may be overly cautious in this.

10. See the *Annual Report on Religious Freedom* on Uganda at http://www.state.gov/www/global/human_rights/irf/irf_rpt/irf_uganda.html; David B. Barrett, George T. Kurian, and Todd M. Johnson, *World Christian Encyclopedia,* 2nd ed. (Oxford University Press, 2001), 762.

11. Barrett et al., *World Christian Encyclopedia,* 594–601.

12. *The Official Catholic Directory,* 1999. For the thorough permeation of Filipino life and culture by vernacular Christianity, see Fenella Cannell, *Power and Intimacy in the Christian Philippines* (Cambridge University Press, 1999).

13. Hernando De Soto, *The Mystery of Capital* (New York: Basic, 2000).

14. Stephen Bates, "Decline in Churchgoing Hits C of E Hardest," *Guardian,* April 14, 2001; Grace Davie, *Religion in Britain Since 1945* (Oxford: Blackwell, 1994); Adrian Hastings, *A History of English Christianity, 1920–1990,* 3rd ed. (London: SCM, 1991).

15. "UK is 'Losing' its Religion," BBC World News, November 28, 2000; "Blair Warned over Wooing 'Religious'," BBC World News, March 25, 2001.

16. *Annual Report on Religious Freedom,* online at http://www.state.gov/www/global/human_rights/irf/irf_rpt/irf_germany.html; John L. Allen, "Vatican Laments Weakness in German Church," *NCR,* March 30, 2001; http://www.state.gov/www/global/human_rights/irf/irf_rpt/irf_germany.html. 有關福音教派教會今日的情況和它對各種議題的意見，可以從以下的網站找到資料：the materials at its web site, http://www.ekd.de/.

17. Grace Davie, *Religion in Modern Europe* (Oxford: Oxford University Press, 2000); Sandy Tippett-Spirtou, *French Catholicism* (New York: St. Martin's, 1999); Audrey Brassloff, *Religion and Politics in Spain* (New York: St. Martin's, 1998).

18. Barrett et al., *World Christian Encyclopedia,* 4.

19. Anthony Browne, "UK Whites Will Be Minority by 2100," *Guardian,* September 3, 2000.

20. Roger Cohen, "Germany's Uneasy Debate on Immigration Deepens," *NYT,* May 13, 2001; Ian Black, "Europe 'Should Accept' 75m New Migrants," *Guardian,* July 28, 2000; Barbara Crossette, "Europe Stares at a Future Built by Immigrants," *NYT,* January 2, 2000; "Global Trends 2015," online at http://www.cia.gov/cia/publications/globaltrends2015/.

21. "Global Trends 2015."

22. Christopher Caldwell, "Another French Revolution," *Atlantic Monthly,* November 2000, online at http://www.theatlantic.com/issues/2000/11/caldwell.htm; Roger Cohen, "Germany's Financial Heart Is Open but Wary," *NYT,* December 30, 2000; Roger Cohen, "Austrian School Drama," *NYT,* March 20, 2001. See also Stephen Castles, Heather Booth, and Tina Wallace, *Here for Good* (London: Pluto, 1984); John L. Allen, "Europe's Muslims Worry Bishops," *NCR,* October 22, 1999.

23. Joseph Mudimba Kabongo, "African Churches in Switzerland," *IRM.* 89 (2000): 457–58.

24. Emily Buchanan, "Black Church Celebrates Growth," BBC World Service, July 6, 2000; Jeevan Vasagar, "The Death of Anna Climbie," *Guardian,* January 13, 2001. For the Kingsway Centre, see Victoria Combe, "Black Church in Crusade to Woo Whites," *Electronic Telegraph,* February 16, 2001; Sarah Hall, "Praise Be, It's the Superchurch," *Guardian,* August 24, 1998. The Centre is online at http://www.kicc.org.uk/. For the worship styles of Caribbean religion, see Diane J. Austin-Broos and Raymond T. Smith, *Jamaica Genesis* (University of Chicago Press, 1997); Stephen D. Glazier, ed., *Perspectives on Pentecostalism* (Washington, DC: University Press of America, 1980).

25. Ingrid Peritz, "Quebeckers Crowd Pews But Once a Year," *Globe and Mail* (Canada), December 23, 2000.

26. Corey Takahashi, "Selling to Gen Y," *NYT,* April 8, 2001.

27. Helen R. F. Ebaugh and Janet Saltzman Chafetz, eds., *Religion and the New Immigrants* (Walnut Creek, CA: Altamira, 2000), 29. Mike Davis, *Magical Urbanism* (London: Verso, 2000).

28. Diego Ribadeneira, "The Changing Face of Worship," *Boston Globe,* March 22, 1998. Cindy Rodriguez, "Immigrants Reshaping Black Experience." *Boston Globe,* August 15, 2001. For the kaleidoscopic religious diversity of New York City, see Tony Carnes and Anna Karpathakis, eds., *New York Glory* (New York University Press, 2001).

29. The figure of 3,500 parishes is quoted in Ebaugh and Chafetz, eds., *Religion and the New Immigrants,* 14; Peter Casarella and Raul Gomez, eds., *El Cuerpo de Cristo* (New York: Crossroad, 1998); Timothy Matovina and Gerald Eugene Poyo, eds., *Presente!* (Maryknoll, NY: Orbis, 2000); Ana María Díaz-Stevens and Anthony M. Stevens-Arroyo, *Recognizing the Latino Resurgence in U.S. Religion* (Boulder, CO: Westview, 1998).

30. William Lobdell, "Latino Exodus From Catholic Church Rising, Study Says," *LAT,* May 5, 2001; idem, "Building Respect for Latino Protestantism," *LAT,* June 16, 2001; Hispanic Churches in American Public Life Project, http://www.hcapl.org/; Anna Adams, "*Bricando el Charco:* Jumping the Puddle," in Edward L. Cleary and Hannah W. Stewart-Gambino, eds., *Power, Politics, and Pentecostals in Latin America* (Boulder, CO: Westview, 1997), 163–78; R. Stephen Warner and Judith G. Wittner, eds., *Gatherings in Diaspora* (Philadelphia: Temple University Press, 1998); Richard W. Flory and Donald E. Miller, eds., *Gen X Religion* (New York: Routledge, 2001). For an example of a U.S. Catholic church adapting Pentecostal worship styles, see David Cho, "Hispanic Priest Builds a Spirited Following," *WP,* June 28, 2001.

31. Fenggang Yang, *Chinese Christians in America* (University Park: Pennsylvania State University Press, 1999); Fenggang Yang, "Chinese Conversion to Evangelical Christianity," *Sociology of Religion* 59 (1998): 237–57; Jeffrey M. Burns, Ellen Skerrett, and Joseph M. White, eds., *Keeping Faith* (Maryknoll, NY: Orbis, 2000); Ebaugh and Chafetz, eds., *Religion and the New Immigrants.*

32. This section is based on Ho Youn Kwon, Kwang Chung Kim, and R. Stephen Warner, eds., *Korean Americans and Their Religions* (University Park: Pennsylvania State University Press, 2001). For growth in one region, see Sajan P. Kuriakos, "The Growth of Korean Churches in Flushing Sparks Community Tensions," *Village Voice,* February 14–20, 2001.

33. Stephen L. Carter, *God's Name in Vain* (New York: Basic, 2000).

34. This is the subtitle of Diana L. Eck's *A New Religious America* (HarperSan Francisco, 2001).

35. Sameer Y. Abraham and Nabeel Abraham, eds., *Arabs in the New World* (Detroit, MI: Wayne State University Press, 1983); Gustav Niebuhr, "Study Finds Number of Mosques Up 25% in 6 Years," *NYT*, April 27, 2001.

CHAPTER 6

1. Ndubisi Innocent Udeafor, *Inculturation* (Lustenau, Austria: Ndubisi Innocent Udeafor, 1994); Emefie Ikenga Metuh, *African Inculturation Theology* (Onitsha, Nigeria: Imico, 1996); J. N. K. Mugambi, "A Fresh Look at Evangelism in Africa," *IRM* 87 (1998): 342–60; Diego Irarràzaval, *Inculturation* (Maryknoll, NY: Orbis, 2000); Andrew F. Walls, *The Cross-Cultural Process in Christian History* (Maryknoll, NY: Orbis, 2001); Steven Kaplan, ed., *Indigenous Responses to Western Christianity* (New York University Press, 1995).

2. "In Black Africa, rhythm is supreme and is everywhere." François Kabasele Lumbala, *Celebrating Jesus Christ in Africa* (Maryknoll, NY: Orbis, 1998), 24.

3. Eugene Hillman, *Polygamy Reconsidered* (Maryknoll, NY: Orbis, 1975); Adrian Hastings, *The Church in Africa, 1450–1950* (Oxford: Clarendon 1996), 318–25; Jeff Guy, *The Heretic* (Johannesburg/ Pietermaritzburg: University of Natal Press, 1983).

4. The quote is from G. C. Waldrep, "The Expansion of Christianity: An Interview with Andrew Walls," *CC*, August 2–August 9, 2000, 792–95; Andrew F. Walls, *The Missionary Movement in Christian History* (Maryknoll, NY: Orbis, 1996), 102–10.

5. For Walls' personal encounters with these issues, see Andrew F. Walls, *The Missionary Movement,* 3–15.

6. Peter Brown, *Authority and the Sacred* (Cambridge University Press, 1997), and idem, *Society and the Holy in Late Antiquity* (Berkeley: University of California Press, 1989); Ramsay MacMullen, *Christianizing the Roman Empire A.D. 100–400* (New Haven: Yale University Press, 1986) and *Christianity and Paganism in the Fourth to Eighth Centuries* (New Haven: Yale University Press, 1999); Averil Cameron, *Christianity and the Rhetoric of Empire* (Berkeley: University of California Press, 1994).

7. Richard Fletcher, *The Barbarian Conversion* (Berkeley, CA: University of California Press, 1999); James C. Russell, *The Germanization of Early Medieval Christianity* (Oxford University Press, 1996); R. A. Markus, *The End of Ancient Christianity* (Cambridge University Press, 1991).

8. Bede, *History of the English Church and People,* I, 30.

9. Gary H. Gossen and Miguel León-Portilla, eds., *South and Meso-American Native Spirituality* (New York: Crossroad, 1993); Ana Castillo, *Goddess of the*

Americas (New York: Riverhead, 1996); Manuel M. Marzal et al., *The Indian Face of God in Latin America* (Maryknoll, NY: Orbis, 1996); Guillermo Cook, *Crosscurrents in Indigenous Spirituality* (Leiden: E. J. Brill, 1997); Thomas A. Tweed, *Our Lady of the Exile* (New York: Oxford University Press, 1997); Nicholas Griffiths and Fernando Cervantes, eds., *Spiritual Encounters* (Lincoln: University of Nebraska Press, 1999); David Brading, *Mexican Phoenix* (Cambridge University Press, 2001).

10. Daniel Johnson Fleming, *Each with His Own Brush* (New York: Friendship, 1938); William A. Dyrness, *Christian Art in Asia* (Amsterdam: Rodopi, 1979); Arno Lehmann, *Christian Art in Africa and Asia* (Saint Louis, MO: Concordia, 1969); *Christian Imagery in African Art* (Notre Dame, IN: University of Notre Dame, The Museum, 1980). Volker Küster, *The Many Faces of Jesus Christ* (Maryknoll, NY: Orbis, 2001).

11. Lamin Sanneh, "Pluralism and Christian Commitment," *Theology Today* 45, no. 1 (1988): 27; idem, *Translating the Message* (Maryknoll, NY: Orbis, 1989). Compare Ngugi wa Thiong'o, *Decolonising the Mind* (London: Heinemann, 1986).

12. Lumbala, *Celebrating Jesus Christ in Africa*, 113.

13. Quoted in Kwame Bediako, *Christianity in Africa* (Edinburgh University Press/Orbis, 1995), 59.

14. Quoted in Elizabeth Isichei, *A History of Christianity in Africa* (Grand Rapids, MI: Eerdmans, 1995), 315; Hastings, *The Church in Africa, 1450–1950*, 502–3; G. C. Oosthuizen, *The Theology of a South African Messiah* (Leiden: E. J. Brill, 1967); Irving Hexham and G. O. Oosthuizen, eds., *The Story of Isaiah Shembe* (Lewiston, NY: Edwin Mellen, 1997). For the Ekuphakameni pilgrimage, see Thokozani Mtshali, "Shembe—The Incredible Whiteness of Being," *Electronic Mail and Guardian*, August 11, 1999, at http://www.mg.co.za/mg/news/99aug1/11aug-shembe.html.

15. Andrew Wingate, Kevin Ward, Carrie Pemberton, and Wilson Sitshebo, eds., *Anglicanism: A Global Communion* (New York: Church, 1998), 68.

16. Sundkler and Steed, *A History of the Church in Africa*, 1022–23; Lumbala, *Celebrating Jesus Christ in Africa*, 55–57; Thomas Bamat and Jean-Paul Wiest, eds., *Popular Catholicism in a World Church* (Maryknoll, NY: Orbis, 1999). For Brazil, see, for example, "Good News for the Poor," television documentary in the *Sword and Spirit* series, made by BBC, 1989.

17. The speaker was Namibia's Bonifatius Haushiku, quoted in Alan Cowell, "Africa's Bishops Bring Harsh Realities to Vatican," *NYT*, May 1, 1994.

18. For the idea of Jesus as ancestor, see Bediako, *Christianity in Africa*, 84–85. 幾段主餐禱告文的摘錄採自 Lumbala, *Celebrating Jesus Christ in Africa*, 36-37. 前兩段是吉庫尤族的，第三段是伊格博族的。Patrick Chukwudezie Chibuko, *Paschal Mystery*

of Christ (New York: Peter Lang, 1999). For Jesus as physician, see James Amanze, *African Christianity in Botstwa* (Gweru, Zimbabwe: Mambo, 1998). For the rise of a distinctive African theology, see S. E. M. Pheko, *Christianity through African eyes* (Lusaka: Daystar, 1969); J. N. Kanyua Mugambi, *African Christian Theology* (Nairobi: Heinemann, 1989); John Parratt, *Reinventing Christianity* (Grand Rapids, MI: Eerdmans/ Africa World, 1995); Daniel Carro and Richard F. Wilson, eds., *Contemporary Gospel Accents* (Macon, GA: Mercer University Press, 1996); Priscilla Pope-Levison and John R. Levison, Jesus in *Global Contexts* (Louisville, KY: Westminster/John Konx Press, 1992).

19. "Healers and Ecologists: Pentecostalism in Africa," *CC,* November 9, 1994, 1042–44; Clara Sue Kidwell, Homer Noley, and George E. Tinker, *A Native American Theology* (Maryknoll, NY: Orbis; 2001); Marthinus L. Daneel, *African Earthkeepers* (Maryknoll, NY: Orbis, 2001).

20. Eduardo C. Fernández, *La Cosecha* (Liturgical, 2000); Ada Maria Isasi-Diaz and Fernando F. Segovia, eds., *Hispanic/Latino Theology* (Minneapolis: Fortress, 1996); Roberto S. Goizueta, ed., *We are a People!* (Minneapolis: Fortress, 1992).

21. "The mestizo affirms. . . . " is from Virgilio P. Elizondo, *The Future is Mestizo,* rev. ed. (Boulder: University Press of Colorado, 2000), 84. See also Arturo J. Bañuelas, ed., *Mestizo Christianity* (Maryknoll: Orbis, 1995); Jacques Audinet, *Le Temps du Metissage* (Paris: Les Editions de l'Atelier/Les Editions Ouvrieres, 1999); Manuel A. Vasquez, "Pentecostalism, Collective Identity and Transnationalism among Salvadorans and Peruvians in the US," *Journal of the American Academy of Religion* 67 (1999): 617–36; Daniel Ramirez, "Borderlands Praxis," *Journal of the American Academy of Religion* 67(1999): 573–96; Timothy Matovina, ed., *Beyond Borders* (Maryknoll, NY: Orbis, 2000). For "roots" and "routes," see Paul Gilroy, *The Black Atlantic* (Cambridge, MA: Harvard University Press, 1993). For the new diasporas, Mark Fritz, *Lost on Earth* (New York: Routledge, 2000).

22. Virgilio P. Elizondo, *Galilean Journey* (Maryknoll, NY: Orbis, 2000), 91.

23. Ibid., 133.

24. Ibid., 11; Brading, *Mexican Phoenix.* For messianic ideas surrounding *La Caridad,* see Tweed, *Our Lady of the Exile.*

25. Roberto S. Goizueta, "Why are You Frightened?" in Peter Casarella and Raul Gomez, eds., *El Cuerpo de Cristo* (New York: Crossroad, 1998), 59, Timothy M. Matovina, *Mestizo Worship* (Collegeville, MN: Liturgical, 1998).

26. For the adoption of the figure of Guadelupe by Filipino-Americans, see Margaret Ramirez "Dancing as Prayer," *LAT,* December 9, 2000.

27. Sundkler and Steed, *A History of the Church in Africa,* 970–71, and 924–25 for Zaytoun; Isichei, *A History of Christianity in Africa,* 328; Ferdinand Nwaigbo, *Mary—Mother of the African Church* (New York : P. Lang, 2001).

28. http://www.whidbey.net/~dcloud/fbns/sophia.htm. Hyun Kyung Chung, *Struggle to Be the Sun Again* (Maryknoll, NY: Orbis, 1990).

29. Bengt Sundkler, *Zulu Zion and Some Swazi Zionists* (Oxford University Press, 1976); Bengt Sundkler, *Bantu Prophets in South Africa,* 2nd ed. (Oxford University Press, 1964); Gerhardus C. Oosthuizen, *The Healer-Prophet in Afro-Christian Churches* (Leiden: E. J. Brill, 1992).

30. Oosthuizen, *The Theology of a South African Messiah;* Hexham and Oosthuizen, eds., *The Story of Isaiah Shembe.*

31. Kenneth Woodward, "The Changing Face of the Church," *Newsweek,* April 16, 2001.

32. "Bishop Spong Delivers a Fiery Farewell," *CC,* February 17, 1999.

33. Gerhardus Cornelis Oosthuizen, *Post-Christianity in Africa* (London: C. Hurst, 1968).

34. George Bond, Walton Johnson, and Sheila S. Walker, eds., *African Christianity* (New York: Academic Press, 1979); Nya Kwiawon Taryor, *Impact of the African Tradition on African Christianity* (Chicago: Strugglers' Community, 1984.)

35. Quoted in Sundkler and Steed, *A History of the Church in Africa,* 633. Compare Diedrich Westermann, *Africa and Christianity* (New York: Oxford University Press, 1937).

36. Quoted in David Martin, *Tongues of Fire* (Oxford: B. Blackwell, 1990), 140. David Chung, *Syncretism: The Religious Context of Christian Beginnings in Korea* (Albany: State University of New York Press, 2001); Andrew E. Kim, "Korean Religious Culture and its Affinity to Christianity," *Sociology of Religion* 61 (2000): 117–33; Jung Young Lee, ed., *Ancestor Worship and Christianity in Korea* (Lewiston, NY: Edwin Mellen, 1988).

37. Walls is quoted from Waldrep, "The Expansion of Christianity." Adam Ashforth, *Madumo* (University of Chicago Press, 2000); Isak A. Niehaus, Eliazaar Mohlala, and Kally Shokane, *Witchcraft, Power and Politics* (London: Pluto, 2001). For a recent witch-panic in the Democratic Republic of Congo, see Michael Dynes, "Frenzied Mob Hacks 300 'Witches' to Death," *Times* (London), July 4, 2001.

38. The story is quoted in Bediako, *Christianity in Africa,* 155–56.

39. "Their very life and worship" is quoted from Patrick Chapita and Luka Mwale, "African Churches Heal War Trauma," *Africanews,* May 1996, at http://www.peacelink.it/afrinews/2_issue/p4.htm. The quote about the Cherubim and Seraphim movement is from Deji Ayegboyin and S. Ademola Ishola, *African Indigenous Churches* (Lagos, Nigeria: Greater Heights, 1997), 88. Compare J. Akinyele Omoyajowo, *Cherubim and Seraphim* (New York: NOK Publishers International, 1982); Allan Anderson, "Prophetic Healing and the Growth of the Zion Christian Church in South Africa," at http://artsweb.bham.ac.uk/aanderson/Publications/prophetic_healing_&%20the_ZCC.htm.

40. Andrew F. Walls, in Christopher Fyfe and Andrew Walls, eds., *Christianity in Africa in the 1990s* (Edinburgh: Centre of African Studies, University of Edinburgh, 1996), 13; Edward Stourton, *Absolute Truth* (London: Penguin, 1999), 183–91.

41. Alvyn Austin, "Missions Dream Team," *Christian History* 52 (1996).

42. Lamin O. Sanneh, *West African Christianity (*Maryknoll, NY: Orbis, 1983), 184, makes the linkage between the epidemics of these years and the upsurge of healing churches. For the Church of the Lord (Aladura), see Ayegboyin and Ishola, *African Indigenous Churches* 73, 95; Gerhardus C. Oosthuizen and Irving Hexham, eds., *Afro-Christian Religion and Healing in Southern Africa* (Lewiston, NY: Edwin Mellen, 1991); Stephen Owoahene-Acheampong, *Inculturation and African Religion* (New York: Peter Lang, 1998). For the Lutheran example, see Frieder Ludwig, *Church and State in Tanzania* (Leiden: E. J. Brill Academic, 1999), 184.

43. R. Andrew Chesnut, *Born Again in Brazil* (New Brunswick, NJ: Rutgers University Press, 1997), 58, 81.

44. Cox, *Fire from Heaven,* 226; Kim, "Korean Religious Culture and its Affinity to Christianity." For Macedo, see Ken Serbin, "Brazilian Church Builds an International Empire," *CC,* April 10, 1996.

45. Sundkler and Steed, *A History of the Church in Africa;* Timothy C. Morgan, "Have We Become Too Busy with Death?" *CT,* February 7, 2000, 36–44.

46. Wingate et al., *Anglicanism: A Global Communion,* 59; Robert C. Garner, "Safe Sects?" *Journal of Modern African Studies* 38 (2000): 41–69; Anthony Kunda, "Zambia's Churches Win Fight Against Anti-AIDS Ads," *CT,* January 12, 2001. Teresa Malcolm, "African Bishops Reject Condoms to Counter AIDS," *NCR* August 10, 2001.

47. Martin, *Tongues of Fire,* 147.

48. Matthew 11:2–5.

49. Acts 16:9.

50. Martin, *Tongues of Fire,* 146. For Shaull, see Ed Gitre, "Pie-in-the-Sky Now," *CT,* posted to web site November 27, 2000.

51. David A. Shank, quoted in Bediako, *Christianity in Africa,* 104.

52. Quoted in Isichei, *A History of Christianity in Africa,* 256. The Old Testament passage is 1 Samuel 3:1, NIV.

53. Ayegboyin and Ishola, *African Indigenous Churches,* 142.

54. Ephesians 6:12, NRSV.

55. Peter Brown, *The World of Late Antiquity* (London: Thames and Hudson, 1971), 55.

56. Stourton, *Absolute Truth,* 183–91; Niels Christian Hvidt, "Interview with Archbishop Immanuel Milingo" February 14, 1998, online at http://www.hvidt.com/

English/Milingo.htm. For the archbishop's marriage, see Dexter Filkins, "Maverick Archbishop Weds in Manhattan," *NYT*, May 28, 2001.

57. Ferdy Baglo, "Canadian Bishop Blocks Asian Church Leader from Visiting his Diocese," *CT*, November 29, 1999.

58. Ayegboyin and Ishola, *African Indigenous Churches,* 114–24; Knut Holter, *Yahweh in Africa* (New York: Peter Lang, 2000); Isichei, *A History of Christianity in Africa,* 289–90.

59. Cedric Pulford, "Debate Continues on Incorporating Animal Sacrifices in Worship," *CT*, October 25, 2000; Lumbala, *Celebrating Jesus Christ in Africa,* 96–98.

60. Thomas E. Sheridan, "The Rarámuri and the Leadville Trail 100," in Thomas E. Sheridan and Nancy J. Parezo, eds., *Paths of Life* (Tucson: University of Arizona Press, 1996), 144–58.

61. Amanze, *African Christianity in Botswana,* 125.

62. Ibid.

63. The vase ritual described here is taken from Lumbala, *Celebrating Jesus Christ in Africa;* compare Allan Anderson, "African Pentecostalism and the Ancestors," *Missionalia* 21, no. 1 (1993): 26–39; Nicholas M. Creary, "African Inculturation of the Catholic Church in Zimbabwe, 1958–1977," *Historian* 61 (1999): 765–81.

64. Sundkler and Steed, *A History of the Church in Africa,* 90–91.

65. Lumbala, *Celebrating Jesus Christ in Africa,* 12–18.

66. The quote is from G. C. Waldrep, "The Expansion of Christianity"; Andrew F. Walls; "Eusebius Tries Again," *IBMR* 24, no. 3 (2000): 105–11.

67. Art Moore, "Spiritual Mapping Gains Credibility Among Leaders," *CT*, January 12, 1998; Jane Lampman, "Targeting Cities with 'Spiritual Mapping,' Prayer," *Christian Science Monitor*, September 23, 1999.

68. Michael W. Cuneo, *American Exorcism* (New York: Doubleday, 2001).

69. These arguments are summarized in Philip Jenkins, *Mystics and Messiahs* (New York: Oxford University Press, 2000).

70. Keith Thomas, *Religion and the Decline of Magic* (New York: Scribner, 1971).

71. Martin, *Tongues of Fire.*

CHAPTER 7

1. Jeffrey Haynes, *Religion in Third World Politics* (Boulder, CO: Lynne Rienner, 1994).

2. David Miller, "Leveling the Playing Field," *CT,* December 7, 2000; Frederick Pike, "Latin America," in John McManners, ed., *The Oxford History of Christianity* (Oxford University Press, 1993), 437–73.

3. Michael A. Burdick, *For God and Fatherland* (Albany: State University of New York Press, 1996); Anthony James Gill, *Rendering Unto Caesar* (University of Chicago Press, 1999).

4. Owen Chadwick, *The Christian Church in the Cold War* (London: Allen Lane, 1992); Edward R. Norman, *Christianity and the World Order* (Oxford University Press, 1979).

5. Penny Lernoux, *Cry of the People* (New York: Penguin, 1982); idem, *People of God* (New York: Penguin, 1989). In Ngugi wa Thiong'o's novel, *A Grain of Wheat,* the Kenyan nationalist revolutionary leader is primarily inspired by the tale of Moses and the Exodus.

6. Doug Struck, "Keeping the Faith," *WP,* April 10, 2001.

7. Anna L. Peterson, *Martyrdom and the Politics of Religion* (Albany: State University of New York Press, 1997); Paul Jeffrey, "Almost Three Years After Bishop's Death, Five Go on Trial," *CT,* posted to web site April 11, 2001.

8. Alain Gheerbrant, *The Rebel Church in Latin America* (London: Penguin, 1974).

9. The Latin American bishops' conference is known as CELAM, the *Consejo Episcopal Latino-Americano.* A major collection of relevant texts can be found at http://www.celam.org/documentos.htm. For Medellín, see Edward Stourton, *Absolute Truth* (London: Penguin, 1999), 113.

10. Gustavo Gutiérrez, *A Theology of Liberation* (Maryknoll, NY: Orbis, 1973); Edward R. Norman, *Christianity and the World Order* (Oxford University Press, 1979), 24; Richard Shaull, *Heralds of a New Reformation* (Maryknoll, NY: Orbis, 1984).

11. Warren E. Hewitt, *Base Christian Communities and Social Change in Brazil* (Lincoln: University of Nebraska Press, 1991); Rowan Ireland, *Kingdoms Come* (Pittsburgh: University of Pittsburgh Press, 1991); John Burdick, *Looking for God in Brazil* (Berkeley: University of California Press, 1993); Cecília Loreto Mariz, *Coping with Poverty* (Philadelphia: Temple University Press, 1994); Madeleine Adriance, *Promised Land* (Albany: State University of New York Press, 1995); Robin Nagle and Jill Nagle, *Claiming the Virgin* (New York: Routledge, 1997); Manuel A. Vasquez, *The Brazilian Popular Church and the Crisis of Modernity* (Cambridge University Press, 1998).

12. German Guzman Campos, *Camilo Torres* (New York: Sheed and Ward, 1969); see also http://www.angelfire.com/md/TobyTerrar/Colombia.html.

13. James R. Brockman, *The Word Remains* (Maryknoll, NY: Orbis, 1982); Hannah Stewart-Gambino, *The Church and Politics in the Chilean Countryside* (Boulder, CO: Westview, 1992). For the progressive church at its height, see Scott Mainwaring and Alexander Wilde, eds., *The Progressive Church in Latin America* (University of Notre Dame Press, 1989). Edward L. Cleary, ed., *Born of the Poor* (University of Notre Dame Press, 1990); Paul E. Sigmund, *Liberation Theology at the Crossroads* (New York: Oxford University Press 1992); Michael Lowy, *The War of Gods* (London: Verso, 1996).

14. Harvey Cox, *The Silencing of Leonardo Boff* (Oak Park, IL: Meyer-Stone Books, 1988); Edward Stourton, *Absolute Truth* (London: Penguin, 1999), 107–49.

15. Barbara J. Fraser, "Peru's New Cardinal Known for Standing with the Powerful," *NCR*, March 23, 2001.

16. John L. Allen, "New Cardinal Symbolizes Direction of Global Catholicism," *NCR*, March 9, 2001; see also http://www.natcath.com/NCR_Online/documents/Rodriguez.htm.

17. Frieder Ludwig, *Church and State in Tanzania* (Leiden: E. J. Brill Academic, 1999), 104, 107; Dana L. Robert; "Shifting Southward," *IBMR*, 24, no. 2 (2000): 50–58; Holger Bernt Hansen and Michael Twaddle, eds., *Religion & Politics in East Africa* (Athens: Ohio University Press, 1995).

18. For the Kairos statement, see http://www.bethel.edu/~letnie/AfricanChristianity/SAKairos.html. The Truth and Reconciliation Commission has a web site at Http://www.truth.org.za/. See also Tristan Anne Borer, *Challenging the State* (University of Notre Dame Press, 1998); James Cochrane, John W. De Gruchy, and Stephen Martin, eds., *Facing the Truth* (Athens: Ohio University Press, 1999); Isaac Phiri, "Proclaiming Peace and Love," *Journal of Church and State* 42 (2000): 781–802.

19. Bengt Sundkler and Christopher Steed, *A History of the Church in Africa* (Cambridge University Press, 2000), 904; for Ugandan affairs, see Paul Gifford, *African Christianity* (Bloomington: Indiana University Press, 1998), 112–80; for Congo-Brazzaville, see Abraham Okoko-Esseau, "The Christian Churches and Democratization in the Congo," in Paul Gifford, ed., *The Christian Churches and the Democratisation of Africa* (Leiden: E. J. Brill, 1995) 148–67. Margaret Ford, *Janani: The Making of a Martyr* (London: Marshall, Morgan and Scott, 1979).

20. See Gifford, *African Christianity,* throughout; Samuel P. Huntington, *The Third Wave* (Norman: University of Oklahoma Press, 1991); Jeffrey Haynes, *Religion and Politics in Africa* (London: Zed, 1996); Phiri, "Proclaiming Peace and Love"; idem, *Proclaiming Political Pluralism* (Westport, Conn.: Praeger, 2001).

21. John L. Allen, "Faith, Hope and Heroes," *NCR*, February 23, 2001. For parallels with ancient bishops, see the account of the collapse of Roman rule along

the frontier in what is now Austria, in Eugippius, *The Life of Saint Severin* (Washington, DC: Catholic University of America Press, 1965).

22. Sundkler and Steed, *A History of the Church in Africa,* 966; Gifford, ed., *The Christian Churches and the Democratisation of Africa,* 5; Michael G. Schatzberg, *The Dialectics of Oppression in Zaire* (Bloomington: Indiana University Press, 1988); Michela Wrong, *In the Footsteps of Mr. Kurtz* (New York: HarperCollins, 2001).

23. John N. Schumacher, *Revolutionary Clergy* (Quezon City: Ateneo de Manila University Press, 1981); Benjamin Pimentel, "Battle of Prayers," *San Francisco Chronicle,* December 5, 2000; Sophie Lizares-Bodegon, "Thousands of Filipino Christians Pray for Estrada's Swift Resignation," *CT,* posted to web site December 11, 2000.

24. Robert, "Shifting Southward"; Wi Jo Kang, *Christ and Caesar in Modern Korea* (Albany: State University of New York Press, 1997).

25. David Martin, *Tongues of Fire* (Oxford: B. Blackwell, 1990), 141; Sang-t'aek Yi, *Religion and Social Formation in Korea* (New York: Mouton de Gruyter, 1996); Dennis Coday, "Light and Salt in Korean Society," *NCR,* October 27, 2000. The quote from Kim Dae Jung is taken from "Nobel Winner Has Credited Catholic Faith with Helping Him Survive Torture," *Tidings,* Los Angeles, October 20, 2000, 26.

26. Mark Mitchell, "The Philippines: In God's Country," *FEER,* April 19, 2001.

27. Ralph R. Premdas, *Ethnic Conflict and Development* (Brookfield, VT: Avebury, 1995); Victor Lal, *Fiji: Coups in Paradise* (London: Zed, 1990).

28. Isaac Phiri, "Why African Churches Preach Politics," *Journal of Church and State* 41 (1999): 323–47. For Ivory Coast, see the State Department report online at http://www.state.gov/www/global/human_rights/irf/irf_rpt/irf_cotedivo.html.

29. The Pauline text is Romans 13:1.

30. R. Drew Smith, "Missionaries, Church Movements, and the Shifting Religious Significance of the State in Zambia," *Journal of Church and State* 41 (1999): 525–50. For the abuse of church authority in the service of government, see Paul Gifford, *Christianity and Politics in Doe's Liberia* (Cambridge University Press, 1993). For Zambia, see Isaac Phiri, "Why African Churches Preach Politics"; Odhiambo Okite, "Church Leaders Publicly Oppose Term for Christian President," *CT,* April 23, 2001.

31. Desmond Tutu, "Identity Crisis," in Gifford, ed., *The Christian Churches and the Democratisation of Africa,* 97.

32. Ian Fisher, "Uganda Survivor Tells of When the World Didn't End," *NYT,* April 3, 2000; the Center for the Study of New Religions (CESNUR) offers a huge collection of texts and documents about this incident online at: http://www.cesnur.org/testi/uganda_updates.htm. This archive includes many contemporary media reports from North America, Europe, and Africa.

33. Niels Kastfelt, ed., *The Role of Religion in African Civil Wars* (London: C. Hurst, 2001); Heike Behrend, *Alice Lakwena and the Holy Spirits* (Athens, OH: Ohio University Press, 2000); Stephen Ellis, *The Mask of Anarchy* (New York University Press, 1999); Stephen L. Weigert, *Traditional Religion and Guerilla Warfare in Modern Africa* (London: Macmillan, 1995); Human Rights Watch, "Human Rights Watch Condemns Abduction and Killing of Children by Ugandan Rebel Group," online at http://www.hrw.org/press97/sept/uganda.htm. Chesnut is quoted from Elma Lia Nascimento, "Praise the Lord and Pass the Catch-Up," *Brazzil* magazine, November 1995, at http://www.brazzil.com/cvrnov95.htm.

34. Timothy Paul Longman, "Crisis in Rwanda," in Gifford, ed., *The Christian Churches and the Democratisation of Africa*, 1995; Kastfelt, ed., *The Role of Religion in African Civil Wars;* James C. McKinley, "Church and State: Seeking Complicity in a Genocide," *NYT,* June 10, 2001.

35. The pope is quoted in Hannah W. Stewart-Gambino and Everett Wilson, "Latin American Pentecostals," in Edward L. Cleary and Hannah W. Stewart-Gambino, eds., *Power, Politics, and Pentecostals in Latin America* (Boulder, CO: Westview, 1997), 228. For the "oil stain," see Kenneth D. MacHarg, "Healing the Violence," *CT,* posted to web site July 25, 2000. Kilian McDonnell, "Pentecostals and Catholics on Evangelism and Sheep-stealing," *America,* March 6, 1999, 11–14.

36. Virginia Garrard-Burnett, *Protestantism in Guatemala* (University of Texas Press, 1998), 21.

37. "The proliferation of Protestantism . . . " is from Virginia Garrard-Burnett, in Virginia Garrard-Burnett and David Stoll, eds., *Rethinking Protestantism in Latin America* (Philadelphia: Temple University Press, 1993), 199; Philip Berryman, *The Religious Roots of Rebellion* (London: SCM, 1984); Daniel H. Levine, "Religion, the Poor, and Politics in Latin America Today," in Daniel H. Levine, ed., *Religion and Political Conflict in Latin America* (Chapel Hill: University of North Carolina Press, 1986); Mark Danner, *The Massacre at El Mozote* (New York: Vintage, 1994); Brian H. Smith, *Religious Politics in Latin America,* (University of Notre Dame Press, 1998); Paul Freston, *Evangelicals and Politics in Asia, Africa and Latin America* (Cambridge University Press, 2001).

38. A classic view of Pentecostal politics in the region is found in Christian Lalive d'Epinay, *Haven of the Masses* (London: Lutterworth, 1969); Frans Kamsteeg, *Prophetic Pentecostalism in Chile* (Lanham, MD: Scarecrow, 1998); Philip J. Williams, "The Sound of Tambourines," in Cleary and Stewart-Gambino, eds., *Power, Politics, and Pentecostals,* 179–200; Hannah W. Stewart-Gambino and Everett Wilson, "Latin American Pentecostals"; John Burdick, "Struggling against the Devil," in Garrard-Burnett and Stoll, eds., *Rethinking Protestantism in Latin America,* 20–44; Rowan Ireland, "The *Crentes* of Campo Alegre," in ibid., 45–65;

Ireland, *Kingdoms Come;* Freston, *Evangelicals and Politics in Asia, Africa and Latin America;* idem, "Evangelicalism and Politics," *Transformation* 14 (1997): 23–29; Timothy J. Steigenga, *Politics of the Spirit* (Lanham, MD: Lexington, 2001). For Peru, see Hortensiz Munoz, "Believers and Neighbors," *Journal of InterAmerican Studies and World Affairs* 41 (1999): 73–92.

39. Paul Freston, "Brother Votes for Brother," in Garrard-Burnett and Stoll, eds., *Rethinking Protestantism in Latin America,* 66–110; Freston, "Evangelicalism and Politics"; Thomas W. Walker and Ariel C. Armony, eds., *Repression, Resistance, and Democratic Transition in Central America* (Wilmington, DE: Scholarly Resources, 2000).

40. MacHarg, "Healing the Violence"; Julia Lieblich, "Chiapas Pulses with Crusade for Souls," *Detroit News,* January 17, 1999; Ginger Thompson, "In a Warring Mexican Town, God's Will Is the Issue," *NYT,* August 13, 2000.

41. Nascimento, "Praise the Lord and Pass the Catch-Up"; McDonnell, "Pentecostals and Catholics on Evangelism and Sheep-stealing."

42. "Global Trends 2015," online at http://www.cia.gov/cia/publications/globaltrends2015/.

43. Rosalind I. J. Hackett, "Religious Freedom and Religious Conflict in Africa," in Mark Silk, ed., *Religion on the International News Agenda* (Hartford, CT: Leonard F. Greenberg Center for the Study of Religion in Public Life, 2000), 102–14; Benjamin J. Hubbard, ed., *Reporting Religion* (Sonoma, CA: Polebridge, 1990).

CHAPTER 8

1. Samuel P. Huntington, *The Clash of Civilizations and the Remaking of World Order* (New York: Simon & Schuster, 1996), 92–102, 247–72; Gilles Kepel, *The Revenge of God* (University Park: Pennsylvania State University Press, 1994); Peter L. Berger, Jonathan Sacks, David Martin, and Grace Davie, eds., *The Desecularization of the World* (Grand Rapids, MI: Eerdmans, 1999); Armstrong, *The Battle for God* (New York: Knopf, 2000); Mark Juergensmeyer, *Terror in the Mind of God* (Berkeley: University of California Press, 2000).

2. Laurie Goodstein, "Churches Find New Focus in Opposing Persecution," *NYT,* November 9, 1998; Paul Marshall and Lela Gilbert, *Their Blood Cries Out* (Dallas: Word, 1997); Nina Shea, *In the Lion's Den* (Nashville, Tenn: Broadman and Holman, 1997).

3. Arvind Sharma, ed., *Our Religions* (HarperSanFrancisco, 1993).

4. Anto Akkara, "Churches Angry that Indian Census Ignores 14 Million Christian Dalits," *CT,* March 2, 2001.

5. Bengt Sundkler and Christopher Steed, *A History of the Church in Africa* (Cambridge University Press, 2000), 646–49; Nehemia Levtzion and Randall L. Pouwels, eds., *The History of Islam in Africa* (Athens: Ohio University Press, 2000).

6. "Global Trends 2015," online at http://www.cia.gov/cia/publications/global trends2015/.

7. Tarif Khalidi, *The Muslim Jesus* (Cambridge, MA: Harvard University Press, 2001); William E. Phipps, *Muhammad and Jesus* (New York: Continuum, 1996); Geoffrey Parrinder, *Jesus in the Qur'an* (New York: Oxford University Press, 1977).

8. For Africa, see, for instance, Norimitsu Onishi, "Islam Meets Africa and Islam Bows," *NYT*, January 9, 2000; Adeline Masquelier, *Prayer Has Spoiled Everything* (Durham, NC: Duke University Press, 2001). For the Oran case, see John L. Allen, "Faith, Hope and Heroes," *NCR*, February 23, 2001.

9. Laurence Edward Browne, *The Eclipse of Christianity in Asia* (Cambridge University Press, 1933).

10. William Dalrymple, *From the Holy Mountain* (New York: Henry Holt, 1997); Leila Tarazi Fawaz, *An Occasion for War* (Berkeley: University of California Press, 1994). From a vast literature on the Armenian massacres, see, for instance, Richard G. Hovannisian, ed., *The Armenian Genocide* (New York: St. Martin's, 1992); Robert Melson, *Revolution and Genocide* (University of Chicago Press, 1992).

11. The *Kristallnacht* analogy is from Dalrymple, *From the Holy Mountain,* 30–31; Robert Brenton Betts, *Christians in the Arab East,* rev. ed. (Atlanta: John Knox, 1978), 29.

12. Huntington, *The Clash of Civilizations and the Remaking of World Order,* 109–20, 174–79, 209–17; Judith Miller, *God Has Ninety-Nine Names* (New York: Simon & Schuster, 1996); Benjamin R. Barber, *Jihad Vs. McWorld* (New York: Times Books, 1995), 205–17; Francois Burgat, *The Islamic Movement in North Africa* (Austin: University of Texas Press, 1997).

13. "Global Trends 2015."

14. U.S. State Department Annual Report on Religious Freedom 2000, online at http://www.state.gov/www/global/human_rights/irf/irf_rpt/irf_sudan.html; John O. Hunwick, *Religion and National Integration in Africa* (Evanston: Northwestern University Press, 1992); Gino Barsella and Ayuso Guixot Miguel Angel, *Struggling to Be Heard* (Nairobi, Kenya: Paulines Publications Africa, 1998); Ann Mosely Lesch, *The Sudan* (Bloomington: Indiana University Press, 1998).

15. Timothy C. Morgan, "Church of the Martyrs," *CT*, August 11, 1997; Barbara G. Baker, "Egypt Jails Christian for Three Years for 'Insulting Islam,'" *CT*, posted to web site August 9, 2000; Barbara G. Baker, "Egypt Acquits All Muslim Murder Suspects," *CT*, posted to web site February 7, 2001.

16. For relations between the two faiths in Africa, see Lamin O. Sanneh, *The Crown and the Turban* (Boulder, CO: Westview, 1996); idem, *Piety and Power* (Maryknoll, NY: Orbis, 1996). Lissi Rasmussen, *Christian-Muslim Relations in Africa* (London: British Academic Press, 1993); Noel Quinton King, *Christian and Muslim in Africa* (New York: Harper & Row, 1971).

17. Karl Meier, *This House Has Fallen* (London: Allen Lane, 2001); Niels Kastfelt, ed., *The Role of Religion in African Civil Wars* (London: C. Hurst, 2001); Toyin Falola, *Violence in Nigeria* (University of Rochester Press, 1998); Hunwick, *Religion and National Integration in Africa;* Niels Kastfelt, *Religion and Politics in Nigeria* (London: British Academic Press, 1994).

18. Ustaz Yoonus Abdullah, *Sharia in Africa* (Ijebu-Ode, Nigeria: Shebiotimo, 1998); Rosalind I. J. Hackett, "Religious Freedom and Religious Conflict in Africa," in Silk, ed., *Religion on the International News Agenda,* 102–14.

19. Barnaby Phillips, "Nigerians Held for Talking in Public," *BBC World Service,* December 23, 2000; Nathaniel Ikyur, "Sharia Court Acquits Suspects," *Vanguard Daily* (Lagos), January 10, 2001; "Nigerian Woman Lashed for Premarital Sex," Reuters story, *NYT,* January 23, 2001; Alex Duval Smith, "Five Anglicans in Court After Rescuing Teenagers From Arranged Marriages," *CT,* posted to web site June 5, 2001.

20. Norimitsu Onishi, "Deep Political and Religious Rifts Disrupt Harmony of Nigerian Towns," *NYT,* March 26, 2000; idem, "Winds of Militant Islam Disrupt Fragile Frontiers," *NYT,* February 2, 2001.

21. "Global Trends 2015."

22. Mano Ramalshah, "Living as a Minority in Pakistan," in Andrew Wingate, Kevin Ward, Carrie Pemberton, and Wilson Sitshebo, eds., *Anglicanism: A Global Communion* (New York: Church, 1998), 264–70; "Pakistani Bishop's Death Sparks Riots," *CT,* June 15, 1998; Barry Bearak, "Death to Blasphemers: Islam's Grip on Pakistan," *NYT,* May 12, 2001.

23. Robert W. Hefner, *Civil Islam* (Princeton University Press, 2000); Donald K. Emmerson, ed., *Indonesia beyond Suharto* (Armonk, NY: M. E. Sharpe, 1999).

24. Robert W. Hefner, "Profiles in Pluralism," in Mark Silk, ed., *Religion on the International News Agenda* (Hartford, CT: Leonard F. Greenberg Center for the Study of Religion in Public Life, 2000), 81–98; Anto Akkara, "Daily Life in the Maluku Islands," *CT,* posted to web site August 1, 2000; Mark Kelly, "Indonesian Island Attacks Go Unnoticed," *CT,* posted to web site August 21, 2000; Russell Rankin, "Christians and Muslims Still Fighting, Dying in Ambon," *CT,* posted to web site October 4, 2000.

25. "Hundreds Flee Moluccas Violence," BBC World Service, December 5, 2000; "Reports: Muslims Forcing Converts," Associated Press, December 25, 2000; Alex

Spillius, "Indonesian Christians Forced into Islamic Faith," *Daily Telegraph,* February 5, 2001.

26. John McBeth, "Bombs, the Army and Suharto," *FEER,* February 1, 2001; Dini Djalal, "When Might Is Right," *FEER,* March 1, 2001.

27. "Philippine Priest Shot Dead," BBC World Service, December 28, 2000.

28. Rajiv Chandrasekaran, "Southeast Asia Shaken by Rise of Strict Islam," WP, November 5, 2000; Simon Elegant, "Bound by Tradition," *FEER,* July 27, 2000.

29. Geoff Stamp, "Post-election Violence Rocks the Ivory Coast," *CT,* January 5, 2001; "Religious Leaders See State Role in Kenya Clashes," Reuters report in http://www.CNN.com, December 4, 2000.

30. Paul Mojzes, ed., *Religion and the War in Bosnia* (Atlanta: Scholars Press, 1998).

31. "Religious Leaders See State Role in Kenya clashes."

32. Calvin Sims, "As in Manila, So in Jakarta?" *NYT,* January 27, 2001; Mark Landler, "Talk of 'Holy War' From Jakarta Leader's Home Base," *NYT,* April 15, 2001; Djalal, "When Might Is Right"; John McBeth and Dini Djalal, "The Puppet President," *FEER,* August 2, 2001.

33. Malise Ruthven, *A Satanic Affair* (London: Chatto & Windus, 1990); Lars Pedersen, *Newer Islamic Movements in Western Europe* (Aldershot: Ashgate, 1999); Marlise Simmons, "Dutch Group Calls Off an Opera After Muslims Pressure Cast," *NYT,* December 10, 2000; Richard Owen, "Muslims Say Fresco Must Be Destroyed," *Times* (London), June 29, 2001.

34. "Anti-Muslim Remarks Create a Furor," *San Francisco Chronicle,* September 15, 2000; "Cardinal Asks Italy to Favor Catholic Immigrants," *America,* September 30, 2000, 5; John L. Allen, "Europe's Muslims Worry Bishops," *NCR,* October 22, 1999.

35. Peter Novick, *The Holocaust in American Life* (New York: Houghton Mifflin, 1999).

36. Joel Peters, *Israel and Africa* (London: British Academic Press, 1992).

37. For Hindu religious statistics, see David B. Barrett, George T. Kurian, and Todd M. Johnson, *World Christian Encyclopedia,* 2nd ed. (Oxford University Press, 2001), 4.

38. J. Aruldoss, "Dalits and Salvation," in Wingate et al., *Anglicanism,* 294–300; *Broken People: Caste Violence Against India's "Untouchables"* (New York: Human Rights Watch, 1999), online at http://www.hrw.org/reports/1999/india/.

39. John C. B. Webster, *A History of the Dalit Christians in India* (San Francisco: Mellen Research University Press, 1992); John C. B. Webster et al., *From Role to Identity* (Delhi: ISPCK, 1997); Sathianathan Clarke, *Dalits and Christianity* (Oxford India Paperbacks, 1999).

40. T. K. Oommen and Hunter P. Mabry, *The Christian Clergy in India* (Thousand Oaks, CA: Sage, 2000); Anto Akkara, "India's First Dalit Archbishop Holds 'No Grudge' Over Predecessor's Attack," *CT,* posted to web site May 11, 2000; Anto Akkara, "Study of Indian Clergy Exposes Inequalities in Church Leadership," *CT,* October 9, 2000; Thomas C. Fox, "Intolerance in India," *NCR,* May 4, 2001.

41. Michael Fischer, "The Fiery Rise of Hindu Fundamentalism," *CT,* March 1, 1999.

42. 反基督宗教的暴行在印度愈來愈司空見慣，以致很少會引得起媒體的注意。最近報導的一些例子，見 "Missionary Bashed Up, Stripped," *Times of India,* August 27, 2000; Manpreet Singh , "Justice Delayed for Dalits," *CT*, posted to web site October 19, 2000; Jatindra Dash, "Communal Tension Grips Orissa," *Times of India,* October 19, 2000; Anto Akkara, "Indian Christian Youth Form Protecrtion Group," *CT,* posted to web site November 2, 2000; Manpreet Singh, "Christians Hammered by Pre-Christmas Violence," *CT*, December 22, 2000; Manpreet Singh, "Militant Hindus Assault Christians," *CT*, February 5, 2001; Anto Akkara, "India's Christians Face Continued Threats," *CT*, posted February 15, 2001; Manpreet Singh, "Relief Abuses Rampant," *CT*, April 2, 2001.

43. Aruldoss, "Dalits and Salvation," 295.

44. "Arrest over Indian Church Attacks," BBC World Service, August 17, 2000.

45. Manpreet Singh, "India's Christians Resist Move to Register Conversions," *CT,* May 2, 2000; Anto Akkara, "A Chinese Model for India's Churches?" *CT,* posted to web site October 12, 2000; "Orissa Villages Ban Conversion," *Times of India,* December 29, 2000; "Dalai Lama Condemns Christian, Muslim Practice of Seeking Converts," BBC World Service, January 26, 2001.

46. 我這裡的數字不同於Barrett等編的《世界基督宗教百科全書》，它認爲 1990 年的佛教徒佔世界人口約 8 %。我認爲這低估了佛教在中國的強度，佛教在中國歷史悠久，而且有數以百萬計的中國人是同時信仰幾種宗教的。

47. For the positive side of the dialogue between the two faiths, see Whalen Lai and Michael von Bruck, *Christianity and Buddhism* (Maryknoll, NY: Orbis, 2001).

48. Gill Donovan, "Leader Says Churches Need to Rethink Missionary Work," *NCR,* May 11, 2001.

49. Robert D. Kaplan, *The Coming Anarchy* (New York: Random House, 2000); Stephen Ellis, *The Mask of Anarchy* (New York University Press, 1999).

50. Ravil Bukharev, *Islam in Russia* (New York: Palgrave, 2000); Yaacov Ro'I, *Islam and the Soviet Union* (New York: Columbia University Press, 2000). The five Central Asian republics are Uzbekistan, Kazakhstan, Turkmenistan, Kyrgyzstan, and Tajikistan.

51. Douglas Frantz, "Central Asia Braces to Fight Islamic Rebels," *NYT,* May 3, 2001; "Global Trends 2015," http://www.cia.gov/cia/publications/globaltrends2015/.

52. Ian Fisher and Norimitsu Onishi, "Chaos in Congo," *NYT*, February 6, 2000.

53. Huntingdon, *The Clash of Civilizations and the Remaking of World Order*, 247–72.

54. Michael Pillsbury, *China Debates the Future Security Environment* (Washington, DC: National Defense University Press, 2000); Michael Pillsbury, ed., *Chinese Views of Future Warfare*, rev. ed. (Washington, DC: National Defense University Press, 1998).

CHAPTER 9

1. *Complete Stories of Evelyn Waugh* (Boston: Little, Brown, 1999), 144: thanks to Chilton Williamson Jr. for drawing my attention to this story.

2. H. Daniel-Rops, *The Church in the Seventeenth Century* (London: Dent, 1963), 46.

3. Charles Williams, *Shadows of Ecstasy* (London: Faber & Faber, 1965), 40.

4. Lothrop T. Stoddard, *The Rising Tide of Color Against White World Supremacy* (New York: C. Scribner's Sons, 1920); John Buchan, *Prester John* (New York: T. Nelson and Sons, 1910); Edward W. Blyden, *Christianity, Islam and the Negro Race* (Edinburgh University Press, 1967).

5. Jean Raspail, *The Camp of the Saints* (New York: Scribner, 1975). 西科爾（Leslie Marmon Silko）的小說《死者曆書》（*The Almanac of the Dead*, New York: Simon & Schuster, 1911）可說是《聖徒的營地》的左翼版本。其故事描寫中、南美洲的群衆大舉北侵，把美國夷爲廢墟，推翻了西方文明與基督宗教。西科爾與拉斯佩爾的不同處在於她是明顯同情那些入侵者的。

6. Hilaire Belloc, *Europe and the Faith* (New York: Paulist, 1920), ix.

7. All figures are drawn from the *The Official Catholic Directory*, 1999.

8. John L. Allen, "Faith, Hope and Heroes," *NCR*, February 23, 2001.

9. For Cardinal Rugambwa, see Frieder Ludwig, *Church and State in Tanzania* (Leiden: Brill Academic, 1999); Alessandra Stanley, "Shaping a Legacy, Pope Installs 44 Cardinals," *NYT*, February 22, 2001.

10. See Edward Stourton, *Absolute Truth* (London: Penguin, 1999), 66, for the election of Pope John Paul II. For FutureChurch, see http://www.futurechurch.org/. John Cornwell, *Breaking Faith* (New York: Viking, 2001).

11. Ann M. Simmons, "A Potentially Historic Choice," *LAT*, March 17, 2001.

12. *Dominus Jesus*, online at http://www.vatican.va/roman_curia/congregations/cfaith/documents/rc_con_cfaith_doc_20000806_dominus-iesus_en.html.

13. Moonjang Lee, "Experience of Religious Plurality in Korea," *IRM* 88 (1999): 399–413. David Chung, *Syncretism: The Religious Context of Christian Beginnings in Korea* (Albany: State University of New York Press, 2001).

14. Cynthia Hoehler-Fatton, *Women of Fire and Spirit* (Oxford University Press, 1996); Marcy Amba Oduyoye and Musimbi R. A. Kanyoro, eds., *The Will to Arise* (Maryknoll, NY: Orbis, 1992).

15. Letty M. Russell, Katie Geneva Cannon, and Ada Maria Isasi-Diaz, eds., *Inheriting Our Mothers Gardens* (Louisville: Westminster, 1988); Ursula King, *Feminist Theology from the Third World* (Maryknoll, NY: Orbis, 1994); Mercy Amba Oduyoye, *Daughters of Anowa* (Maryknoll, NY: Orbis, 1995); Ada Maria Isasi-Diaz, *Mujerista Theology* (Maryknoll, NY: Orbis, 1996); Musa Dube, *Post-colonial Feminist Interpretation of the Bible* (St. Louis, MO: Chalice, 2000). Gay causes have also made very limited progress in Latin American churches: Paul Jeffrey, "Gay Churches Expand to Latin American Congregations," *CT*, posted to web site September 27, 2000.

16. John L. Allen and Pamela Schaeffer, "Reports of Abuse," *NCR*, March 16, 2001.

17. Charles Muchinshi Chilinda, "Africans Say Continent is 'Easy Prey,'" *NCR*, April 6, 2001.

18. Stephen O. Murray and Will Roscoe, eds., *Boy-Wives and Female-Husbands* (New York: St. Martin's, 1998).

19. Chris McGreal, "Debt? War? Gays Are the Real Evil, Say African Leaders," *Guardian*, October 2, 1999; "Nujoma and Swapo Join Mugabe's Gay-bashing," online at http://www.sn.apc.org/wmail/issues/970214/NEWS58.html.

20. R. William Franklin, "Lambeth 1998 and the Future Mission of the Episcopal Church," *Anglican Theological Review* 81 (1999): 261–69.

21. Ferdy Baglo, "Canadian Bishop Blocks Asian Church Leader from Visiting his Diocese," *CT*, November 29, 1999.

22. Gustav Niebuhr, "Consecrations of U.S. Bishops by Episcopal Officials Overseas Challenges Church Hierarchy," *NYT*, February 2, 2000; Chris Herlinger, "Conservative Anglicans Defy Episcopal Church," *CT*, posted to web site October 5, 2000; D. Aileen Dodd, "Church Losing Priests in Split," *Miami Herald*, October 16, 2000; Stephen Manning, "Maryland Church Rift Sign of Larger Episcopal Divide," Associated Press, June 17, 2001; Joann Loviglio, "Episcopal Parish Levels Criticism Against Pa. Bishop," Associated Press, June 20, 2001; Larry B. Stammer, "Move Hints at Breakaway by Conservative Episcopalians," *LAT*, June 25, 2001. The new movement has a website at http:anglicanmissioninamerica.org.

23. Douglas LeBlanc, "Intercontinental Ballistic Bishops?" *CT*, posted to web site April 25, 2000.

24. Gustav Niebuhr, "Episcopal Dissidents Find African Inspiration," *NYT*, March 6, 2001.

25. Gustav Niebuhr, "Vietnamese Immigrants Swell Catholic Clergy," *NYT,* April 24, 2000; idem, "Immigrant Priests," *NYT,* May 19, 2001.

26. Victoria Combe, "Missionaries Flock to Britain to Revive Passion for Church," *Electronic Telegraph,* January 18, 2001. For the Anglican primate of Brazil, Glauco Soares de Lima, see "Green and Pagan Land," *Economist,* June 21, 2001; "Missionaries to Spread Word in 'Heathen' Britain," *Sunday Times* (London), July 1, 2001.

27. http://www.rccg.org/Church_Ministry/Mission_Statement/mission_statement.htm.

28. The list of nations in which the group is present is from http://www.rccg.org/Church_Ministry/Trustees/history.htm. The second quote ("obviously in fulfillment") is from the web site of the RCCG's congregation in Dallas, Texas, at http://www.dhc.net/rccg/history(1).htm.

29. The note about the Kimbanguist international presence is taken from the church's web site at http://www.kimbanguisme.com/e-option2.htm. The RCCG has a web site at http://www.rccg.org/. For the IURD, see http://www.igrejauniversal.org.br/. For Sal da Terra, see http://www.saldaterra.org.br/missao.htm. The Church of the Lord (Aladura) can be found (on a German server) at http://www.aladura.de/. For the Harrists, see http://www.egliseharriste-ongapa.ci/. The Nigerian-founded Celestial Church of Christ is at http://www.celestialchurch.com/.

30. Andrew Wingate, Kevin Ward, Carrie Pemberton, and Wilson Sitshebo, eds., *Anglicanism: A Global Communion* (New York: Church, 1998), 13.

31. Victoria Combe, "Black Church in Crusade to Woo Whites," *Electronic Telegraph,* February 16, 2001. Refugee communities are also significant. See, for example, Kevin Ward, "Ugandan Christian Communities in Britain," *IRM* 89 (2000): 320–28.

32. R. Andrew Chesnut, *Born Again in Brazil* (New Brunswick, NJ: Rutgers University Press, 1997), 7; Marc Schogol, "Argentinians Pray for a Phila. Revival," *Philadelphia Inquirer,* February 11, 2001; Daniel Míguez, *To Help You Find God* (Amsterdam: Free University of Amsterdam, 1997); Daniel Míguez, *Spiritual Bonfire in Argentina* (Amsterdam: Center for Latin American Studies, 1998).

33. "African Missionaries to U.S.," *CC,* August 13–August 20, 1997, 718–20. The list of RCCG congregations is from http://www.rccg.org/Church_Ministry/Trustees/history.htm.

34. For the development of the Christ Apostolic Church in North America, see the group's web sites at http://www.christapostolicchurch.org/ and http://www.firstcac.org/bio.html. The list of CAC churches is from http://www.christapostolicchurch.org/national.html. Compare Maura Kelly, "Praising Lord in So Many Ways," *Chicago Tribune,* March 10, 2000.

CHAPTER 10

1. David Martin, *Tongues of Fire* (Oxford: B. Blackwell, 1990).

2. Marcus J. Borg, *Meeting Jesus Again for the First Time* (HarperSan Francisco; 1995); idem, *Reading the Bible Again for the First Time* (HarperSan Francisco, 2001).

3. The quote about the "*n*th World" is from Paul Gifford, *African Christianity* (Bloomington: Indiana University Press, 1998), 15; "In Sub-Saharan Africa," is from "Global Trends 2015," online at http://www.cia.gov/cia/publications/global trends2015/. Bakut tswah Bakut and Sagarika Dutt, eds., *Africa at the Millennium* (New York: Palgrave, 2000); Ogbu Kalu, *Power, Poverty and Prayer* (New York: Peter Lang, 2000).

4. Ronald J. Sider, *Rich Christians in an Age of Hunger* (Downers Grove, IL: InterVarsity, 1977).

5. R. S. Sugirtharajah, ed., *Voices from the Margin* (Maryknoll, NY: Orbis, 1995); Lamin Sanneh, "Global Christianity and the Re-education of the West," *CC*, July 19, 1995, 715–17; Musimbi Kanyoro, "Reading the Bible from an African Perspective," *Ecumenical Review,* 51 (1999): 18–24; Fernando F. Segovia, *Decolonizing Biblical Studies* (Maryknoll, NY: Orbis, 2000).

6. Doug Bandow, "Letter from Indonesia," *Chronicles,* March 2001, 41.

7. Marc Nikkel, "Death Has Come to Reveal the Faith," in Andrew Wingate, Kevin Ward, Carrie Pemberton, and Wilson Sitshebo, eds., *Anglicanism: A Global Communion* (New York: Church, 1998), 73–78.

8. Mark Fritz, *Lost on Earth* (New York: Routledge, 2000); Jean-Pierre Ruiz, "Biblical Interpretation," in Peter Casarella and Raul Gomez, eds., *El Cuerpo de Cristo* (New York: Crossroad, 1998), 84.

9. Quoted in Ruiz, "Biblical Interpretation," 89–90.

10. Quoted in ibid., 86–87.

11. See, for example, Tony Carnes, "The Silicon Valley Saints," *CT,* August 6, 2001.

12. 人們常常認爲這話語出梅特涅（Metternich）或邱吉爾，但我看到的出處都是俾斯麥。